KLAR
TEXT
KLIMA

SARA SCHURMANN

KLAR

ZUSAMMENHÄNGE VERSTEHEN,

TEXT

LOSLEGEN UND EFFEKTIV HANDELN

KLIMA

Brandstätter

Warum es ein weiteres Klima-Buch braucht

Wenn ich früher an mein Leben als Rentnerin gedacht habe, hatte ich eigentlich nie große Wünsche. Es gab ein Bild, das ich dann vor mir sah und von dem ich mir relativ sicher war, dass ich es irgendwie erreichen und dann mit meinem Leben ganz zufrieden sein könnte. Ich sah mich, wie ich mit Mitte 60 an meinem Geburtstag eine ausgedehnte Fahrradtour mit meinen erwachsenen Kindern und meinem Partner mache. In einer der Pausen essen wir Apfelkuchen unter einem alten Baum. Erst im Juli 2020 ging mir auf, dass dieser scheinbar einfache Wunsch so wohl nicht in Erfüllung gehen wird. Mir war auch vorher immer klar gewesen, dass dieses noch ferne, etwas unscharfe Bild aus der Nähe anders aussehen könnte als bisher gedacht. Vielleicht wäre jemand krank, vielleicht würde jemand fehlen, vielleicht wäre der Partner ein anderer als der jetzige oder ein anderer als der Vater meiner Kinder. Aber erst Ende Juni 2020 wurde mir bewusst, dass es diese Fahrradtour so vielleicht gar nicht geben wird. Weil die Welt 2050 sehr viel anders aussehen wird als heute.

Ich habe im Hochsommer Geburtstag. Demzufolge, was man heute weiß, wird es dann in vielen Sommern wochenlang so heiß sein, dass man auch in Deutschland tagsüber kaum das Haus verlassen möchte, zumindest nicht, um Sport zu machen oder Fahrrad zu fahren. Und selbst wenn wir einen Sommer und an meinem Geburtstag einen Tag erwischen sollten, an dem das möglich sein wird, ist die Wahrscheinlichkeit gering, dass wir unter einem alten Baum Rast machen und Apfelkuchen essen werden können. Denn Studien zufolge wird es 2050 Regionen in Deutschland geben, in denen dann kein alter Baum mehr stehen wird. Mit dem immer schnelleren Anstieg der globalen Erwärmung werden sich die Lebensbedingungen für Ökosysteme drastisch verändern, so schnell, dass viele Pflanzen und Tiere sich nicht anpassen können, sondern – wie schon in den vergangenen Jahren zu beobachten – sterben. Auch Apfelbaumplantagen, etwa im Alten Land bei Hamburg, haben teilweise schon heute massive Probleme: zu viel Regen oder zu wenig, neue Schädlinge, kaputt gefrorene Knospen oder Hagelschäden. Apfelplantagen können sich ein Stück weit anpassen und andere Sorten pflanzen, die besser mit den geänderten Bedingungen zurechtkommen. Wenn die Temperaturen so schnell weiter steigen, wie gerade befürchtet, wird es jedoch schwierig, das alle paar Jahr zu tun.

Im besten Fall wäre es 2050 wohl dennoch möglich, einen irgendwie entspannten Tag zusammen mit meiner Familie zu verbringen. Dafür jedoch, das weiß ich heute nach vielen Gesprächen mit Wissenschaftler:innen und Expert:innen, braucht es ein gar nicht mal so kleines Wunder. Es braucht einen kollektiven Bewusstseinswandel, der endlich dazu führt, auch entsprechend zu handeln. Zum Glück sind wir dafür weder auf Zufälle noch auf Magie angewiesen – alles, was es braucht, sind Menschen, viele, viele Menschen.

In der Hoffnung, einen kleinen Teil zu diesem Bewusstseinswandel beitragen zu können, schreibe ich dieses Buch.

> **Als mir damals klar wurde, dass die Klimakrise noch viel akuter ist, als ich bisher dachte, fragte ich mich, wie ich das bisher übersehen konnte. Die Antwort, die ich fand: Nicht nur ich war es, die die Klimakrise nicht verstanden hatte. Sie ist bis heute gesellschaftlich, politisch und medial nicht begriffen – auch weil viele Menschen noch immer keine emotionale Verbindung dazu spüren, was diese Krise für uns persönlich, aber auch als Gesellschaft bedeutet.**

Der breite öffentliche Diskurs zum Klimawandel ist so weit entfernt von der wissenschaftlich erforschten, vermessenen und dokumentierten Realität, dass ich, als mir das bewusst wurde, viele unterschiedliche Expert:innen kontaktierte, um unsere Situation besser zu verstehen und auch um einen realistischen Blick auf mögliche Lösungswege zu bekommen.

Ich sprach mit Klimaforscher:innen, Psycholog:innen, Aktivist:innen, Expert:innen für Verkehr, Landwirtschaft und Biodiversität und mit Journalist:innen, die seit Jahren über die Klimakrise und die ökologischen Krisen berichten. Sie alle haben teils über Jahrzehnte begleitet, erklärt und davor gewarnt, wie die Krisen sich von Jahr zu Jahr verschärfen.

Das Überraschende: Viele Fakten hatte ich schon vor Jahren mal gehört. Wie also konnte ich den Ernst der Situation so lange ignorieren? Die Antworten, die ich darauf fand, erklären nicht nur, wie ich persönlich so lange verdrängen konnte, was diese Krisen mit meinem Leben zu tun haben. Sie helfen auch zu verstehen, warum wir als Gesellschaft so viel über die Probleme wissen und dennoch so wenig tun.

Ich werde in diesem Buch daher einerseits versuchen, die wichtigsten Probleme, Zusammenhänge und Lösungen kurz und verständlich zu erklären. Andererseits werde ich immer wieder von mir erzählen, von meiner eigenen Verdrängung, und davon, wie sich mein Blick auf die Welt und das, was wichtig ist, in den vergangenen Monaten und Jahren geändert hat. Nicht weil meine eigene Geschichte etwas Besonderes ist, sondern, im Gegenteil, weil ich immer wieder festgestellt habe, dass es vielen anderen ähnlich geht.

Ich erzähle noch aus einem anderen Grund von mir. Weil meine Geschichte zeigt: Veränderung ist möglich. Solange die planetaren Krisen gesellschaftlich unterschätzt werden, werden auch die Maßnahmen, mit denen wir zu reagieren bereit sind, zu klein ausfallen, um die Erderhitzung und das Artensterben effektiv zu bremsen. Als mir klar wurde, wie akut die Klimakrise ist, veränderte sich mein Blick auf viele Debatten stark. Viele nötige Maßnahmen erschienen mir bisher radikal, übertrieben oder utopisch. Ich dachte beispielsweise, es wäre toll, wenn wir die Agrar-, Verkehrs- und Energiewende bis zu meiner Rente geschafft haben. Heute weiß ich, dass wir sie im Wesentlichen innerhalb der nächsten zehn Jahre schaffen müssen, wenn ich so etwas wie einen Ruhestand überhaupt erleben will.

Als ich meiner Familie und meinen Freund:innen von der Klimakatastrophe erzählte, fragten diejenigen, denen es gelang, die Krise auch emotional an sich heranzulassen, relativ schnell: Was kann ich tun?

Auch wenn das fast vermessen klingt: Jede und jeder Einzelne ist immens wichtig. Nur wenn genug Menschen anfangen, den Ernst unserer Situation anzuerkennen, darüber zu reden und zu handeln, können wir noch schnell genug etwas ändern. Das ist absolut möglich. Auch wenn es mir am Anfang selbst schwerfiel, das zu sehen.

Einiges, was ihr in diesem Buch lesen werdet, habt ihr sicher schon mal gehört. Das hatte ich, wie gesagt, auch, mir war nur lange nicht klar, was das alles miteinander zu tun hat und was es jetzt für mich, für die Welt, für uns alle bedeutet. Ich glaube, das geht vielen so, und deswegen lade ich euch in diesem Buch ein, mich bei einer persönlichen Reise zu begleiten. Einer aufregenden und lebensverändernden Reise, auf der ich mindestens ebenso viele schöne, Mut machende und verbindende Erfahrungen machen durfte wie erschütternde. Auch wenn die vergangenen Monate für mich nicht einfach waren, habe ich in dieser Zeit so viele beeindruckende Menschen kennengelernt, Zusammenhänge verstanden und Lösungen gesehen, dass mir das mittlerweile eine neue Zuversicht gibt. Einen Mut und eine Hoffnung, die sich nicht allein aus dem Glauben speist, dass die Dinge sich schon fügen werden, sondern aus der Gewissheit, dass Veränderung möglich und ein gutes Leben gestaltbar ist. Dass wir es gestalten können. All die Menschen, die heute schon handeln und Lösungen erproben, machen mir Mut, dass wir viele Gefahren und die schlimmsten Entwicklungen noch immer abwenden können. Auch wenn das Zeitfenster dafür klein ist, kleiner, als viele ahnen. Zu begreifen, wie akut die Krise ist und wie viel auf dem Spiel steht, hat meinen Blick darauf verändert, was normal und was möglich ist, was wir verändern können und was nicht. Die Monate nach diesem Verstehen waren für mich rasant und emotional. In diesem Buch versuche ich in verständlichen Worten zusammenzufassen, was ich von einigen der größten Expert:innen im Bereich Klima lernen durfte, in Deutschland und international. Ich kann mir gut vorstellen, dass es manchmal ganz schön viel ist, all das zu lesen. Und ich verstehe gut, wenn ihr mir gedanklich nicht sofort bei jedem Schritt folgt, das erwarte ich auch gar nicht. Ich werde beschreiben, wie lange ich teilweise selbst gebraucht habe, um mich auf einzelne Gedanken einzulassen, die Bedeutung von Fakten zu erkennen und Zusammenhänge zu sehen. Und ich behaupte auch nicht, dass mein jetziger Blickwinkel der einzig richtige ist, oder die einzige Möglichkeit, auf die Welt zu blicken.

Mein Buch konnte nur entstehen, weil viele, viele vor mir Zweifel zugelassen, neue Gedanken gedacht und für sie gekämpft haben. Weil sie diese geteilt und mich mitgenommen haben. Ich möchte euch daher einladen, euch darauf einzulassen, mir aber auch gern zu widersprechen und uns allen so zu ermöglichen, gemeinsam voranzukommen. Denn nur zusammen können wir es schaffen, eure und meine und unser aller Zukunft zu retten.

Wie ist die Situation?

Kapitel 1

Es ist ernst: 11 Fakten über die Klimakrise

Wenige Monate vor meiner Geburt schaffte es der US-amerikanische Klimaforscher und NASA-Mitarbeiter James Hansen im Juni 1988 vor dem US-Senat, erstmals große öffentliche Aufmerksamkeit auf das Problem des Klimawandels zu lenken.[1] Im Sommer dieses Jahres herrschte eine historische Dürre in den USA, die Bewohner:innen spürten die Hitzewelle am eigenen Leib, und der Mississippi führte so wenig Wasser wie noch nie. Hansen attestierte damals, dass der Klimawandel real sei – „mit 99-prozentiger Sicherheit". Die Absolutheit der Aussage war wissenschaftlich durchaus umstritten, aber auch die anwesenden Politiker:innen waren sich damals bewusst, dass sie es mit einer gefährlichen Krise zu tun hatten. Ziel des Zusammentreffens war es laut dem Vorsitzenden Senator Timothy E. Wirth, „herauszufinden, wie man mit diesem Notfall umgehen soll". Es war allen klar: Die Politik muss handeln, denn die Auswirkungen dieser Krise betreffen alle möglichen gesellschaftlichen Bereiche. Schon der Bericht der US-Akademie der Wissenschaften von 1979, der sogenannte Charney-Report,[2] hatte eigentlich alle wesentlichen Informationen enthalten und war an die US-Regierung gerichtet gewesen.

1979, also im selben Jahr, hatte die Weltorganisation für Meteorologie (WOM) zur ersten Weltklimakonferenz in Genf eingeladen, das öffentliche, aber auch wissenschaftliche Interesse war damals noch gering. 1995 fand dann die erste UN-Klimakonferenz in Berlin statt, spätestens zu diesem Zeitpunkt hatten die Regierungen dieser Welt erkannt, dass die Bedrohung so groß ist, dass sie sich ernsthaft darum kümmern müssen, die globale Erwärmung zu stoppen. Wir sprechen also seit über

40 Jahren öffentlich über die Gefahren dieser Entwicklung, Mitte der Neunziger wurde sogar in der „Tagesschau" vor der Klimakatastrophe gewarnt.[3] Doch noch immer steigen die Emissionen und heizen die Erde immer schneller auf.[4] Aktuell wurde die Erde schon um rund 1,2 Grad im Vergleich zum vorindustriellen Niveau erwärmt.[5] Damit ist die Zeit gemeint, bevor die Menschen im Zuge der Industrialisierung anfingen, in großen Stil Kohle zu verbrennen und damit das Klima aufzuheizen. Der Weltklimarat IPCC (Intergovernmental Panel on Climate Change) nutzt als Vergleichszeitraum die Jahre zwischen 1850 und 1900.

Wir hören so lange vom Klimawandel, dass die meisten Menschen wohl von sich behaupten würden, halbwegs einschätzen zu können, wie ernst das Problem ist, auch wenn sie dabei zu ganz unterschiedlichen Schlüssen kommen. Es ist ein Unterschied, ob wir den Mechanismus der globalen Erwärmung grob verstehen und dessen Bedrohung anerkennen. Oder ob wir uns bewusst sind, was das konkret für das eigene Leben bedeutet und wie wenig Zeit bleibt, dramatische Veränderungen zu verhindern, die nicht rückgängig gemacht werden können. Aus eigener Erfahrung kann ich sagen: Es gibt viele Missverständnisse zur Klimakrise. Falsche Annahmen, die dazu führen, dass wir die Krise politisch und gesellschaftlich nicht so ernst nehmen, wie wir sie nehmen müssen, wenn wir eine Chance auf eine halbwegs stabile und sichere Zukunft haben wollen.

Die Hochwasserkatastrophe im Sommer 2021 hat auch bei uns eines schlagartig klargemacht: Niemand ist sicher in der Klimakrise. In Deutschland, Belgien, Niederlande, Luxemburg und Österreich haben Starkregen verheerende Schäden angerichtet und allein in Deutschland mehr als 180 Menschen getötet.[6] Dass danach diskutiert wurde, ob diese Ereignisse in Zusammenhang mit der Erderhitzung stehen, zeigt vor allem eins: Die Klimakrise ist gesellschaftlich, politisch und medial noch immer nicht begriffen und emotional noch nicht in uns verankert.

Fakt Nr. 1:
Die Klimakrise ist keine ferne Bedrohung, die Auswirkungen sind längst da

Die Wahrscheinlichkeit, dass es zu extremen Regenfällen wie im Sommer 2021 kommt, hat sich durch die menschengemachten Klimaveränderungen um das 1,2- bis 9-Fache im Vergleich zum vorindustriellen Zeitalter erhöht. Das ergab eine Studie eines internationalen Teams von Klimawissenschaftler:innen, die im August 2021 veröffentlicht wurde. Auch die Intensität der Niederschläge wurde demnach durch die Erderhitzung in der Region um drei bis 19 Prozent verstärkt. Anders ausgedrückt: Die Studie belegt, dass ohne den Klimawandel ein solch starkes Regenereignis nicht möglich gewesen wäre.[7]

Selbst wenn die Studie zu dem Schluss gekommen wäre, dass die globale Erwärmung nur zu einem geringeren Teil die Flutkatastrophe verstärkt hätte: Vor genau solchen Extremwetterereignissen warnt die Klimawissenschaft seit Jahrzehnten. Starkregen, aber auch Hitzewellen und Stürme nehmen zu und werden immer öfter verheerende Schäden anrichten.[8]

Die allermeisten dürften das schon oft gehört haben, auch ich hatte davon immer wieder gelesen. Für mich klangen diese Warnungen aber lange abstrakt, als wären sie vor allem eine theoretische Gefahr. Nach der Flutkatastrophe im Ahrtal und in Erftstadt ist klarer geworden, dass diese Klimaveränderungen konkrete Auswirkungen auf das eigene Zuhause, die eigene Heimat haben können – und für immer mehr Menschen haben werden.

Welche Auswirkungen die Erderhitzung schon seit Jahren auf meine Umgebung hat, war mir lange nicht so richtig bewusst. Natürlich wusste ich, dass in Deutschland massenhaft Bäume sterben, die Bilder toter Wälder beunruhigten mich, aber auf eine diffuse Art. Als ich dann bei einem Wanderurlaub im Frühjahr 2020 mit dem Bus durch den Harz fuhr, war ich entsetzt. Überall waren riesige Teile der Wälder kaputt, offenbar umgeknickt vom Sturm, abgestorben, grau und braun. Wanderwege waren gesperrt, weil umgeknickte Bäume den Weg versperrten, aber auch weil die abgestorbenen Wurzeln die Steine und das Geröll am Berg nicht mehr halten können. Lösen sich diese Massen und rauschen ins Tal, können sie Wanderer:innen gefährden. Ich fragte mich: Wenn die Auswirkungen so massiv sind, warum gab es dazu keine viel größere öffentliche Debatte?

Als ich nach Antworten auf meine Fragen suchte, fand ich Berichte über Borkenkäfer und Sturmschäden und die Erklärung, dass vor allem von Menschen angepflanzte Fichtenforste absterben. Das Wort Klima kam in vielen Artikeln gar nicht vor. Diese Wälder hatten Stürmen und Schädlingen jahrzehntelang getrotzt. Dass sie jetzt umgemäht werden wie Spielzeugfiguren und Käfer sich schlagartig verbreiten, ist nur möglich, weil die Bäume durch Hitze und Dürre geschwächt sind. „Die Folgen des Klimawandels haben in den letzten Jahren deutliche Spuren in den deutschen Wäldern hinterlassen", heißt es im Waldbericht der Bundesregierung 2021. Die Entwicklungen haben zu den „stärksten Waldschäden und zur schwersten Krise der Forstwirtschaft seit Beginn der Bundesrepublik Deutschland" geführt.[9] Der Wald ist kränker als in den Achtzigern, als man von „Waldsterben" sprach und eindrucksvolle Proteste von Bürger:innen dafür sorgten, dass die Ursachen politisch angegangen und behoben wurden.

Aber nicht nur im Wald, auch in den Städten sieht man die Auswirkungen der Erderhitzung. Immer öfter müssen innerorts Straßenbäume gegossen werden, damit sie überleben. Um die Berliner Hasenheide an die Klimakrise anzupassen, will die Stadt in einem Modellprojekt nun fast 5 Millionen Euro ausgeben.[10] Wohlgemerkt: für einen einzigen Park. Allein in Berlin gibt es mehr als 2 500 Parks und Gärten. Warum steckt man dieses Geld, das wir für Anpassungsmaßnahmen ausgeben werden müssen, nicht stattdessen seit Jahren in Klimaschutzmaßnahmen?

Die Klimakrise hat bereits massive Auswirkungen in Deutschland, unter anderem auch für die Landwirtschaft. So haben ab 2018 Dürren drei Jahre in Folge zu Ernteausfällen geführt.[11] Selbst nach dem relativ kühlen und nassen Jahr 2021 hält die Trockenheit in den tieferen Erdschichten an.[12] Der feuchtere Sommer hatte viele Landwirt:innen zunächst zuversichtlich gestimmt, doch auch im vergangenen Jahr gab es Ernteeinbußen. Die Ernte fiel sogar schlechter aus als im bereits unterdurchschnittlichen Vorjahr, nicht nur bezogen auf die Menge, sondern auch auf die Qualität.[13] Einerseits weil ein paar heiße Tage im Juni ausreichten, um die Ernte zu schädigen, andererseits gab es im entscheidenden Moment, wenn die Pflanzen ihre Früchte entwickeln, nicht genug Sonne.[14]

In Brandenburg sind Seen in den vergangenen Jahren teils schon sichtbar ausgetrocknet, mehrfach auch die Schwarze Elster bei Senftenberg; die Grundwasserstände sinken.[15] Wasserversorger warnen vor Trinkwassermangel in der Region.[16] Niedrigwasser behinderten in den vergangenen Jahren unter anderem in Elbe[17] und Rhein[18] immer wieder die Schifffahrt. In den vergangenen Jahren war die Fahrrinne der Elbe an etwa 40 Prozent der Tage weniger als die angestrebten 1,40 Meter tief, Wasserdefizite können auch durch Baumaßnahmen nicht ausgeglichen werden.[19] Gleichzeitig steigt der Meeresspiegel immer schneller an und bedroht damit unter anderem das deutsche Wattenmeer,[20] UNESCO-Weltkulturerbe und Lebensraum für zahlreiche Tiere, was auch angesichts des Artensterbens keine gute Nachricht ist. Deiche werden immer höher gebaut, um uns in den kommenden Jahrzehnten vor erwartbaren Folgen wie Sturmfluten zu schützen.[21]

Die Klimakrise behindert den Zugverkehr, wenn etwa Stürme und Regen Schienen und Oberleitungen beschädigen. Kraftwerke und Industrieanlagen müssen in Sommern teilweise schon heruntergefahren werden, weil sie nicht mehr genug Wasser zur Verfügung haben, um ihre Geräte zu kühlen.

Die Klimakrise ist außerdem eine Gesundheitskrise, sie begünstigt schon heute die Ausbreitung von Krankheiten, verstärkt Allergien und führt zu Hitzetoten. Schon seit Jahren tötet extreme Hitze auch in Deutschland immer wieder Menschen,[22] so auch im August 2020. Damals starben laut Statistischem Bundesamt über 4 000 Menschen mehr als im Schnitt der vier Vorjahre[23] – und das nachweislich nicht aufgrund der Coronakrise, sondern aufgrund der Hitze.

Steigt der Preis für Hartweizen wie im Herbst 2021, weil die Ernten von Hitzewellen oder Starkregen vernichtet wurden, werden Nudeln teurer und machen so sichtbar, dass die Klimakrise auch eine soziale Krise ist. Denn Hartz-IV-Empfänger:innen stehen nur knapp fünf Euro am Tag zur Verfügung, um Lebensmittel einzukaufen, Kindern noch weniger. Jede Preisveränderung macht sich hier am Ende des Monats auf dem Teller bemerkbar.

Fakt Nr. 2:
1,5 Grad sind nichts Gutes

Im Pariser Klimaabkommen haben sich die Regierungen dieser Welt 2015 darauf geeinigt, die globale Erwärmung möglichst auf 1,5 Grad im Vergleich zur vorindustriellen Zeit zu begrenzen, mindestens aber auf „deutlich unter zwei Grad". Wenn man sich anschaut, wie wenig sich Politiker:innen anstrengen, diese Limits einzuhalten, kann man den Eindruck gewinnen, sie seien willkürlich gesetzt und sie zu überschreiten sei nichts Schlimmes.

Wohl nur sehr wenige Menschen können die Frage beantworten, was genau der Unterschied zwischen 1,5 und zwei Grad globaler Erwärmung ist und wie sich das auf ihr eigenes Leben auswirken wird. Und das, obwohl viele Schüler:innen seit mittlerweile drei Jahren für die Einhaltung des 1,5-Grad-Limits streiken und zahlreiche For-Future-Gruppen aus allen Bereichen der Gesellschaft diese unterstützen; darunter fast 27 000 Wissenschaftler:innen der Scientists for Future. Sie haben sich gegründet, um klarzumachen, dass die Forderungen der jungen Demonstrant:innen von Fridays for Future wissenschaftlich gerechtfertigt sind und dass es dringend notwendig ist, endlich umfassende und effektive Klimaschutzmaßnahmen umzusetzen. Mir war jahrelang überhaupt nicht bewusst, dass mir selbst nicht klar war, was diese Zahlen bedeuten. Als der sogenannte Weltklimarat IPCC 2018 den Sonderbericht über 1,5 Grad globale Erwärmung veröffentlichte, las ich diverse Artikel darüber und auch die deutschsprachige Zusammenfassung für Entscheider:innen.[24] Der IPCC ist eine zwischenstaatliche Institution, gegründet vom Umweltprogramm der Vereinten Nationen (UNEP) und der Weltorganisation für Meteorologie (WMO). Seine Aufgabe ist es, für politische Entscheider:innen den Stand der Forschung zum Klimawandel zusammenzufassen. Die Berichte sollen eine Grundlage für wissenschaftsbasierte Entscheidungen bieten. Was bei mir nach dem Lesen des Sonderberichts ankam: Zwei Grad Erderwärmung sind nicht gut, sie gefährden Hunderte Millionen von Menschen, Tieren und Arten. Daher sollten wir dringend versuchen, so nah an dem 1,5-Grad-Limit zu bleiben wie möglich. Das ist so weit auch richtig, nicht aber das, was ich, wie so viele andere wohl auch, daraus schloss: Beschränken wir die Erderwärmung auf 1,5 Grad, sind wir sicher.

Schon 1,5 Grad Erderhitzung werden auch in Deutschland zu extremen Veränderungen führen. Erstmals umfassend aufbereitet haben das die beiden Journalisten Nick Reimer und Toralf Staud in ihrem Buch „Deutschland 2050". Sie ließen sich vom Deutschen Wetterdienst Klimamodelle ausgeben, die unterschiedliche Erwärmungsszenarien in den nächsten 30 Jahren berechnen, gingen damit zu Forstwirt:innen, Architekt:innen, Ärzt:innen, Dachdecker:innen, der Deutschen Bahn und Betreiber:innen von Industrieanlagen und Krankenhäusern und fragten, was diese Veränderungen praktisch für ihre Arbeit bedeuten werden.

Was sie dabei zusammengetragen haben, zeichnet das Bild von einem völlig veränderten Deutschland. In den Leichtbauhallen, die in vielen Industriegebieten stehen, wird es im Sommer oft zu heiß sein, um darin zu arbeiten. Die wärmeren Temperaturen ermöglichen es außerdem etwa der Asiatischen Tigermücke, sich immer weiter auszubreiten – und Krankheiten zu übertragen. An Dengue-Fieber zu erkranken, wird in Deutschland 2050 nichts Ungewöhnliches mehr sein.

Kapitel für Kapitel arbeiten Reimer und Staud durch, was bereits 1,5 Grad globale Erwärmung für Deutschland bedeuten werden, für uns Menschen, die Natur, das Wasser, den Wald und die Küsten, die Landwirtschaft. Aber auch für Verkehr, Industrie, Tourismus und Energie. Sie zeigen auf, dass schon die kommenden 10, 20, 30 Jahre massive Veränderungen für die Lebensbedingungen in Deutschland mit sich bringen werden, und das auch dann, wenn es gelingen sollte, den globalen Temperaturanstieg doch noch auf 1,5 Grad zu begrenzen.

Was Reimer und Staud in ihrem Buch beschreiben, ist in vielen Fällen der Best Case. Die globale Erwärmung langfristig bei 1,5 Grad zu stoppen wird nur möglich sein, wenn die Regierungen dieser Welt innerhalb kürzester Zeit bisher ungesehene, politisch derzeit undenkbare Maßnahmen einleiten.

Selbst dann werden massive Anpassungsleistungen erforderlich sein, um unser Leben zu sichern und auf die veränderten Bedingungen einzustellen. Aber wenn wir es tatsächlich schaffen sollten, irgendwo in der Nähe von 1,5 Grad zu landen, wirkt diese Aufgabe noch machbar. Wenn jedoch die globale Temperatur immer weiter steigt, wird sich auch das Klima immer weiter verändern, und das immer schneller. All diese Veränderungen, die in „Deutschland 2050" getrennt nach einzelnen Sektoren aufbereitet wurden, treten nicht nacheinander ein, sondern parallel innerhalb weniger Jahre und Jahrzehnte. Wenn Deutschland schon so stark betroffen sein wird, was bedeutet das dann für die Entwicklungen in anderen Regionen? Deutschland ist eines der reichsten Länder der Erde – wenn irgendjemand die Chance hat, sich möglichst gut an die veränderten Bedingungen anzupassen, dann sind wir das. Aber was bedeuten die Entwicklungen für die Stabilität und Sicherheit anderer Länder und damit für unsere gesamte Welt?

Schreitet die Erderwärmung ungebremst fort, erhöht das die Risiken in allen möglichen Bereichen, stellt aber auch die Anpassung vor massive Probleme, etwa die Aufforstung. Denn für welche Welt, für welches Klima pflanzt man neue Bäume? Für das aktuelle? Dann besteht das Risiko, dass die Bäume in wenigen Jahrzehnten wieder absterben, wenn das Klima ein spürbar anderes ist. Oder für ein zukünftiges, dessen genaue Gegebenheiten wir aber noch gar nicht kennen?

Fakt Nr. 3:
Das Klima wird nicht nur wärmer, sondern auch unberechenbarer

Ein Bild, das in den vergangenen Jahren oft benutzt wurde, um die Klimaveränderungen verständlich zu machen, hat bei mir jahrelang völlig falsche Assoziationen hervorgerufen: In Deutschland würden irgendwann Bedingungen wie in Italien herrschen, hieß es oft. Noch heute antworten manche meiner Freund:innen mehr oder weniger scherzhaft, dass sie es ja eigentlich ganz schön fänden, wenn es in Deutschland etwas wärmer würde, wenn ich ihnen von meinen Sorgen in Bezug auf die Klimakrise erzähle. Das Wetter in Südeuropa gefalle ihnen ohnehin besser. So simpel ist das mit der Erderhitzung aber leider nicht. Selbst wenn es einfach nur wärmer würde: Die Pflanzen und Tiere in unseren Regionen sind ganz andere, sie brauchen andere Voraussetzungen, um zu wachsen, sich zu vermehren und letztlich zu überleben. Das Klima wird allerdings nicht nur wärmer, sondern auch immer instabiler. Das heißt: Wir erleben immer längere und stärkere Hitze- und Dürrephasen, gleichzeitig fällt Regen unregelmäßiger, mal lange nicht, dann so viel auf einmal wie sonst in mehreren Monaten oder einem ganzen Jahr. Die Flutkatastrophe in Deutschland und seinen Nachbarländern, die Starkregenereignisse und Überflutungen in China, der Türkei, Italien und Frankreich, die enormen Hitzewellen in Nordamerika und Skandinavien im vergangenen Sommer, die Brände in Südeuropa und die Feuer in Australien, Kalifornien und Sibirien in den vorangegangenen Jahren: All das geschieht bei einer globalen Erwärmung von etwas über ein Grad. Und jedes Zehntelgrad mehr bringt weitere Extreme mit sich.[25]

Welche Folgen die Klimakrise bereits 2030 in Deutschland haben könnte, beschreibt etwa das „Grünbuch zur öffentlichen Sicherheit".[26] Es wird von Mitgliedern der im Bundestag vertretenen Fraktionen – mit Ausnahme der AfD – herausgegeben und zeigt Szenarien auf, die es Entscheider:innen ermöglichen sollen, Maßnahmen zu ergreifen, um die öffentliche Sicherheit zu erhöhen. Die Ausgabe von 2008 hatte etwa prognostiziert, dass wir schlecht auf die Gefahr von Pandemien vorbereitet sind, die durch die Klima- und Biodiversitätskrise immer wahrscheinlicher werden. Besonders ernst genommen hat die Regierung die Warnung offenbar nicht. Das „Grünbuch 2020" zeichnet für Deutschland 2030 ein Szenario, wie es Griechenland im Sommer 2021 erlebt hat.[27] Eine Hitzewelle von 45 Grad legt das öffentliche Leben weitgehend lahm, Brände fressen sich durch die Wälder. Es wird unter anderem vor hitzebedingten Schäden für Infrastruktur und Verkehr gewarnt. Klingt dystopisch? Letzteres war in den vergangenen Jahren auch im vermeintlich sicheren globalen Norden bereits immer wieder Realität: So waren im Sommer 2019 Flüge und Bahnen verspätet, weil die Hitze unter anderem in Großbritannien Gleise verbogen und Kabel beschädigt hatte.[28] Auch 2018 hatte die Hitze zu Schäden und

Unterbrechungen geführt, die britische Zugbetreibende umgerechnet knapp 50 Millionen Euro gekostet haben. Einige Länder streichen ihre Gleise bereits weiß, damit sie Sonnenstrahlen reflektieren und sich in der Hitze nicht so stark ausdehnen, dass sie beschädigt werden. Extremwetter haben schon in den vergangenen Jahren Zuhause vernichtet, Menschen getötet. 2017 starben mehr als 80 Menschen beim Hurrikane Harvey in Texas, nur zwei Jahre später fluteten extreme Regenfälle um den tropischen Sturm Imelda die Region um Houston und kostete fünf Menschen das Leben.[29] Die Hurrikansaison im Atlantik war 2020 so intensiv wie nie zuvor. Laut NASA gab es erstmals 30 Stürme, die so stark waren, dass sie benannt wurden.[30] 2020 sei das fünfte Jahr in Folge gewesen mit überdurchschnittlichem Hurrikan-Aufkommen.

Und das sind nur einige wenige Beispiele, welche Auswirkungen knapp über ein Grad Erderwärmung bereits in den vergleichsweise weniger stark betroffenen westlichen Industrienationen haben, den Hauptverursachern der Klimakrise. 1,5 Grad Erderhitzung sind ein Kompromiss. Ein Level, von dem die Wissenschaft sagt, wir könnten noch vergleichsweise gut mit den immer größer werdenden Risiken, die sich dadurch ergeben, leben. Schon heute zerstört die menschengemachte Erderhitzung die Zuhause und Lebensgrundlagen von Millionen von Menschen im globalen Süden. Das Nicht-Handeln der Regierungen in Sachen Klimaschutz nimmt die Überschreitung des 1,5-Grad-Limits billigend in Kauf – und damit die Zerstörung von Millionen weiterer Leben.

Auch wenn sich die politischen Bemühungen im Klimaschutz aufgrund der Proteste in den vergangenen Jahren verstärkt haben, steuern wir derzeit noch immer auf eine Erderhitzung von bis zu 3,6 Grad bis 2100 zu.[31] Und selbst wenn alle Regierungen ihre derzeitigen Ziele umsetzen, laufen wir Gefahr, global noch immer bei einem Temperaturanstieg von 2,4 Grad bis zum Ende des Jahrhunderts zu landen. Knapp drei Grad mehr klingt nicht unbedingt bedrohlich, in vielen Sommern meiner Kindheit hätte ich mir die gewünscht. Nur kann man vom Wetter nicht aufs Klima schließen. Drei Grad Erderhitzung würden eine komplett andere Welt bedeuten als jene, in der wir heute leben. Und es ist fraglich, wie unsere heutige Zivilisation darin funktionieren sollen. 2100 ist in 80 Jahren. Viele der heutigen Kindergartenkinder werden das erleben.

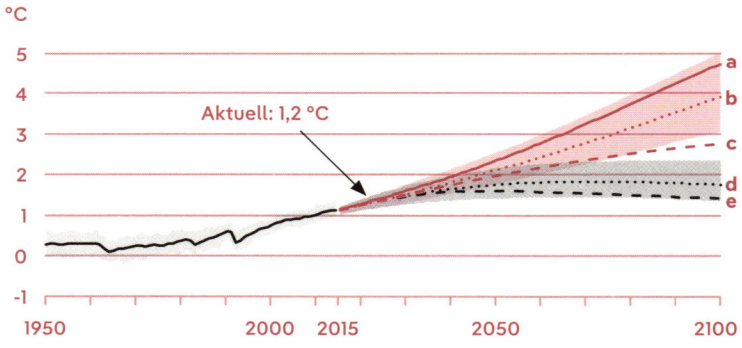

Globale Durchschnittstemperatur im Vergleich zu 1850-1900

a & b   Wenn wir die Emissionen weiter steigern
c   Wenn Regierungen etwa einhalten, was sie gerade versprechen
d & e   Wenn wir die Krise entschlossen bekämpfen

Quelle: IPCC, AR 6, 2021: www.ipcc.ch/report/ar6/wg1/downloads/report/IPCC_AR6_WGI_Full_Report.pdf; bearbeitet

Fakt Nr. 4:

Das Klima lässt sich nicht reparieren

Viele Menschen scheinen anzunehmen, dass sich das Klima wieder einpendeln, das Wetter wieder normalisieren wird, wenn wir Wirtschaft und Gesellschaft erst mal klimaneutral umgebaut haben. Dass wir vielleicht sogar schon Verbesserungen sehen, wenn wir anfangen, weniger Treibhausgase auszustoßen. Das Besondere und mit menschlichen Erfahrungen schwer Greifbare an der Klima- und an der Biodiversitätskrise ist aber ihr kumulativer und irreversibler Charakter. Jede Tierart, die ausstirbt, hinterlässt für Jahrhunderte oder Jahrtausende ein Loch im Netz unserer Artenvielfalt, das sich schlimmstenfalls sogar wie eine Laufmasche vergrößert. Jede Megatonne CO_2, die ausgestoßen wird, verstärkt auf Jahrtausende die Erderhitzung und die Versauerung der Meere.

Es geht bei der Lösung der Klimakrise nicht darum, alles wiedergutzumachen. Es geht auch nicht darum, die Emissionen nach und nach ein bisschen zu reduzieren. Es geht darum, den Ausstoß klimaschädlicher Gase zu stoppen, überall und so schnell wie möglich. Solange wir das nicht tun, werden alle daraus resultierenden Probleme und Risiken jedes Jahr größer. Wir können nach allem menschlichen Ermessen nie wieder in einem Klima leben, wie wir es in den Neunzigern oder Zweitausendern hatten, selbst die klimatischen Verhältnisse der vergangenen zehn Jahre werden den meisten Regionen der Welt in wenigen Jahren als unerreichbar gutes Klima erscheinen.

Aber zwei ganz wesentliche Größen haben wir jetzt in der Hand: Zum einen, wie lange wir unsere eigenen Lebensgrundlagen noch deutlich verschlechtern wollen, zum anderen, wie schnell wir das tun. Im Moment sind wir immer noch dabei, die Geschwindigkeit der Verschlimmerung, also die Emissionen, von Jahr zu Jahr weiter zu steigern.

Um den Anstieg der Konzentration von CO_2 in der Atmosphäre zu illustrieren, verwenden Journalist:innen und Forscher:innen oft Grafiken, die einen ansteigenden Graphen über die vergangenen 60 Jahre zeigen. Und auch wenn vielen wohl klar ist, dass das nichts Gutes ist, war zumindest mir doch lange nicht bewusst, wie besorgniserregend und abnormal diese Entwicklung ist und was sie genau bedeutet. Es gibt weitere Grafiken, die etwa den Verlauf der Mitteltemperatur der Erde im Verlauf der vergangenen 60 Millionen Jahre zeigen.[32] Diese Darstellung wird oft genutzt, um die Bedeutung des menschengemachten Klimawandels zu relativieren. Sogenannte Klimaskeptiker:innen ziehen sie heran, um zu argumentieren, das Klima der Erde habe sich schon immer verändert, die derzeitige Entwicklung sei daher weder abnormal noch besorgniserregend. Prominent argumentierte das zuletzt das „Klima-Manifest 2020"[33] der Werteunion, des besonders konservativen Flügels der CDU/CSU.[34]

Das Klima hat sich in der Geschichte der Erde immer wieder erwärmt und abgekühlt, lange ganz ohne Zutun des Menschen, das verschweigen weder Klimaforscher:innen noch Aktivist:innen. Nur gab es damals weder acht Milliarden Menschen auf der Erde noch Millionenstädte an den Küsten. Selbst Ökosysteme sahen komplett anders aus, nichts war, wie wir es heute kennen. Die wirklich entscheidende Grafik ist daher folgende: Die Darstellung auf der gegenüberliegenden Seite zeigt, dass das Klima in den vergangenen rund 11 000 Jahren vergleichsweise stabil war. Seit mindestens 800 000 Jahren war nicht so viel CO_2 in der Atmosphäre wie heute,[35] wahrscheinlich sogar seit drei Millionen Jahren.[36] Damit haben wir unsere Erde bereits heute so stark aufgeheizt, dass wir uns aus dem für Menschen angenehm stabilen Erdzeitalter des Holozäns katapultiert haben. So wird die rund 11 000 Jahre andauernde Klimaepoche der Nacheiszeit bezeichnet, deren Besonderheit genau das ist, was wir Menschen durch das Verbrennen fossiler Energieträger, Massentierhaltung und Landnutzung zerstört haben: ein relativ stabiles Klima.[37] Es ermöglichte den Menschen, Landwirtschaft

Globale Durchschnittstemperatur
seit der letzten Eiszeit

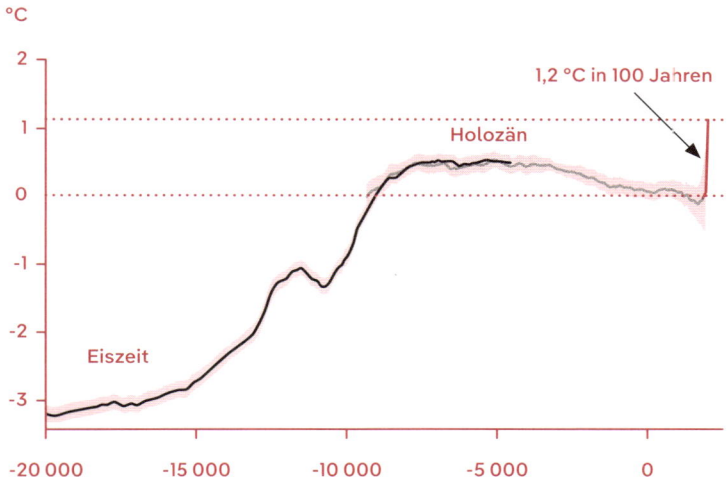

Quelle: Shakur et al. (Nature 2012), Marcott et al. (Science 2013), NASA GISTEMP up to 2019; bearbeitet nach Vorlage von Stefan Rahmstorf

zu betreiben und sesshaft zu werden. Dieses stabile Klima sorgte für halbwegs berechenbare Wetterabfolgen, wodurch es gelang, größere Gruppen von Menschen mit Lebensmitteln zu versorgen, Städte zu gründen und in größerem Maße zur Arbeitsteilung überzugehen. Das gab zunächst wenigen und schließlich immer mehr Menschen die Freiheit, ihre Zeit in andere Tätigkeiten zu investieren als die Beschaffung von Lebensmitteln. Menschen – lange vor allem Männer – konnten sich mit Wissenschaft beschäftigen, Handel nachgehen, den menschlichen Körper erforschen und Mittel gegen Krankheiten entwickeln. Ohne diese klimatischen Bedingungen wäre es vermutlich nicht möglich gewesen, unsere heutigen Gesellschaften zu entwickeln. Nun haben wir sie bereits verlassen.[38] Nicht nur Extremwetter (zer-)stören nun immer häufiger das Gleichgewicht von Ökosystemen, die sich in ihrer Komplexität über Jahrhunderte und

Jahrtausende entwickelt haben. Auch scheinbar weniger dramatische Veränderungen wie frühere Blütezeiten der Pflanzen und heißere oder kühlere Phasen im Hochsommer bringen die miteinander verwobenen Prozesse durcheinander. In den vergangenen Jahren konnte man etwa beobachten, dass Obstbäume teilweise früh blühten, ihre Knospen in einer darauffolgenden Frostnacht aber zerstört wurden und die Bäume daraufhin im Sommer keine Früchte trugen. Larven, die sich von bestimmten Pflanzen ernähren, schlüpfen aufgrund höherer Temperaturen früher, sterben dann aber, weil sie noch kein geeignetes Futter finden. Ja, Schwankungen der Temperaturen hat es immer gegeben, nur werden diese Schwankungen häufiger und extremer und gefährden so auch unsere Versorgung mit Lebensmitteln.

Fakt Nr. 5:
Uns bleibt nur noch wenig Zeit

Um das 1,5-Grad-Limit noch zu halten, sind die Jahre bis 2030 entscheidend. Global müssen in dieser Zeit die Treibhausgasemissionen, die die Erderhitzung vorantreiben, im Vergleich zu 1990 halbiert werden.[39]

Deutschland und die EU haben jedoch schon einen großen Teil der ihnen zustehenden Emissionen aufgebraucht und müssen diese daher sehr viel schneller reduzieren. Zudem trägt Deutschland eine besondere Verantwortung, weil es historisch zu den größten CO_2-Emittenten überhaupt zählt.

Selbst wenn man den Aspekt der globalen Gerechtigkeit außen vor lässt, müssen Regierungen schon jetzt jedes Jahr weitreichende Maßnahmen umsetzen, um Emissionen einzusparen. Dafür müssen wir zentrale gesellschaftliche und wirtschaftliche Bereiche umbauen, und das braucht Zeit. Entscheidend ist nicht, wann genau wir aufhören, sondern wie viel CO_2 wir bis dahin in die Luft geblasen haben. Je später wir anfangen, desto drastischer müssen die Maßnahmen ausfallen, um das Ziel noch zu erreichen.

Doch anstatt die Emissionen ernsthaft zu reduzieren, wird global betrachtet nach wie vor mehr ausgestoßen als zuvor. Unterschiedliche Untersuchungen gehen davon aus, dass die Emissionen nach einem kurzen Einbruch 2020 auch 2021 weltweit wieder angestiegen sind.[40] Kein Wunder, denn die Reduktion 2020 erfolgte nicht gesteuert und geplant, sie war ein Nebeneffekt der Corona-Pandemie. Um zu verhindern, dass das Virus sich unkontrolliert ausbreitet, Gesundheitssysteme kollabieren und Millionen von Menschen sterben, wurde zeitweise das öffentliche und wirtschaftliche Leben in vielen Ländern weit-

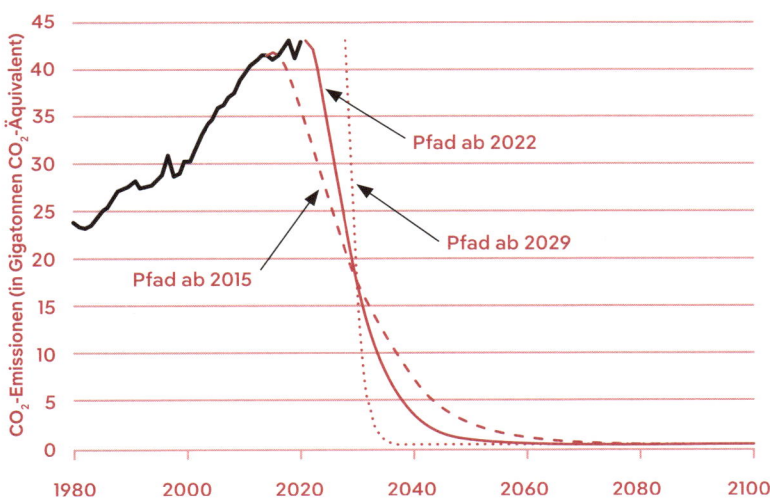

Globale Emissions-Reduktionspfade für 1,5 Grad

Reduktionspfade abhängig von den bereits ausgestoßenen CO_2-Emissionen, um 1,5 Grad Erderhitzung ohne Negativemissionen mit einer Wahrscheinlichkeit von 66 Prozent einzuhalten. Die schwarze Linie zeigt die historischen Emissionen.

Quelle: IPCC, AR 6, 2021: www.ipcc.ch/report/ar6/wg1/downloads/report/IPCC_AR6_WG1_Full_Report.pdf; bearbeitet nach Vorlage von Carbon Brief

gehend heruntergefahren. Es flogen weniger Flugzeuge, fuhren weniger Autos und qualmten weniger Fabrikschornsteine. Dieser gewaltige Shutdown schaffte es Studien zufolge, die weltweiten Emissionen um 5,4 bis 6,4 Prozent zu reduzieren[41, 42]. Also etwa um die Menge, die wir die Emissionen weltweit jedes Jahr senken müssen, wenn wir das 1,5-Grad-Limit einhalten wollen. Der Vergleich macht deutlich, wie gewaltig diese Aufgabe ist. Wir brauchen ab sofort jedes Jahr immer neue Maßnahmen mit einem Effekt in der Größenordnung des Corona-Shutdowns – das aber geplant und gesteuert. Das klingt nach einer gewaltigen Herausforderung und das ist es auch, da müssen wir gar nicht drum herumreden. Es ist solch eine große Aufgabe, dass einige dazu tendieren, sie als unlösbar abzutun. In diesem Punkt jedoch sind Wissenschaftler:innen sich einig: Technisch und physikalisch ist dies durchaus möglich. Das bekräftigt auch der neuste IPCC-Report, erschienen im August 2021.[43] Doch die Zeit dafür ist extrem knapp – und im Moment versuchen wir es nicht einmal.[44] Derzeit sind weder die nötigen Maßnahmen in Sicht, noch überhaupt halbwegs realistische Diskussionen, wie diese aussehen könnten und müssten. Umso länger wir warten, desto unwahrscheinlicher wird es, die Erderhitzung noch effektiv zu begrenzen.

Machen wir so weiter wie bisher, werden wir schon in knapp sieben Jahren so viel CO_2 ausgestoßen haben, dass wir die 1,5-Grad-Marke überschreiten.[45] Viele Politiker:innen scheinen dennoch davon auszugehen, dass wir noch knapp 30 Jahre Zeit haben, um die Klimakrise zu lösen. Auch ich hatte lange angenommen, dass uns dafür noch ein paar Jahrzehnte bleiben, eben bis zu dieser ominösen Jahreszahl 2050, die man ständig überall hört. 30 Jahre klingen angesichts der riesigen Aufgabe knapp, aber schon noch nach einem realistischen Zeitraum, in dem sich einiges bewegen lässt. Warum die Klimaaktivist:innen dann öffentlich solch einen Stress machen, war mir selbst lange nicht klar. Natürlich war jahrzehntelang nicht genug geschehen, aber nach den Protesten von Fridays for Future hatten Politiker:innen ja angefangen, sich zu bewegen, und Medien ihre Berichterstattung über die Klimakrise verstärkt. Die Forderungen der Demonstrant:innen erschienen mir lange Zeit zwar grundsätzlich sinnvoll, aber in ihrer Härte auch überzogen und unrealistisch. Dabei versichern auch Wissenschaftler:innen immer wieder, dass es für diese – vermeintliche – Radikalität gute Gründe gibt. Einer davon: Kipppunkte.

Fakt Nr. 6:
Die Folgen der Klimakrise entwickeln sich nicht linear

Die vielen Probleme, die mit der Klimakrise einhergehen, wachsen graduell. Im Klimasystem gibt es aber auch sogenannte Kipppunkte. Dies sind kritische Schwellenwerte, bei deren Überschreiten ein wichtiges Teilsystem der Erde wie ein Regenwald oder eine Eismasse in einen stark veränderten Zustand überwechselt. Das kann schnell oder langsam passieren, ist in jedem Fall aber grundlegend, tritt schlagartig ein und ist meist nicht einfach umkehrbar.[46] Das vollständige Abschmelzen des Grönländischen Eisschildes etwa wird einen Anstieg des Meeresspiegels von etwa sieben Metern nach sich ziehen.[47] Dieser Prozess lässt sich nicht einfach wieder stoppen. Ist eine bestimmte Schwelle überschritten, schmilzt das Eis langsam, aber unaufhaltsam weiter, selbst wenn einige Jahrzehnte später global die Temperaturen wieder unter den Kipppunkt gesenkt würden. Solche Systeme reagieren oft lange Zeit nur wenig auf den Klimastress, aber wenn die Belastung dann nur etwas zunimmt, kippen sie.

Ein Beispiel, das oft genutzt wird, um diesen Mechanismus zu erklären, ist eine Kaffeetasse. Schiebt man sie sehr langsam über die Kante eines Küchentisches, passiert erst mal nichts. Schiebt man sie irgendwann aber auch nur einen Millimeter weiter, kippt sie um, fällt zu Boden, und der Kaffee wird verschüttet. Das Bild passt auch insofern, als man den Kaffee vom Boden nicht mehr in die Tasse bekommt. Der Prozess ist unumkehrbar. Einmal gekippt, haben wir den Schaden.

Grundsätzlich kann man sagen: Klimaveränderungen verlaufen nicht linear, Kippelemente sind ein besonders krasses Beispiel dafür. Was nicht-lineare Entwicklungen bedeuten, haben wir in der Coronakrise gesehen: Es kann über einen längeren Zeitraum so wirken, als wäre alles okay, als hätten wir die Lage im Griff. Und dann sind die Schäden plötzlich da oder verschlimmern sich rasch.

Natürlich sind das Verhalten und die Auswirkungen der Kippelemente noch komplexer, das Potsdamer Institut für Klimafolgenforschung (PIK) fasst das kurz so zusammen:

„Dem Schwellenverhalten im Erdsystem liegen oft selbstverstärkende Prozesse zugrunde, die – einmal angestoßen – auch ohne weiteren externen Einfluss weiterlaufen. Dadurch kann es passieren, dass der neue Zustand eines Kippelementes erhalten bleibt, selbst wenn das Hintergrundklima wieder hinter den Schwellenwert zurückfällt. Der Übergang nach dem Überschreiten eines systemspezifischen Kipppunktes kann dabei sprunghaft, aber auch kriechend erfolgen. Bereits das Überschreiten einzelner Kipppunkte hat weitreichende Umweltauswirkungen, die die Lebensgrundlage vieler Menschen gefährden."[48]

Es gibt im Wesentlichen drei Arten von Kippelementen: das sind erstens Eiskörper (der Grönländische Eisschild, das arktische Meereis, der Permafrost in Sibirien), zweitens Ökosysteme (boreale Wälder, der Amazonasregenwald, tropische Korallenriffe) und drittens Strömungssysteme (der Jetstream, der Golfstrom, der Monsun in Indien oder Westafrika). Verändern sich diese Systeme, hat das auch Folgen für uns Menschen. Um beim Bild der Kaffeetasse zu bleiben: Landet der heiße Kaffee im eigenen

Schoß, kann er uns verbrühen. Schmilzt der Grönländische Eisschild, ist das nicht nur schade um das vermeintlich ewige Eis
und ein paar Eisbären. Auch wir verlieren mehr als eine Foto-
kulisse in einem kostspieligen Urlaub. Das Schmelzwasser lässt
den Meeresspiegel ansteigen und zerstört dadurch nicht nur den
Lebensraum von Milliarden von Tieren, sondern auch von uns
Menschen. Viele der größten Städte dieser Welt liegen direkt
am Meer, sie wurden damals dort gegründet, weil sich über die
Häfen Handel betreiben lässt. Bedroht ist etwa Alexandria, die
zweitgrößte Stadt Ägyptens, die wohl in wenigen Jahrzehnten
unter Wasser stehen wird. Wenn viele ihrer derzeit fünf Millionen Bewohner:innen umziehen müssen, würde das die soziale
Stabilität in der Region akut gefährden.[49] Bedroht ist aber auch
New York.[50] Das U-Bahn-System der Millionenmetropole etwa
steht schon heute bei Sturmfluten und Starkregen regelmäßig
unter Wasser.

Die Kippelemente haben nicht nur lokale oder regionale Auswirkungen, sondern Folgen für das Klimasystem an sich. Schmilzt
das Eis, nimmt die weiße Fläche ab, die bisher Sonnenstrahlen
von der Erde zurück ins All reflektiert und somit geholfen hat,
die Erde zu kühlen. Wird dieser sogenannte Albedo-Effekt verringert, heizt sich die Erde schneller auf. Tauen die Permafrostbö-
den auf, können riesige Mengen Kohlenstoffdioxid und Methan
freigesetzt werden. Auch Methan ist ein starkes Treibhausgas.
Es baut sich zwar viel schneller wieder ab als CO_2, hat in der
Zwischenzeit aber eine enorm starke erwärmende Wirkung auf
das Klima. Methan entsteht vor allem in Feuchtgebieten, durch
den Verdauungsprozess von Rindern und in Industrieprozessen,
aber auch aus organischem Material wie Pflanzen und Tieren, die
in der letzten Eiszeit in die Böden eingeschlossen wurden. Taut
der Boden, fangen Mikroorganismen an, diese Überreste zu zer-
setzen. Das erzeugt – ähnlich wie in einem Misthaufen – Wärme
und trägt so dazu bei, dass der Boden noch schneller auftaut.
Auch das hat Auswirkungen auf die Erderhitzung.

Der Amazonasregenwald ist ein einzigartiges und riesiges Ökosystem, das eine globale Bedeutung für das Klima hat. Ist dieses System intakt, speichert es große Mengen von Kohlenstoff und erzeugt sein eigenes Mikroklima. Werden Flächen gerodet, wird CO_2 freigesetzt. Studien zufolge könnte hier bereits ein Kipppunkt erreicht sein: Der Amazonas setzt demzufolge seit Neuestem mehr CO_2 frei, als er aufnimmt.[51] Bisher hatte der Regenwald geholfen, die Erde zu kühlen, jetzt trägt er dazu bei, sie weiter aufzuheizen.

Wälder sind nicht einfach eine Ansammlung einzelner Bäume und Pflanzen, zusammen mit den Tieren ergeben sie ein System, das sich gegenseitig stabilisiert und schützt, das mit- und voneinander lebt. Ist eine kritische Größe des Waldes zerstört, kann es zu einer Art Massensterben weiterer Waldflächen kommen, das System ist nicht mehr in Balance und kann sich nicht mehr selbst mit Niederschlag versorgen. Wenn die ursprüngliche Fläche um 20 bis 25 Prozent schrumpft, warnen Forscher:innen,[52] könne der Amazonas nicht mehr genug Niederschlag produzieren, um sich selbst zu erhalten. Diese Schwelle könnte mittlerweile erreicht worden sein. Bleibt nun aufgrund dessen und wegen der Klimakrise längere Zeit der Regen aus, wandelt sich der Wald zur Savanne,[53] die durch die größere Gefahr von Waldbränden sich wiederum selbst stabilisieren kann. Auch wenn es noch Jahrzehnte dauern kann, bis die Folgen in ihrem gesamten Ausmaß sichtbar werden, wäre es sehr schwierig, diese Entwicklung aufzuhalten, sollte sie einmal angestoßen sein. Auch deswegen kann es uns nicht egal sein, wenn weiterhin immer mehr Flächen des Regenwaldes abgeholzt werden.

Die Kipppunkte verschärfen außerdem nicht nur die Klimakrise, sondern auch die sogenannte Biodiversitätskrise, also das Artensterben. Sterben die borealen Nadelwälder der Taiga oder der Amazonasregenwald, haben auch die Bewohner:innen dieser Wälder kein Zuhause mehr. Nicht nur Menschen, sondern auch unzählige Tiere und Pflanzen verlieren ihren Lebensraum;

Arten, die es nur in bestimmten Ökosystemen gibt, werden aussterben. Das ist auch insofern ein Problem, weil die Artenvielfalt wiederum eine wichtige Voraussetzung dafür wäre, damit sich das Ökosystem eventuell wieder erholen kann.

> **Bei welchen Temperaturen genau das Kippen der unterschiedlichen Systeme angestoßen wird, können Wissenschaftler:innen zwar grob schätzen – genau sagen kann es aber niemand. Genau deswegen ist es so wichtig, die Erderhitzung so weit wie möglich zu bremsen.**

Denn zwei Dinge sind sicher: Erstens steigt mit jedem Zehntelgrad Temperaturanstieg auch das Risiko, solche Kipppunkte auszulösen, und zweitens gibt es weder Pläne noch die technischen Grundlagen noch überhaupt die Ressourcen, oft nicht mal die theoretische Möglichkeit, um so ein Kippen umzukehren oder auch nur die Folgen davon abzufangen. „Die Anzeichen steigen, dass wir uns Kipppunkten nähern, die mit kritischen Teilen des Erdsystems in Zusammenhang gebracht werden, oder die sogar schon überschritten haben, etwa beim Westantarktischen und Grönländischen Eisschild, bei den Warmwasser-Korallenriffen und dem Amazonasregenwald", warnten 13 000 Wissenschaftler:innen im Juli 2021[54] und erneuerten damit eine Studie und eine Warnung, die schon 2019 mehr als 11 000 Forscher:innen unterstützt hatten.[55] Und das berücksichtigt noch gar nicht, was heute bereits Gegenstand der Forschung ist: dass sich Kipp-Vorgänge wie in einer Kette auch gegenseitig auslösen können, wenn zum Beispiel die Eisschmelze in Grönland die Strömungen des Atlantik verändert und diese wiederum Auswirkungen bei den Kipppunkten im Eis der Antarktis haben.

Fakt Nr. 7:

Wir müssen den Ausstoß von Treibhausgas radikal reduzieren und schnellstmöglich stoppen

Wenn wir es schaffen wollen, das 1,5-Grad-Limit einzuhalten – oder zumindest irgendwo in der Nähe davon zu bleiben –, gibt es nur noch eine bestimmte Menge an CO_2, die wir ausstoßen dürfen. Diese begrenzte Menge ist das sogenannte CO_2-Budget.[56] CO_2 ist ein sehr langlebiger Stoff, einmal freigesetzt, bleibt ein größerer Teil für Zehntausende Jahre in der Atmosphäre.[57] Es kommt also nicht darauf an, wie viele Jahre wir noch Treibhausgase ausstoßen, sondern wie viel dieser Gase wir in die Luft pusten. Klimaneutralität für ein bestimmtes Jahr zu fordern kann daher immer nur ein ungefährer Richtwert sein, generell geht es darum, mit dem Ausstoß dieser Gase so schnell wie eben möglich aufzuhören.

Ein großer Streitpunkt ist daher, wie diese Budgets international verteilt werden sollen, also welcher Staat wie viel von der Gesamtmenge für sich in Anspruch nehmen darf. An dieser Frage ist auch der Klimagipfel in Kopenhagen 2009 gescheitert. Damals hatte man versucht, einen internationalen Vertrag auszuhandeln, in dem die nationalen Budgets festgeschrieben werden, die maximal noch ausgestoßen werden dürfen, um in Bezug auf die Erderhitzung unter die Zwei-Grad-Marke zu bleiben. Das wollten sich die Staaten nicht vorschreiben lassen und ließen das Abkommen platzen.

Dass der Verhandlungsprozess damals scheiterte, beschreiben viele Beteiligte und Beobachter:innen noch heute als Schock. Schon damals warnten Wissenschaftler:innen seit Jahrzehnten vor den Folgen des menschengemachten Klimawandels, die grundlegenden Mechanismen, Auswirkungen und Lösungen waren wissenschaftlich betrachtet längst klar. Ereignisse wie die Hitzewelle 2003, die in Europa 70 000 Menschen tötete, hatten schon damals angedeutet, was auf uns zukommen wird.

Viele Journalist:innen, Wissenschaftler:innen und politische Klimaakteur:innen, die sich schon damals der real drohenden Katastrophe bewusst waren, erzählten mir, dass sie nach dem Kopenhagener Klimagipfel eine Phase der Resignation und Hoffnungslosigkeit erlebten. Nach ein paar Jahren berappelte man sich und verhandelte auf internationaler Ebene einen neuen internationalen Vertrag, der als Pariser Klimaabkommen 2015 in die Geschichte einging und bis heute die Grundlage für internationale Klimapolitik bildet. Damals einigten sich die Regierungen darauf, die Erderhitzung auf „deutlich unter zwei Grad" zu begrenzen, idealerweise auf 1,5 Grad.

Auszug aus dem Pariser Klimaabkommen

Artikel 2

(1) Dieses Übereinkommen zielt darauf ab, durch Verbesserung der Durchführung des Rahmenübereinkommens einschließlich seines Zieles die weltweite Reaktion auf die Bedrohung durch Klimaänderungen im Zusammenhang mit nachhaltiger Entwicklung und den Bemühungen zur Beseitigung der Armut zu verstärken, indem unter anderem

a) der Anstieg der durchschnittlichen Erdtemperatur deutlich unter 2 °C über dem vorindustriellen Niveau gehalten wird und Anstrengungen unternommen werden, um den Temperaturanstieg auf 1,5 °C über dem vorindustriellen Niveau zu begrenzen, da erkannt wurde, dass dies die Risiken und Auswirkungen der Klimaänderungen erheblich verringern würde;

b) die Fähigkeit zur Anpassung an die nachteiligen Auswirkungen der Klimaänderungen erhöht und die Widerstandsfähigkeit gegenüber Klimaänderungen sowie eine hinsichtlich der Treibhausgase emissionsarme Entwicklung so gefördert wird, dass die Nahrungsmittelerzeugung nicht bedroht wird;

c) die Finanzmittelflüsse in Einklang gebracht werden mit einem Weg hin zu einer hinsichtlich der Treibhausgase emissionsarmen und gegenüber Klimaänderungen widerstandsfähigen Entwicklung.

(2) Dieses Übereinkommen wird als Ausdruck der Gerechtigkeit und des Grundsatzes der gemeinsamen, aber unterschiedlichen Verantwortlichkeiten und jeweiligen Fähigkeiten angesichts der unterschiedlichen nationalen Gegebenheiten durchgeführt.

Welches Land welchen Beitrag leisten soll, um dieses Ziel zu erreichen, wollten die Regierungen selbst festlegen, in sogenannten National Determined Contributions (NDCs), also national eigenständig festgelegten Klimaschutzbeiträgen. Nur weil die Regierungen diese einfache physikalische Gesetzmäßigkeit nicht anerkennen – dass man das gemeinsame Ziel nur erreichen kann, wenn jedes Land nicht mehr als eine bestimmte Menge CO_2 freisetzt –, bedeutet leider nicht, dass die Physik bereit ist, Kompromisse einzugehen. Was hier wie ein Scherz klingen mag, ist tatsächlich ein grundlegendes Missverständnis, dem auch viele Politikjournalist:innen zu unterliegen scheinen. In Gesprächen mit Vertreter:innen von Fridays for Future wird das immer wieder sichtbar. Sie werden regelmäßig gefragt, ob sie nicht kompromissbereiter sein müssten. Aber wie erwähnt, ist das Pariser Klimaabkommen bereits der Kompromiss. Schon heute, bei 1,2 Grad globaler Erwärmung, haben die menschengemachten Klimaveränderungen dramatische Auswirkungen überall auf der Welt. Die Erderhitzung auf möglichst 1,5 Grad global zu begrenzen soll helfen, weiteren massiven und irreversiblen Schaden von der Erde und ihren Bewohner:innen abzuwenden. Kompromissbereit zu sein würde bedeuten, dass Fridays for Future von der Forderung abweicht, dieses Limit einzuhalten. Warum sollten die Aktivist:innen das tun? Sie fordern ja nur die Einhaltung dessen, worauf sich die Regierungen dieser Welt ohnehin aus gutem Grund in einem internationalen Vertrag geeinigt haben.

Auch bei den nötigen Maßnahmen gibt es nicht mehr sonderlich viel Spielraum. Weil die Regierungen sich so viel Zeit gelassen haben mit der Umsetzung der erwiesenermaßen nötigen Reformen, sind jetzt wirklich schnelle und deutliche Veränderungen unvermeidbar. Alle denkbaren und wirksamen Maßnahmen müssen auf den Tisch und in Bezug auf Aufwand, Nutzen, Risiko und Nachhaltigkeit analysiert werden. Damit stoßen wir an den Unterschied zwischen Wissenschaft und Politik: Die Wissenschaft beschreibt, wie viel Emissionen wir einsparen müssen, und hilft bei der Abschätzung, welche Maßnahme wie viel Einsparung bringt. Die politische Entscheidung besteht darin, ob Tempolimit, Solaranlagenpflicht auf Dächern und Windradausbau oder frierende Geringverdiener:innen und Rentner:innen die passenden Maßnahmen sind.

Wenn alle Regierungen für sich beanspruchen, mehr emittieren zu dürfen als ihre Budgets erlauben, werden wir die Pariser Klimaziele einfach nicht einhalten. Also schauen wir uns an, wie man die Verschmutzungsrechte aufteilen kann. Dafür gibt es im Wesentlichen drei Prinzipien:

Prinzip 1:
Industrieländer dürfen mehr Treibhausgase freisetzen

Die Begründung der Vertreter:innen dieses Ansatzes lautet, dass dies angemessen sei, weil es für Industrieländer schwieriger ist, ihre komplexen Wirtschaftssysteme anzupassen und so Emissionen rechtzeitig zu reduzieren. Auch hinge von ihrer Rolle in und für die Weltwirtschaft so viel anderes ab, dass es globalwirtschaftlich nicht optimal sei, hier zu reduzieren.

Prinzip 2:
Entwicklungsländer dürfen mehr ausstoßen

Aus der Perspektive globaler Gerechtigkeit ist dies das einzig faire und konsequente Verteilungsprinzip. Auch im Pariser Klimaabkommen wird die Leitidee der Gerechtigkeit festgehalten, wenn auch – bewusst – schwammig formuliert: Es herrsche der „Grundsatz der gemeinsamen, aber unterschiedlichen Verantwortlichkeiten und jeweiligen Fähigkeiten angesichts der unterschiedlichen nationalen Gegebenheiten", heißt es in Artikel 2, Absatz 2 des Pariser Abkommens. Wer gut in Debattierclubs trainiert hat, kann versucht sein, daraus sehr mühsam auch das erste Prinzip abzuleiten. Der Verweis auf die Verantwortlichkeiten schließt das aber eigentlich aus. Dass größere Emittenten eine stärkere Verantwortung tragen, erkennen auch viele deutsche Politiker:innen immer dann gern an, wenn sie darauf verweisen, dass Schwellenländer wie China und Indien derzeit einen viel größeren CO_2-Ausstoß haben als Deutschland. Die Verantwortung und der Einfluss Deutschlands seien daher gering, argumentieren sie. Daraus versuchen sie abzuleiten, dass Deutschland sich auch nicht übermäßig anstrengen müsse beim Klimaschutz. Dass Deutschland 2020 im internationalen Vergleich noch immer auf Platz 7 der größten Verschmutzer weltweit lag[58] und damit vor 188 anderen Ländern dieser Erde, unterschlagen sie dabei ebenso wie die historische Verantwortung. Im Sinne einer nachholenden Entwicklung müsste also vor allem ärmeren Ländern gestattet werden, mehr Treibhausgase zu emittieren. Wenn sie das denn wollen. Sehr viel sinnvoller für alle beteiligten Parteien wäre es, wenn reichere Länder nicht nur ihre eigene Energieversorgung so schnell wie möglich komplett auf erneuerbare Energien umstellen, sondern auch ärmeren Ländern anbieten, dabei zu helfen, eine nachhaltige und klimaneutrale Energieversorgung auf- und auszubauen.

Prinzip 3:
Die Verschmutzungsrechte werden pro Kopf verteilt

Gemessen werden die Emissionen hier, je nach Berechnung, oft ab Januar 2016, also ab der Verhandlung des Pariser Klimaabkommens. Dieses Verteilungsprinzip kann man als Kompromiss zwischen den beiden ersten verstehen. Die historische Verantwortung wird in diesen Modellen ausgeblendet, würde man diese mit einbeziehen, hätte etwa Deutschland schon kein Budget mehr übrig. Aber selbst wenn man mit dem CO_2-Ausstoß der vergangenen Jahre rechnet, haben westliche Industrienationen wie Deutschland schon einen großen Teil ihres Kuchenstückes aufgegessen. Damit der ihnen zustehende Rest noch bis 2050 reicht, müssten sie sehr, sehr viel langsamer essen (also jetzt sehr viel weniger emittieren). Oder sie müssten sehr viel früher aufhören (zu essen beziehungsweise auszustoßen).

Wenn man nicht darauf setzt, dass wir künftig das emittierte CO_2 zum Teil wieder aus der Atmosphäre zurückholen werden, und uns vornehmen, maximal so viel zu den globalen Emissionen beizutragen, wie es unserem Bevölkerungsanteil entspricht, so bleibt uns bis zur Null nach neuesten, aktualisierten Zahlen des Sachverständigenrats für Umweltfragen (SRU) ab 2022 nur noch extrem wenig Zeit: Für eine Wahrscheinlichkeit von 50 Prozent, das 1,5-Grad-Limit noch einzuhalten, haben wir in Deutschland bis 2029 Zeit, für eine 67-prozentige Chance auf 1,75 Grad bis 2037.

Die Seite showyourbudgets.org, die das vom IPCC veröffentlichte weltweite CO_2-Budget auf einzelne Länder und Re-

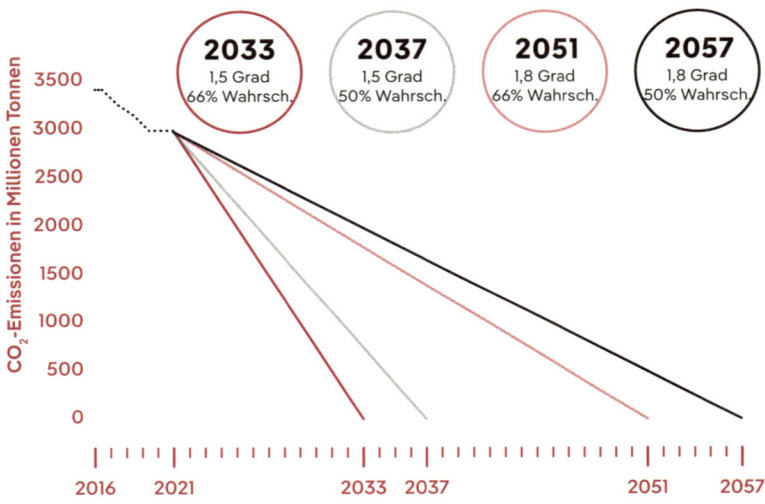

Emissions-Reduktionspfade der EU für verschiedene CO_2-Budgets

Quelle: www.showyourbudgets.org; bearbeitet

gionen herunterrechnet, sieht dieses Enddatum für Deutschland noch früher gekommen. Denn anders als der IPCC rechnet sie sowohl solche Emissionen mit ein, die bei Rückkopplungen des Erdsystems wie dem Tauen des Permafrosts entstehen, als auch jede aus der Zementproduktion, von Flug- und Schiffsverkehr. Diese werden in Modellen oft außen vor gelassen – obwohl sie real existieren und wirken. Für eine 66-prozentige Chance, das 1,5-Grad-Limit einzuhalten, müsste Deutschland bei linearer Reduktion demnach 2027 damit aufhören, CO_2 auszustoßen, für eine Fünfzig-Prozent-Wahrscheinlichkeit 2030.[59] Für Europa sind die Enddaten 2033 beziehungsweise 2037 erreicht.[60]

Und ja, hier wird mit Wahrscheinlichkeiten gerechnet. Niemand würde in ein Flugzeug steigen, das eine fünfzigprozentige Wahrscheinlichkeit hat, abzustürzen. Wollen wir mehr Sicherheit, müssten wir noch schneller aufhören, Emissionen auszustoßen.

Der neue Staatssekretär im Ministerium für Wirtschaft und Klimaschutz, Patrick Graichen, hat in seiner Zeit als Direktor des Thinktanks Agora Energiewende einen Kompromiss vorgeschlagen:[61] Industriestaaten sollten die Länder des globalen Südens unterstützen, direkt erneuerbare Energien auszubauen. So würden sie die Fehler des globalen Nordens nicht wiederholen und außerdem nicht technologisch abgehängt. Die Länder des globalen Nordens hätten so länger Zeit für die notwendige Transformation, da sie im Gegenzug Teile des Budgets des globalen Südens aufbrauchen könnten. Der Vorschlag erkennt die Existenz von nationalen Budgets und unterschiedlichen Verantwortungen an, würde dem Norden theoretisch aber mehr Zeit verschaffen. Systeme für einen entsprechenden Budgethandel und Anbieter gibt es bisher jedoch nicht.

Wie auch immer die Regierungen sich entscheiden, die Budgets aufzuteilen – rein von der Physik her kommen wir nicht um eine Kontingentierung der CO_2-Emissionen herum. Natürlich können wir sie ignorieren und uns damit selbst belügen, aber dann reißen wir eben die Temperaturmarken, erreichen immer mehr Kipppunkte und müssen mit den Folgen leben. Die CO_2-Budgets sind also extrem wichtig, weil sie aufzeigen, dass die Menge an Emissionen begrenzt ist, die wir noch ausstoßen können, bevor wir eine bestimmte Temperaturmarke erreichen. Allen Minister:innen, aber auch allen Bürger:innen dürfte das Prinzip bekannt vorkommen: Sie können grundsätzlich nur so viel Geld ausgeben, wie sie zur Verfügung haben.

Fakt Nr. 8:
Wir haben kein CO_2-Budget mehr, das wir bedenkenlos aufbrauchen können

Auf den ersten Blick mag es so wirken, als hätten wir mit dem Budget also noch einen Spielraum, den wir gefahrlos ausschöpfen können. Das Magazin *Der Spiegel* zum Beispiel zählte in der sogenannten Klimazentrale auf seiner Homepage ein Jahr lang das Budget bis zur Zwei-Grad-Marke runter, als wäre zwei Grad eine plausible und sichere Option. Das ist nicht der Fall. Auch im Pariser Klimaabkommen ist, wie erwähnt, festgeschrieben, die Erderhitzung auf „deutlich unter zwei Grad" zu begrenzen. Was genau das meint, ist umstritten; die Höchstgrenze dürfte damit aber bei 1,75, maximal 1,8 Grad globaler Erwärmung liegen. Zwei Grad brechen das Pariser Klimaabkommen. Erst im November 2021 hat der *Spiegel* die Darstellung korrigiert und zählt auf seiner Seite nun das Budget von 1,5 Grad runter.[62]

Wenn wir unsere aktuelle Situation mit dem Flug in einem Flugzeug vergleichen, haben wir keine Reserven mehr, um noch eine Weile weiterfliegen und Runden drehen zu können. Wir haben gerade noch ein äußerst knapp bemessenes Budget, um aus der Reiseflughöhe einen einzigen Landeanflug durchzuführen.

Führt man sich die Auswirkungen der Klimakrise, die wir schon heute erleben, vor Augen, dürfte klar sein: Die Landung wird ruckelig und nicht so bequem verlaufen wie der bisherige Flug. Weiterfliegen ist aber auch keine Option. Wir haben schon heute keinen Spielraum mehr, keine Zeit, keine Mengen an CO_2, die wir noch ausstoßen dürfen, wenn wir nicht wollen, dass die Welt um uns herum immer unberechenbarer und schwieriger bewohnbar wird.

Fakt Nr. 9:
Die Klimakrise ist nicht die einzige planetare Krise, in der wir stecken

Wir haben jahrzehntelang ohne Rücksicht auf die Grenzen unseres Planeten gelebt. Unsere Wirtschaft hat „Kosten externalisiert", also unsere Umwelt verschmutzt, in und von der wir leben, wir haben Ressourcen verbraucht, Wälder abgeholzt, Flächen versiegelt, Böden und Wasser verseucht, Tiere und Pflanzen verdrängt und vergiftet und Treibhausgase ausgestoßen. Seit mindestens 50 Jahren ist klar, dass es in einer endlichen Welt kein unendliches Wachstum geben kann, der Club of Rome hat schon 1972 in seinem Bericht „Die Grenzen des Wachstums" davor gewarnt. Diese Grenzen, in denen das Wachstum anfängt, seine eigenen Voraussetzungen zu zerstören, sind mittlerweile erreicht, teils sind sie sogar gefährlich weit überschritten.[63]

Unsere Lebens- und Wirtschaftsweise hat uns nicht nur in die Klimakrise manövriert, sondern weitere planetare Krisen provoziert: Ozeanversauerung, Überdüngung, Schadstoffbelastung, Landnutzungswandel, Artensterben und regional auch der Verbrauch von Süßwasser. Und die Krisen verstärken sich gegenseitig. Mehr CO_2 in der Luft heizt den Planeten auf und macht gleichzeitig die Ozeane saurer. Das Artensterben wird sowohl durch Landnutzung als auch durch die Klimakrise befeuert, wenn Lebensräume für Arten schwinden, weil ihre Lebensbedingungen nicht mehr erfüllt werden. Durch das Ausbringen von Stickstoffdünger werden Treibhausgase freigesetzt,[64] und es entstehen sauerstofffreie „Todeszonen" in den Meeren.

Beim Artensterben und den Nährstoffkreisläufen von Stickstoff und Phosphor „hat sich die Menschheit weit vom sicheren Handlungsraum entfernt und setzt sich einem hohen Risiko negativer ökologischer, wirtschaftlicher und gesellschaftlicher Folgen aus",[65] schreibt dazu auch das Bundesumweltministerium auf seiner Seite. „Armut zu beenden, gesunde Lebensbedingungen zu schaffen, gesellschaftliche und wirtschaftliche Entwicklung und Stabilität zu ermöglichen, Gerechtigkeit und Frieden zu fördern, Lebensqualität und Wohlstand zu erhalten – all dies wird nicht möglich sein, wenn das Fundament fehlt: eine stabile Umwelt und intakte Natur."

Die Integrität der Biosphäre ist neben dem Klima die zweite Säule planetarer Stabilität. Der Zustand des Planeten und der Zustand des Lebens sind unendlich vielfältig miteinander verwoben, daher ist eine neue Stabilität des einen nicht ohne eine neue Stabilität des anderen denkbar. Die ökologische Krise ist der unabtrennbare Zwilling der Klimakrise.

Fakt Nr. 10:
Planetare Krisen sind keine Probleme wie andere auch

Auch viele bekannte und einflussreiche Politiker:innen haben die planetaren Krisen, in denen wir stecken, offenbar noch nicht in ihrer gesamten Tragweite begriffen. Das zeigt sich praktisch jeden Tag. Eines der offensichtlichsten Beispiele im Vorfeld der Bundestagswahl war, als Alexander Graf Lambsdorff von der FDP sich im Februar 2021 auf Twitter beschwerte, der öffentlich-rechtliche Rundfunk mache mit der Veröffentlichung eines Klimaformats Wahlwerbung für die Grünen.[66] Wo bleiben die Formate zu Bildung, Wirtschaft und Digitalisierung, fragte er und stellte die Themen so in eine Reihe mit der Klimakrise. Als könnte man diese Krisen miteinander vergleichen und als hätten sie alle etwa gleich dramatische Folgen. Dass die Klimakrise unsere Lebensgrundlagen akut gefährdet und damit am Fundament unserer Gesellschaften sägt, scheint immer noch nicht verstanden zu sein. Die Klimakrise ist kein weiteres Problem auf der Bühne, sie bedroht die Bühne selbst.[67]

Klimawissenschaftler:innen warnen davor, dass wir den Fortbestand unserer Zivilisation gefährden, wenn wir nicht schnell und entschlossen gegensteuern. Das klingt groß und abstrakt, aber was bedeutet es eigentlich? Unsere modernen Gesellschaften mit weltumspannenden Lieferketten, Verkehrsverbindungen und Kommunikationskanälen sind so komplex, dass sie auf eine gewisse Stabilität angewiesen sind, um zu funktionieren. Eine Stabilität, die wir oft als gegeben annehmen und die wir gerade zerstören. Unsere Supermärkte benötigen einen konstanten Zustrom von Waren, jeden Tag müssen sie mit Lebensmitteln beliefert, die Regale jeden Morgen neu eingeräumt werden. Die Produktion in Fabriken hängt davon ab, ob Zulieferer die entsprechenden Materialien und Teile bereitstellen, die globalen Logistiksysteme ausreichend Container zur Verfügung haben und Frachtschiffe nicht in blockierten Kanälen oder überforderten Häfen an der britischen Grenze festhängen. Krankenhäuser können nur eine bestimmte Anzahl an Patient:innen aufnehmen, weil sie nur eine begrenzte Zahl von Betten zur Verfügung haben und nur eine gewisse Zahl von Pfleger:innen, die sich um die Menschen kümmern können. Die Coronakrise, der Brexit und das im Suezkanal festhängende Containerschiff „Ever Given" haben gezeigt, wie schnell diese komplexen Systeme an ihre Grenzen stoßen. Im November 2021 waren die Transportwege zum Hafen von Vancouver kurzzeitig komplett lahmgelegt.[68] Extremer Regen und Schlammlawinen im Westen Kanadas hatten den Verkehr auf Schienenverbindungen und Schnellstraßen unterbrochen und dazu geführt, dass der wichtigste Hafen des Landes zeitweise geschlossen werden musste. Dinge, die oft als selbstverständlich wahrgenommen werden, funktionierten auf einmal nicht mehr so, wie wir es gewohnt sind.

Die Auswirkungen der Klima- und Biodiversitätskrise werden diese Abläufe künftig immer häufiger und stärker stören. Die Coronakrise wird höchstwahrscheinlich nicht die letzte Pandemie sein, die wir erleben; dass länder- und kontinentübergreifende Infektionskrankheiten wahrscheinlicher werden, auch davor warnen Wissenschaftler:innen seit Jahren. Schon angesichts der extrem ansteckenden Omikron-Variante des Coronavirus wiesen Expert:innen auf die Gefahr eines Zusammenbruchs der kritischen Infrastruktur hin,[69] einfach weil zu viele Menschen gleichzeitig krank sein könnten – selbst wenn viele von ihnen einen vergleichsweise milderen Verlauf erleben. Dürren, Hitze und Extremwetter zerstören schon heute Ernten, sie beschädigen Infrastruktur und torpedieren Lieferketten. Während man die Auswirkungen auf die Lebensmittelversorgung bei den Hitzewellen der vergangenen Jahre in Europa kaum spürte, weil Europa genug Geld hat, auch höhere Preise auf anderen Märkten zu zahlen und die Krisen regional begrenzt waren, könnte sich das zukünftig ändern.

Neue Studien legen nahe, dass die Auswirkungen des Klimawandels auf die Ernten von Mais, Soja und Reis bis Ende des Jahrhunderts größer ausfallen können als bisher angenommen[70] und in einigen Hauptanbauregionen noch vor 2040 auftreten könnten. In einer Fallstudie untersucht die Unternehmensberatung McKinsey 2020,[71] inwiefern sich aufgrund der Klimakrise die Wahrscheinlichkeit ändert, dass Ernteausfälle in mehreren „Breadbasket"-Regionen gleichzeitig auftreten und welche Auswirkungen das hätte. Sogenannte „Brotkörbe" sind zentrale Anbauregionen für Reis, Weizen, Mais und Soja. Diese vier Getreide spielen eine entscheidende Rolle in der Ernährung der Menschheit. Allein Reis und Weizen machen 19 beziehungsweise 18 Prozent davon aus. Gleichzeitig sind die Anbaugebiete dieser Lebensmittel stark konzentriert, 60 Prozent davon werden in nur fünf Ländern produziert, und auch innerhalb dieser Länder ist die Produktion auf einige Regionen konzentriert. Extremwetterereignisse in diesen Regionen könnten daher einen relativ großen Anteil der weltweiten Produktion beeinträchtigen. Das ist ein Problem, weil viele Staaten von Importen abhängig sind. Obwohl die Ernten zuletzt historisch hoch gewesen seien, würden die aktuellen Vorräte nicht ausreichen, um einen großen Produktionsschock auszugleichen. McKinsey zufolge werden spürbare Ausfälle in den nächsten Jahren wahrscheinlicher, zum einen, weil Extremwetter wahrscheinlicher werden, aber auch weil sie stärker werden. Zusätzlich werden die Anbaubedingungen durch klimabedingte Wetterveränderungen beeinträchtigt, Mais etwa ist sehr temperaturempfindlich. Das Problem wurde wissenschaftlich und politisch lange nicht ausreichend untersucht,[72] einerseits weil es in der Vergangenheit kaum eine Rolle gespielt hat, andererseits weil der Fokus eher auf der Steigerung von Produktivität lag.[73] Neuere wissenschaftliche Studien sehen jedoch ebenfalls einen Anstieg der Gefahr.[74, 75, 76, 77]

Im Dezember 2020 warnten mehr als 250 Wissenschaftler:innen und Akademiker:innen im britischen *Guardian*[78] davor, dass wir die Möglichkeit gesellschaftlicher Disruptionen bis hin zu einem Zusammenbruch innerhalb dieses Jahrhunderts in Betracht ziehen sollten. Darunter befanden sich die Klimaforscher Will Steffen und Peter Kalmus, die US-amerikanische Soziologin und Wirtschaftswissenschaftlerin Saskia Sassen und sechs deutsche Wissenschaftler:innen. Die Unterzeichnenden hätten unterschiedliche Ansichten dazu, wo, wann und in welchem Ausmaß solch ein Zusammenbruch möglich sei, schreiben sie in einem offenen Brief. Auch seien sie unterschiedlicher Meinung, was genau die Gründe für solch einen Kollaps sein könnten und wie langanhaltend dieser wäre, aber alle seien extrem besorgt darüber, wie moderne Gesellschaften Menschen und die Natur ausbeuten. Sie weisen darauf hin, dass wir als Gesellschaften nicht ansatzweise auf das vorbereitet sind, was Wissenschaftler:innen seit Jahrzehnten prognostizieren. Regierungen würden nicht nur nichts dafür tun, diese Gefahren in ausreichendem Maße abzuwenden, sie bereiteten sich auch nicht auf die vorhersehbaren Folgen vor. „Nur wenn Entscheidungsträger:innen anfangen, diese Gefahr eines gesellschaftlichen Kollapses zu diskutieren, können wir anfangen, die Wahrscheinlichkeit, Geschwindigkeit, Schwere und den Schaden zu reduzieren, der die Verletzlichsten treffen wird – und die Natur", mahnen die Autor:innen des offenen Briefes. Im globalen Süden sei das längst Realität, nur werde das politisch und medial kaum beachtet.

Die Gefahr eines gesellschaftlichen Kollapses scheint in Deutschland weit entfernt, in Großbritannien und Frankreich jedoch gibt es dazu bereits gesellschaftliche Diskussionen. Auch sicherheitspolitische Institutionen sehen die Gefahr, dass Regierungen und Staaten, auf jeden Fall aber einzelne Infrastrukturen angesichts von Klimaschocks zusammenbrechen können. Mit diesen Risiken beschäftigt sich auch das Pentagon, seit 2010 trainiert die US-Armee für Szenarien, die Bedrohungen durch die Klimakrise antizipieren. Für das Verteidigungsministerium der USA ist die Klimakrise ein „Thread Multipler", ein Gefahrenmultiplikator, der das Militär bereits heute vor konkrete Herausforderungen stellt.[79]

Um für Krisen gewappnet zu sein, muss man das Risiko erstens erkennen, analysieren und sich gegebenenfalls darauf vorbereiten, und zweitens muss auch die Bevölkerung schon im Vorfeld für Gefahren und entsprechende Maßnahmen sensibilisiert werden.[80] In Deutschland wird öffentlich aber kaum ernsthaft darüber diskutiert, ob an diesen Szenarien etwas dran sein könnte. Selbst einzelne Risiken wie Trinkwasserknappheit, vor der im Sommer 2021 auch das Bundesamt für Bevölkerungsschutz warnte,[81] tödliche Hitzewellen, für die viele umliegende Länder seit der Hitzewelle 2003 Notfallpläne haben,[82] oder die sehr reale Gefahr weiterer Pandemien[83] werden im öffentlichen Diskurs kaum ernst genommen.

All das bedeutet: Die Einhaltung des Pariser Klimaabkommens ist kein Nice-To-Have, kein Zugeständnis an Ökos und auch kein Selbstzweck. Die Vereinbarung ist ein völkerrechtlich bindender Kompromiss, der die Zerstörung unserer menschlichen Lebensgrundlagen eindämmen soll. Auch wenn das für einige unvorstellbar klingen mag, geht es dabei um nichts weniger als darum, lebenswerte Bedingungen auf unserem Planeten zu erhalten, und zwar auch vor unserer Haustür. Sich darum zu kümmern ist eine gesamtgesellschaftliche Aufgabe, die politisch nicht nur den Grünen zufällt, sondern allen Parteien.

<u>Fakt Nr. 11:</u>

Klimawandel, Klimakrise und Klimakatastrophe – wir reden oft nicht über dieselben Dinge

Es ist paradox: Manche Menschen wissen seit Jahrzehnten, dass wir uns auf eine wortwörtliche Katastrophe zubewegen, die sie selbst und ihre Kinder miterleben werden. Ein Großteil der Bevölkerung weiß zwar über den menschengemachten Klimawandel Bescheid, erkennt die Fakten und Gefahren auch durchaus an, scheint aber nicht zu ahnen, dass die Auswirkungen sie selbst massiv und möglicherweise existenziell betreffen werden. Dieses Missverständnis ist meines Erachtens das zentrale Problem in der Diskussion um Klimaschutz. Wir reden gesellschaftlich über sehr unterschiedliche Dimensionen von Gefahren, die es abzuwehren gilt – und entsprechend unterschiedliche Ansätze, was wie stark und wie schnell zu tun ist. Das verzögert dringend nötige Maßnahmen.

Hier ist meine Theorie: Vereinfacht gesagt, gibt es drei Gruppen, deren Wahrnehmung der Krise sich fundamental voneinander unterscheidet. Gruppe 1 hält die globale Erwärmung noch immer für eine relativ ferne und abstrakte Bedrohung. Das sind oft Menschen, die noch immer konsequent von „Klimawandel" sprechen. Sie nehmen an, der „Wandel" vollziehe sich langsam und bringe auch ein paar positive Auswirkungen mit sich. Sie haben oft noch nichts von Kipppunkten gehört und nehmen grob an, dass die Auswirkungen der Klimakrise einfach linear schlimmer und spürbarer werden. Sie stimmen der Aussage zu, dass Klimaschutz wichtig sei – Wirtschaft, Wachstum, Wohlstand und Arbeitsplätze sind in ihren Augen aber wichtiger. Und warum sollte man jetzt Annehmlichkeiten wie Fliegen, Fleisch essen oder schnell Auto fahren aufgeben, wenn es doch die meisten anderen auch nicht tun?

Die zweite Gruppe hält die Klimakrise für eine nicht ganz so abstrakte, aber immer noch relativ ferne Bedrohung. Dass die

Wälder sterben und Seen in Brandenburg austrocknen, finden diese Menschen beunruhigend. Sie machen sich Sorgen wegen der Klimakrise, nehmen oft aber weiterhin an, dass es frühestens ihre Urenkel:innen wirklich schlimm treffen werde. Vor allem aber nehmen sie an, dass noch ein paar Jahrzehnte Zeit bleibt, um das Problem zu lösen (Stichwort: Klimaneutralität 2050). Und sie gehen davon aus, dass sich schon jemand darum kümmern wird, wenn es wirklich akut wird. Viele fliegen mit schlechtem Gewissen, verzichten dafür aber weitgehend auf Fleisch. Oder andersrum.

Eine wohl vergleichsweise kleine Gruppe weiß, dass die Klimakrise sehr konkret und akut ihre eigenen Lebensgrundlagen bedroht, und schafft es auch, diesen Gedanken nicht immer wieder sofort zu verdrängen. Diese Menschen sind sich der Auswirkungen der Erderhitzung auf ihr eigenes Leben in den kommenden 10, 20, 30 Jahren grob bewusst. Wenn sie darüber sprechen, werden sie von Vertreter:innen von Gruppe 1 und 2 oft als Alarmist:innen bezeichnet – obwohl ihre Sicht die einzige ist, die von der Wissenschaft getragen wird.

Überzeugte Klimawandel-Leugner:innen gibt es nur noch relativ wenige, daher kann man sie hier vernachlässigen. Um den Klimawandel zu bestreiten, sind die Auswirkungen der Klimakrise schon zu sichtbar, der Standpunkt der Wissenschaft zu eindeutig. Das Problem sind vor allem die Angehörigen von Gruppe 1 und 2, denn sie sind es, die effektiven Klimaschutz immer wieder verzögern und verhindern. Weil immer etwas anderes wichtiger ist, weil ihnen nicht bewusst ist, wie wenig Zeit bleibt, um die Klimakatastrophe abzuwenden oder zumindest abzubremsen, und weil ihnen auch nicht klar ist, dass sich wohl fast alle aktuell drängenden Probleme verschärfen, wenn wir die Klimakrise zur Klimakatastrophe eskalieren lassen.

Der Anteil von Typ 3 an der Bevölkerung ist relativ gering, auch unter Politiker:innen und Journalist:innen, die den öffentlichen Diskurs über Klimaschutz maßgeblich bestimmen. Die

Warnungen und Proteste von Vertreter:innen dieser Gruppe, etwa den Scientists for Future, Fridays for Future, Ende Gelände oder Extinction Rebellion, nehmen Typ 1 und 2 nicht ernst. Oder so ernst, wie Typ 2 halt denkt, dass die Klimakrise sei. Typ 2 und 3 können stundenlang übers Klima sprechen, ohne dass Typ 2 realisiert, dass die Krise schlimmer sein könnte, als er bisher annimmt. Denn schließlich hält auch Typ 2 die Situation für ernst – aber wäre die Krise wirklich akut, würden Politik und Medien ja anders damit umgehen. Aussagen von Typ 3 halten diese Menschen wahlweise für rhetorische Mittel oder Übertreibungen. Auch weil Typ 3 Gefahren oft nur andeutet, aus Angst, als Alarmist:in abgetan zu werden, denn der öffentliche Diskurs weicht massiv ab von den Risikovorhersagen der Wissenschaft. Und so, etwas salopp formuliert, tanzen wir seit Jahren mehr oder weniger fröhlich umeinander herum und kommen nicht weiter.

Deswegen werden immer wieder völlig unzureichende und damit weitgehend wirkungslose politische Entscheidungen getroffen und nötiges Handeln weiter verschoben und verschleppt. Und deswegen bleibt dazu auch der mediale Aufschrei aus, wenn wieder mal Maßnahmen beschlossen werden, die nicht damit vereinbar sind, das 1,5-Grad-Limit einzuhalten, oder das Interesse verpufft nach wenigen Tagen wieder. Das heißt: Entweder wir ändern den Diskurs, so schnell es geht. Oder Typ 1, 2 und 3 werden es zusammen in allerspätestens 30 Jahren bereuen, dass Typ 3 recht behalten wird.

Um es einmal ganz deutlich zu sagen: Nach der Coronakrise wird nicht wieder alles normal. Wir haben ein Zeitalter der Krisen und wohl auch der Pandemien erreicht. Die Frage ist, wie schlimm wir diese Krisen eskalieren lassen, oder ob es uns gelingt, sie einzudämmen. Die Frage ist, ob wir uns gesellschaftlich darauf einstellen und vorsorgen und ob wir es schaffen, das solidarisch gemeinsam durchzustehen. Die Frage ist, ob wir es schaffen, ein möglichst gutes und stabiles Leben für alle zu sichern.

Kapitel 2

Keine Regierung versucht derzeit ernsthaft, das 1,5-Grad-Limit einzuhalten

Die aktuelle Bundesregierung ist die letzte, die noch ausreichende Maßnahmen umsetzen kann, damit Deutschland seinen fairen Anteil leistet, um das 1,5-Grad-Limit eventuell noch einzuhalten. „Hoffen Sie auch, noch bis zum Jahr 2040 oder 2050 oder sogar länger zu leben? Dann sollten Sie sich vor der anstehenden Bundestagswahl sehr sorgfältig informieren und überlegen, mit welcher Wahlentscheidung Sie am wahrscheinlichsten dann noch ein sicheres Leben in Frieden genießen können", hatte Stefan Rahmstorf vom Potsdamer Institut für Klimafolgenforschung (PIK) es in einer seiner Kolumnen auf Spiegel.de kurz vor der Bundestagswahl 2021[84] auf den Punkt gebracht. Im Vorfeld der Wahl hatten sich alle Parteien im Bundestag, außer der AfD, zum 1,5-Grad-Ziel bekannt. Nur hat keine der Parteien einen ausreichenden Plan vorgelegt, um das auch einzuhalten, Grüne und Linke waren jedoch immerhin am nächsten dran. Auch der Koalitionsvertrag von SPD, Grünen und FDP sieht keine ausreichenden Maßnahmen vor, um das Ziel des Pariser Klimaabkommens einzuhalten.[85]

„Wir schaffen die Klimaziele nicht annähernd", sagt der Erdsystemwissenschaftler Wolfgang Lucht, ebenfalls vom PIK, mit Blick auf die erwartete Entwicklung der deutschen Emissionen.[86] Er ist Mitglied des Sachverständigenrates für Umweltfragen (SRU) und hat das CO_2-Budget für Deutschland berechnet, auf das sich das Bundesverfassungsgericht in seinem Beschluss in der Klimaklage bezog. Am 29. April 2021 hatte das Gericht in Karlsruhe entschieden, dass das 2019 beschlossene Klimaschutzgesetz in Teilen verfassungswidrig ist, und den Gesetzgeber aufgefordert, eine Neufassung bis spätestens 2022 vorzulegen. In der Begründung verweist das Gericht darauf, dass heutige Freiheiten auf Kosten der Freiheit in der Zukunft gehen, und erkennt – im Gegensatz zur Bundesregierung bisher – außerdem den CO_2-Budget-Ansatz an:[87]

„Die angegriffenen Regelungen entfalten eingriffsähnliche Vorwirkung auf die durch das Grundgesetz umfassend geschützte Freiheit. Die Möglichkeiten, von dieser Freiheit in einer Weise Gebrauch zu machen, die direkt oder indirekt mit CO_2-Emissionen verbunden ist, stoßen an verfassungsrechtliche Grenzen, weil CO_2-Emissionen nach derzeitigem Stand weitestgehend irreversibel zur Erwärmung der Erde beitragen, der Gesetzgeber einen ad infinitum fortschreitenden Klimawandel aber von Verfassungs wegen nicht tatenlos hinnehmen darf. Vorschriften, die jetzt CO_2-Emissionen zulassen, begründen eine unumkehrbar angelegte rechtliche Gefährdung künftiger Freiheit, weil sich mit jeder CO_2-Emissionsmenge, die heute zugelassen wird, die in Einklang mit Art. 20a GG verbleibenden Emissionsmöglichkeiten verringern; entsprechend wird CO_2-relevanter Freiheitsgebrauch immer stärkeren, auch verfassungsrechtlich gebotenen Restriktionen ausgesetzt sein. Zwar müsste CO_2-relevanter Freiheitsgebrauch, um den Klimawandel anzuhalten, ohnehin irgendwann im Wesentlichen unterbunden werden, weil sich die Erderwärmung nur stoppen lässt, wenn die anthropogene CO_2-Konzentration in der Erdatmosphäre nicht mehr weiter steigt. Ein umfangreicher Verbrauch des CO_2-Budgets schon bis 2030 verschärft jedoch das Risiko schwerwiegender Freiheitseinbußen, weil damit die Zeitspanne für technische und soziale Entwicklungen knapper wird, mit deren Hilfe die Umstellung von der heute noch umfassend mit CO_2-Emissionen verbundenen Lebensweise auf klimaneutrale Verhaltensweisen freiheitsschonend vollzogen werden könnte."

Deutschland hat sich zwar gemeinsam mit anderen Staaten 2015 zum Pariser Klimaabkommen bekannt, bisher aber nicht genug unternommen, um seinen Anteil zu leisten und das 1,5-Grad-Limit auch tatsächlich einzuhalten – so wie sehr viele andere Länder auch. Die Klimaschutzorganisation Germanwatch und das New Climate Institut geben jedes Jahr eine Untersuchung heraus, in der sie die Handlungen von 60 Staaten und der EU untersuchen und bewerten. Im sogenannten Climate Performance Index bleiben jedes Jahr die ersten drei Plätze leer, um genau das zu verdeutlichen:[88] Kein einziges Land tut bisher genug.

Was nötig wäre, um das Pariser Klimaschutzabkommen tatsächlich zu erfüllen, diese Frage hat die deutsche Regierung nie beantwortet. Es lässt sich aber an Vorschlägen abgleichen, die von oder in Zusammenarbeit mit Wissenschaftler:innen erarbeitet wurden. Etwa an der Machbarkeitsstudie zu 1,5 Grad, die Fridays for Future beim Wuppertal Institut für Klima, Umwelt, Energie in Auftrag gegeben hat,[89] am 1-5-Grad-Gesetzespaket, das die Klimaschutzorganisation German Zero[90] in Zusammenarbeit mit Hunderten Expert:innen erarbeitet hat, oder anhand der Empfehlungen des Bürgerrat Klima.[91]

Natürlich kann man auch an diesen Vorstößen einiges kritisieren, etwa wie „machbar" die Zielvorgaben der Wuppertal-Studie nach jetzigem Stand tatsächlich sind.[92] Oder wie fair und realistisch der Ansatz von German Zero ist, die Emissionen, die man nicht selbst gesenkt bekommt, durch Handel mit anderen Ländern auszugleichen. Derzeit gibt es dafür, wie gesagt, weder Anbieter:innen noch ein entsprechendes System. Alle drei Entwürfe setzen jedoch nicht einfach schärfere Ziele, sondern übersetzen bestehende politische Ziele – die Einhaltung des 1,5-Grad-Limits – in konkrete technische, politische und gesellschaftliche Maßnahmen. Sie zeigen auf, dass Pläne, die von diesen Dimensionen abweichen, nicht reichen werden, um das 1,5-Grad-Ziel einzuhalten.

Auch bei der 26. Weltklimakonferenz im November 2021 in Glasgow ließen die großen Durchbrüche auf sich warten. Einige Beobachter:innen und Beteiligte nannten das Ergebnis der Verhandlungen dennoch „historisch", andere, wie die Klimaaktivistin Greta Thunberg, bezeichneten die Verhandlungen von vornherein als „Blabla". Wie kann es zu so unterschiedlichen Einschätzungen kommen?

Es kommt auf die Perspektive an. Der Blickwinkel der einen ist ein relativer. Sie schauen darauf, inwiefern Veränderungen erreicht wurden:

> **Nach Jahrzehnten von Verhandlungen ist es tatsächlich ein Fortschritt, nicht mehr auf 4 Grad Erderhitzung oder mehr zuzusteuern, sondern „nur noch" auf 2,4 Grad. Zumindest dann, wenn alle Länder tatsächlich ihre Ziele einhalten sollten – das war in der Vergangenheit jedoch selten der Fall.**

So traurig es ist, es ist ebenfalls ein Fortschritt, dass man erstmals festhält, aus der Kohleverstromung aussteigen (aber nicht aus Öl und Gas) und Subventionen teilweise beenden zu wollen. Die Haltung hinter der Betrachtungsweise: Ja, es wäre unbedingt nötig, dass alle sich ambitionierte Ziele stecken und vor allem handeln. Aber sie tun es nun mal nicht. Und auf den Konferenzen robbt man zumindest gemeinsam immer ein Stück voran. Die gemeinsamen internationalen Verhandlungen sollen politischen Druck aufbauen, eine Dynamik erzeugen und so zu Ergebnissen in der realen Welt führen. Denn nur gemeinsam werden wir die Klimakatastrophe abwenden können.

Der Blickwinkel der anderen ist ein absoluter: Sie interessiert allein, ob die Vereinbarungen – und Taten – ausreichen, um die Ziele zu erreichen und die physikalischen Grenzen einzuhalten. Nach insgesamt 26 Weltklimakonferenzen und sechs Jahre nach dem Pariser Klimaabkommen steigen die Emissionen weiter, sie sinken zumindest nicht gesteuert. Solange die Staaten nicht entschlossen handeln, sondern vor allem verhandeln, ist die Krise nicht eingedämmt und nichts gewonnen. Obwohl die Folgen der Klimakrise nun auf allen Kontinenten schmerzlich sichtbar werden, schalten die Regierungen nach all den Feuern und Fluten und Hitzewellen und Hungersnöten, die uns 2021 schon bei 1,2 Grad Erderhitzung heimgesucht haben, noch immer nicht in den Krisenmodus. Noch immer ringen sie sich gegenseitig Zusagen ab, wer bereit ist, was wann aufzugeben, oft widerwillig. Noch immer liefern sich die Regierungen kein Wettrennen, wer als Erste klimaneutral ist. Dass wir nach dieser Weltklimakonferenz zumindest rechnerisch nicht mehr auf 2,7 Grad Erderhitzung zusteuern, sondern auf 2,4 Grad, ist ein diplomatischer Erfolg.

> **Zumindest auf dem Papier wird mehrfach bekräftigt, das 1,5-Grad-Limit einhalten zu wollen. Doch das Bekenntnis allein ist nicht viel wert. Denn das Zeitfenster, in dem es möglich ist, diese Grenze vielleicht noch zu halten, schließt sich rapide.**

Deswegen sollen die Staaten – auch das ist ein Verhandlungserfolg von Glasgow – schon bei der folgenden Weltklimakonferenz Nachbesserungen präsentieren, also Ende 2022. So weit, so gut, nur leider kann nicht einfach jedes Jahr nachverhandelt werden, bis die Pläne zu den Zielen passen. Nötig ist, ich erinnere noch einmal daran, die Emissionen bis 2030 zu halbieren, dafür müssen sie jedes Jahr gesteuert drastisch reduziert werden. Werden 2022, wie 2021 auch, die Emissionen nicht entsprechend gesenkt, sondern sogar weiter gesteigert, müsste in den Folgejahren entsprechend sogar mehr reduziert werden. Mehr einsparen als durch die Corona-Lockdowns? Jedes Jahr? Vielleicht sollte man bald, um die Ziele zu erreichen, nicht nur für Technologien werben, die CO_2 aus der Luft saugen können, sondern auch für Zeitmaschinen.

Um die Klimawende zu schaffen, brauche es eine Art zweiten Marshall-Plan, wird oft gesagt, im Versuch, die Dimension der Veränderungen greifbar zu machen. Der Vergleich mit dem Wiederaufbauplan der USA für die Staaten Europas nach dem Zweiten Weltkrieg mag zutreffen, wenn man sich bewusst macht, wie groß der Umfang an Investitionen ist, der benötigt wird. Ein ungefährer Referenzrahmen, was dafür gebraucht wird, bietet der Green New Deal des Präsidentschaftskandidaten Bernie Sanders[93] 2020 in den USA und der Entwurf des EU-Parlaments zum Europäischen Klimaschutzgesetz.

Unter Joe Biden sind die USA zwar dem Pariser Klimaabkommen wieder beigetreten – unter seinem Vorgänger Donald Trump waren die USA 2019 offiziell ausgestiegen –, noch reichen die Pläne aber nicht aus, um die darin formulierten Klimaziele auch einzuhalten. Auch das vom Europaparlament nach Verhandlungen mit der EU-Kommission schließlich angenommene Klima-Gesetzespaket reicht nicht aus,[94] um das Pariser Klimaabkommen einzuhalten und die Erderhitzung auf deutlich unter zwei Grad zu begrenzen. Bekannt ist es unter dem Namen „Fit for 55", weil es das Ziel hat, die Emissionen in der EU bis 2030 im Vergleich zu 1990 um 55 Prozent zu reduzieren. Um das 1,5-Grad-Limit einzuhalten, wären allerdings mindestens 65 Prozent nötig.[95] Die anvisierten Maßnahmen genügen allerdings nicht einmal, um die eigenen Ziele zu erreichen, die Vorschläge im EU-Emissionshandel und der Ausbau der Erneuerbaren zum Beispiel sind dafür zu schwach. Bevor die Gesetze in Kraft treten, wird vorher außerdem noch mindestens zwei Jahre darüber verhandelt. Wirklich spürbar Emissionen reduzieren werden die meisten Initiativen daher erst um 2030 herum – also viel zu spät.[96]

Bevor der Marshall-Plan verabschiedet wurde, war Europa durch eine tiefe Krise gegangen, hatte Krieg, Leid und Zerstörung erlebt. Den USA war klar: Wir müssen jetzt alles, was in unserer Macht steht, tun, um diese Länder wieder aufzubauen und den Frieden in der Region zu gewährleisten. Wir müssen zu unserem eigenen Wohle Stabilität in Europa fördern und dafür auch die Wirtschaft. Denn die europäischen Länder galten schon damals als wichtiger Absatzmarkt für die US-amerikanischen Produkte. Es war leicht zu begreifen, dass dies Investitionen in bisher nie da gewesenem Umfang erfordern würde, wenn der Plan aufgehen sollte, und dass es sie sofort brauchen würde.

Ein ähnliches kollektives Bewusstsein für ein Problem haben wir in der Corona-Krise beobachtet. Die umgesetzten Maßnahmen haben klargemacht, wie es aussehen kann, wenn Regierungen ernsthaft auf eine akute Krise reagieren. Im Frühjahr 2020 waren innerhalb kürzester Zeit Dinge möglich, die wohl niemand zuvor für vorstellbar gehalten hätte: Schulen und Kindergärten wurden geschlossen, Grenzen und Fabriken dichtgemacht, Flüge eingestellt. Plötzlich konnte man sogar in vielen noch so wenig digitalisierten Verwaltungen aus dem Homeoffice arbeiten. All das war möglich, weil es als notwendig anerkannt wurde.

Es gab damals einen zentralen Moment, in dem vielen Regierungen und Medien weltweit klar wurde, wie ernst und gefährlich dieses Virus ist und dass Sars-Cov2 keine regional beschränkte Epidemie bleiben würde. Das war, als die Bilder aus dem italienischen Bologna um die Welt gingen. Bilder von überfüllten Intensivstationen und leeren Straßen, Menschenschlangen vor den Supermärkten und leeren Nudel- und Klopapierregalen. Vor allem aber waren es die Bilder von Särgen und Militärfahrzeugen, die Letztere von den Krankenhäusern zu den Friedhöfen und Krematorien brachten.

Ein derartiges kollektives Bewusstsein wäre in Bezug auf die Klimakrise dringend nötig. Es ist aber noch lange nicht erreicht.

Wie konnten wir hier landen?

Wenn die Situation in Bezug auf unsere Lebensgrundlagen tatsächlich so dramatisch und akut ist – wie zur Hölle konnten wir dann hier landen? Und warum tun die Regierungen dieser Welt dann nicht spätestens heute alles, was nötig ist, um die Klimakatastrophe abzuwenden?

Dafür gibt es eine ganze Reihe von unterschiedlichen Gründen, die sich gegenseitig verstärken. Zusammen ergeben sie ein stabiles Netz, das uns seit Jahrzehnten davon abhält, alles Nötige und Mögliche zu tun, um unsere Lebensgrundlagen zu retten. Viele dieser Gründe sind erforscht und öffentlich bekannt, das allein führt jedoch nicht dazu, dass sie ihre Wirkmacht verlieren. Meiner Meinung nach auch deswegen, weil zu wenig verstanden ist, wie sie ineinandergreifen und sich gegenseitig stützen. In diesem Abschnitt werde ich versuchen, einige dieser Gründe und Mechanismen zu erklären, die uns vom Handeln abhalten, und Hebel aufzuzeigen, wie wir sie durchbrechen können.

Kapitel 3
Die Macht der Lobbys

Ölkonzerne wie Shell, Exxon und Total wissen nachweislich seit Jahrzehnten, was es mit unserem Planeten macht, wenn wir immer mehr Gas, Öl und Kohle verbrennen. Ihre Berechnungen haben teils erstaunlich genau den Schaden vorausgesagt, der heute schon sichtbar ist. Sie wussten auch seit über 50 Jahren, dass die schmutzige Luft, die entsteht, wenn fossile Energieträger verbrannt werden, großen Schaden für die Gesundheit von Menschen anrichtet. Dennoch kämpften sie jahrzehntelang gegen schärfere Gesetze für saubere Luft.[97] Anstatt die Welt zu warnen, Verantwortung zu übernehmen und, na ja, ihre Geschäftsstrategie zu ändern, starteten sie eine gewaltige Desinformationskampagne, die sie bis heute fortführen.

Dafür schauten sie sich die Strategien der Zigarettenlobby[98] ab: Als die Nachweise zu erdrückend wurden, dass Rauchen Krebs erzeugt, initiierten Tabakkonzerne eine riesige Kampagne, um diese Erkenntnisse in Zweifel zu ziehen. Sie konnten sie nicht mehr einfach ignorieren oder leugnen, daher beschlossen sie, die Studienergebnisse als unsicher darzustellen. Sie beeinflussten ausgewählte Wissenschaftler:innen, bedrohten und belästigten andere. Sie gaben eigene Studien in Auftrag, teils an dafür gegründeten und selbst finanzierten Instituten – angeblich mit dem Ziel, zur Aufklärung beizutragen. Stattdessen sorgten sie bewusst für Verwirrung. Sie ließen unzählige andere mögliche Ursachen untersuchen und die Ergebnisse prominent verkünden. Auf jede Studie, die bestätigte, dass Rauchen das Krebsrisiko steigert, kamen so mehrere weitere, die andere Ursachen dafür angaben. Und die Strategie ging lange auf: Wenn alles Krebs erzeugt, warum sollte man dann ausgerechnet Zigaretten regulieren? Ähnliche Taktiken verwendeten später auch die Pestizid-Lobby, vor allem um ein Verbot von Glyphosat zu verhindern.[99]

Wir können das mittlerweile in zahlreichen Untersuchungen, Büchern und Reportagen nachlesen, auch Dokumentationen beleuchten die Taktiken und Strategien der Fossil-Lobbys. In ihrem Buch „Die Klimaschmutzlobby" zeichnen Annika Joeres und Susanne Götze nach, welche Techniken die Gegner:innen von Klimaschutz anwenden – auch in Deutschland. Sie sind meiner Meinung nach derzeit zwei der wichtigsten deutschen Journalist:innen, immer wieder recherchieren sie, wie Klimaschutz hierzulande nicht nur verbummelt, sondern systematisch verhindert und verschleppt wird. In ihrem Buch erklären sie auch, warum heute kaum noch jemand den menschengemachten Klimawandel leugnet und warum Skeptiker:innen und Bremser:innen die eigentliche Gefahr sind.

Diesem Thema hat auch der bekannte US-amerikanische Klimaforscher Michael E. Mann sein neuestes Buch gewidmet. Auf Deutsch heißt es „Propagandaschlacht ums Klima", darin erklärt er die Strategien der Untätigen, die klimapolitische Maßnahmen immer weiter hinauszögern. Die wohl renommierteste und bekannteste Expertin dafür ist Naomi Oreskes, Soziologin und Professorin für Wissenschaftsgeschichte in Harvard. Sie hat unter anderem an dem 2010 erschienenen Buch „Merchants of Doubt" mitgeschrieben, frei übersetzt: Händler des Zweifels – Wie eine Handvoll Wissenschaftler die Wahrheit über Themen von Tabakrauch bis zur globalen Erwärmung verschleiert haben. „Wer das Buch der Soziologin Naomi Oreskes über die Strategien dieser ‚Macchiavelis der Wissenschaft' und ihr ‚Netzwerk des Leugnens' nicht kennt, sollte nicht als Berichterstatter in diesem Bereich arbeiten", konstatiert 2019 etwa der deutsche Journalist und Autor Bernhard Pötter, der seit Jahrzehnten über Klimapolitik schreibt, in einer Analyse.[100] Denn: „In diesem Kampf, der vor allem in den USA, Großbritannien und Australien mit brutaler Härte gegen die Wissenschaft und gegen einzelne Wissenschaftler geführt wurde, haben sich Journalisten bis heute immer wieder als nützliche Idioten der Kohle- und Öllobby hervorgetan." Das Urteil klingt hart, aber in der Tat sind die Lobbynarrative und Verzögerungstaktiken in Redaktionen viel zu wenig bekannt. In unserem Bestreben, ausgewogen zu berichten und alle Seiten zu hören, gehen wir Journalist:innen diesen Kampagnen oft auf den Leim, obwohl wir genau das erkennen, offenlegen und einordnen müssten. Diese bewusst irreführenden Argumentationen immer wieder ausführlich in öffentlichen Debatten auszuwälzen bremst den Diskurs und damit auch das Handeln – und genau das ist das Ziel der Lobbys.

Wie Naomi Oreskes zusammen mit einem Kollegen im *Guardian* anhand von Werbekampagnen zusammenfasste, änderte sich die Strategie der Ölkonzerne über die Jahre und passte sich den Diskursen an.[101] Gibt etwa Humble Oil in einer Werbeanzeige 1962 noch damit an, jeden Tag genügend Energie zu produzieren, um damit sieben Millionen Tonnen Gletschereis schmelzen zu können, ändert sich das, als das öffentliche Interesse am Klimawandel Ende der 1980er nach Aussage des Klimaforschers James Hansen im US-Senat immer größer wird. Anzeigen streuen daraufhin bewusst Zweifel an den Belegen für die Erderwärmung, die Fakten werden zur Theorie erklärt.[102] Die Lobbykampagnen stellten zunächst infrage, ob der Klimawandel existiert, dann ob er menschengemacht ist und ob er überhaupt bedrohlich sei. Sie legten den Fokus auf Unsicherheiten in den Forschungsergebnissen und fingen an, Klimaschutz und Wirtschaft gegeneinander auszuspielen. Die „Betonung auf Kosten und politische Realitäten" zu legen empfiehlt etwa ein Strategie-Memo von Exxon 1989.[103] Viele dieser Narrative sind bis heute wirkmächtig und finden sich als vermeintlich legitime Argumente in aktuellen Diskursen wieder.

Mitte der 2000er-Jahre, als die Belege für den Klimawandel immer eindeutiger und die Auswirkungen sichtbar wurden, änderte sich das Vorgehen der Lobbys. Anstatt Fakten infrage zu stellen, betonen Ölkonzerne seitdem, dass sie wichtige Forschung unterstützen, um die Klimakrise in den Griff zu bekommen. „Greenwashing gibt den Firmen eine Aura von Glaubwürdigkeit in Umweltdiskursen, während es von ihrer anti-wissenschaftlichen Haltung, den Desinformationen gegen saubere Energien, ihrem Lobbyismus und ihren Investitionen ablenkt", urteilen Oreskes und ihr Kollege. Ziel sei es, wie BP es nenne, die „gesellschaftliche Lizenz weiterzumachen" zu verteidigen – solange es eine Mehrheit der Bürger:innen nicht verwerflich findet, dass Energiekonzerne weiterhin Kohle, Öl und Gas fördern, werden Regierungen sie nicht daran hindern.

Die Ideen, dass die Verursacher:innen Teil der Lösung sein können und müssen, hat unter anderem auch dazu geführt, dass ausgerechnet ExxonMobil, einer der weltweit größten Finanziers von Klimawissenschaftsleugnung, die britische Regierung zu Klimafragen berät. Großbritannien, das im November 2021 die

26. Weltklimakonferenz in Glasgow ausgerichtet hat, hatte Dokumenten zufolge seit 2020 mindestens neun Mal Vertreter:innen des Ölkonzerns getroffen, um ihre Klimaschutzstrategien zu besprechen und welche Rolle Carbon-Removal-Technologien darin spielen können – also die Möglichkeit, CO_2 wieder aus der Luft zu ziehen.[104]

Das sind nur einzelne Anekdoten, und das ganze Ausmaß der Desinformation ist wohl noch lange nicht begriffen. Ein skurriles Beispiel dafür, wo die Fossil-Lobby überall mitmischt, um das Narrativ zu den Ursachen der Klimakrise zu beeinflussen, ist das Science-Museum in London. Dort finanzierte Shell, eines der weltweit größten Mineralöl- und Erdgas-Unternehmen, eine Ausstellung zur Klimakrise.[105] Im Vertrag hatten sie eine Klausel unterbringen lassen, dass das Museum dafür nichts veröffentlichen durfte, was den Ruf des Unternehmens beschädigt. Das Museum unterschrieb ungeachtet der Tatsache, dass Shell nachweislich einer der weltweit größten Verursacher der Klimakrise ist.

Wirtschaftliche Narrative prägen unser Denken

Nicht nur die Lobbys prägen mit ihren Kampagnen unsere Sicht auf die Welt stärker, als den meisten wohl bewusst ist, auch wirtschaftliche Narrative werden von vielen als allgemeingültige Realität angenommen und nicht groß hinterfragt. Das Weltbild vieler Menschen in westlichen Industrie- und Wohlfahrtsstaaten ist oft, zumindest unbewusst, geprägt von einer neoliberalen Erfolgserzählung, dass Wirtschaftswachstum viele gesellschaftliche Probleme lösen werde. In Deutschland ist das Vertrauen darauf sogar so stark, dass Wachstumsförderung seit 1967 im sogenannten Stabilitätsgesetz festgeschrieben ist.[106] Daran knüpft sich die Idee einer linearen Entwicklung hin zum Besseren, etwas, das viele in der deutschen Mittel- und Oberschicht trotz der Krisen der vergangenen Jahre grundsätzlich noch immer in der eigenen Biografie bestätigt sehen. Rezessionen, also regelmäßige Krisen, in denen das Wirtschaftswachstum einbricht, scheinen diese Logik nicht infrage zu stellen, sondern stattdessen zu bestätigen: Wachstum ist gut, fehlendes Wachstum stürzt uns in Armut und Chaos. Alle profitieren, wenn auch einige mehr als andere. Nur wenn wir diese Entwicklung aufrechterhalten, so die Überzeugung, können wir unseren Wohlstand bewahren und am Ende auch die Schäden ausgleichen, die unsere Wirtschafts- und Lebensweise anrichtet.

Am 8. Oktober 2018 fielen zwei Ereignisse zusammen, die die internen Widersprüche der Klimadebatte besser charakterisieren als jede Beschreibung. Morgens um 10 Uhr koreanischer Zeit stellte der Weltklimarat in einer Pressekonferenz die Zusammenfassung für politische Entscheidungsträger seines Sonderberichts über 1,5 Grad vor. Für den IPCC-Sonderbericht werteten 91 Expert:innen aus 40 Ländern 6 000 wissenschaftliche Artikel aus. Im Gegensatz zum unabhängigen wissenschaftlichen Hauptteil ist die Zusammenfassung ein politisches Dokument, das Zeile für Zeile von allen Regierungen der Welt gemeinsam verhandelt wird. Die Pressemitteilung begann mit dem Satz: „Eine Begrenzung der globalen Erderwärmung auf 1,5 Grad würde schnelle, tiefgreifende und in der Geschichte bisher einmalige Veränderungen in allen Aspekten der Gesellschaft erfordern."[107] Etwas später am selben Morgen verbreitete sich die Eilmeldung, dass mit William Nordhaus und Paul Romer erstmals zwei Ökonomen für Arbeiten im Bereich der Ökonomie des Klimawandels mit dem sogenannten Wirtschaftsnobelpreis ausgezeichnet werden. Nordhaus, Begründer der Klimaökonomie, hat in den 1990er-Jahren mit dem einflussreichen DICE-Modell (Dynamic Integrated Climate-Economy Model) zu berechnen versucht, welcher Grad an globaler Erwärmung kostenoptimal sei. Sein Ergebnis: Das Erreichen des 1,5-Grad-Ziels sei „ökonomisch suboptimal" und die sozialen Kosten sogar „teurer", als der Klimakatastrophe ihren Lauf zu lassen.[108] Laut

Nordhaus zeige das DICE-Modell, dass das „Kosten-Nutzen-Optimum" zwischen Klimaschutz und Klimakatastrophe bei einer globalen Erwärmung von 3,5 Grad Celsius bis 2100 liege. Der aktuelle weltweite Fokus der Klimapolitik auf eine CO_2-Steuer geht auf das DICE-Modell zurück, dessen Gleichungsmodell einen optimalen „Schattenpreis" ermittelt, der externe Kosten berücksichtigt, also Schäden durch Klimafolgen. Diesen Schattenpreis hat Nordhaus als CO_2-Steuer interpretiert.

Eigentlich verwundert es, dass die Wissenschaftscommunity damals nicht auf die Barrikaden gegangen ist. Wie kann es sein, dass am gleichen Tag die Wissenschaftler:innen der Welt eindringlich für die Einhaltung des 1,5-Grad-Limits plädieren, um die Klimakatastrophe noch möglichst abzumildern, während ein Ökonom den Umbau des Energiesystems, den Umbau der Weltwirtschaft und die Rettung unserer Zivilisation für „nicht kostenoptimal" erklärt und dafür ausgezeichnet wird? Wichtiger vielleicht: Wie kann ein so eklatanter und offensichtlicher Widerspruch in unserer Gesellschaft in der Breite unerkannt bleiben, obwohl da ja durchaus einige schon lange darauf hinweisen?[109] Schließlich erklärt der IPCC-Sonderbericht aus wissenschaftlicher Sicht unmissverständlich, dass schon 1,5 Grad Erderhitzung nichts Gutes sind und zwei Grad noch um ein Vielfaches katastrophalere Auswirkungen haben werden. Genau deswegen hatten alle Staaten der Welt sich im Pariser Klimaabkommen darauf geeinigt, die Erderhitzung möglichst auf 1,5 Grad zu begrenzen, auf jeden Fall aber so weit wie möglich von zwei Grad entfernt zu bleiben. Drei Grad Erderhitzung werden unsere Welt so stark verändern, dass wir sie kaum wiedererkennen werden. Wie unsere heutigen Gesellschaften unter diesen Bedingungen funktionieren sollen, ist extrem fraglich.

Auch ein zweites Argument der Wirtschaftsseite, dass Klimaschutz „teuer" sei, ist wissenschaftlich seit der Veröffentlichung des sogenannten Stern-Reports 2006 widerlegt.[110] Der ehemaligen Chefökonomen der Weltbank und Leiter des volkswirtschaftlichen Dienstes der britischen Regierung, Nicholas Stern, hatte im Auftrag der britischen Regierung untersucht, welche wirtschaftlichen Folgen die Erderhitzung hat. Die Untersuchung machte unmissverständlich klar, dass Klimaschutzmaßnahmen zwar teuer seien, es aber viel mehr kosten würde und die wirtschaftlichen Schäden weitaus höher wären, wenn kein Klimaschutz betrieben wird. Die Ergebnisse waren damals bahnbrechend, die London School of Economics fasst sie kurz so zusammen:[111] Es sei noch immer Zeit, die schlimmsten Folgen des Klimawandels abzuwenden, wenn jetzt entschieden Maßnahmen ergriffen würden. Die Klimaveränderungen könnten sehr ernste Auswirkungen auf Wachstum und Entwicklung haben. Die Kosten, um das Klima zu stabilisieren, seien signifikant, aber beherrschbar. Maßnahmen hinauszuzögern sei gefährlich und sehr viel teurer. Alle Länder müssten handeln und sich von Wachstumsvorstellungen verabschieden. Es stehen unterschiedliche Lösungen zur Verfügung, es seien aber politische Maßnahmen nötig, um deren Umsetzung voranzutreiben.

Die Klimaökonomin Claudia Kemfert vom Deutschen Institut für Wirtschaftsforschung (DIW) bringt es heute auf folgende Formel: „Jeder Euro, den wir jetzt investieren, spart 15 Euro Klimaschäden ein. Klimaschutz zahlt sich aus."[112] Natürlich kann das nur eine Näherung sein, hundertprozentig zu beziffern ist dieser Wert nicht.

Diese Argumentationen zeigen aber auch, wie sehr unser Denken von wirtschaftlichen Logiken geprägt ist. Schaut man sich das an einem konkreten Beispiel an, wird klarer, wie verstörend diese Sichtweise eigentlich ist: Die Flutkatastrophe im Sommer 2021 in Nordrhein-Westfalen und Rheinland-Pfalz hat in wenigen Stunden einen Schaden von rund 30 Milliarden Euro angerichtet.[113] Eine einzige Katastrophe, eingetreten bei einer Erderhitzung von gerade mal 1,2 Grad. Aber diese Katastrophe hat nicht nur einen wirtschaftlichen Schaden verursacht, sie hat 180 Menschen getötet, sie hat Hunderte Wohnhäuser zerstört, den kompletten Besitz von Menschen vernichtet, ihre Familienfotos, ihre Erbstücke und ihre Sicherheit davongespült. Diesen Verlust kann man nicht in Zahlen aufrechnen. Selbst wenn die Häuser wiederaufgebaut werden, bleibt bei vielen wohl auch die Sorge, dass diese Katastrophe erneut passieren kann. Denn das kann sie. Der menschengemachte Klimawandel hat das wahrscheinlicher gemacht. Das Absurde: Nach wirtschaftlicher Logik haben Katastrophen wie diese sogar positive Effekte. Denn was zerstört wurde, muss wiederaufgebaut werden – und das wirkt sich positiv aufs BIP aus.

Das DICE-Modell wurde 2020 an die Pariser Klimaziele angepasst,[114] nichtsdestotrotz scheint Nordhaus' DICE-Modell noch immer in den Hinterköpfen vieler Politiker:innen und Wirtschaftsjournalist:innen festzuhängen. Was der Unterschied von 1,5 Grad, zwei Grad oder drei Grad Erderhitzung für unser Leben bedeutet, ist vielen Menschen nicht einmal ansatzweise klar. Auch nicht, dass dies nicht nur hypothetische Szenarien sind, sondern dass wir uns derzeit ungebremst und wahnsinnig schnell auf diese Realitäten zubewegen. Und dass sie viele von uns selbst erleben werden, wenn wir nicht endlich genug dagegen tun.

Solange sich Politik und Medien im Gesamtbild mehr Sorgen um Wirtschaftswachstum machen als um ökologische Probleme – so lange scheinen diese Krisen auch für viele Bürger:innen einigermaßen unter Kontrolle.

„Discourses of Delay": Die Argumente der Verzögerer

In der öffentlichen Debatte um die Notwendigkeit und Angemessenheit von Klimaschutzmaßnahmen werden immer wieder Argumente wiederholt, die aus wissenschaftlicher Sicht längst überholt oder generell unlogisch sind. Einige davon wurden bewusst von Lobbygruppen in Umlauf gebracht, andere Punkte wurden zwar vor Jahren wissenschaftlich diskutiert, sind mittlerweile aber veraltet. Eine Gruppe von Wissenschaftler:innen hat diese Narrative untersucht und kategorisiert:[115]

Quelle: Lamb, Mattioli, Levi et al.:. Discourses of Climate Delay, Global Sustainability 3, 2020

1. Verantwortung weitergeben

Die „Trittbrettfahrer"-Ausrede: „Wenn wir unsere Emissionen senken, schwächt das unsere Wirtschaft. Die anderen Länder werden sich dann darauf ausruhen und uns wirtschaftlich abhängen."

Die Trittbrettfahrer-Argumentation gibt es auch in der Abwandlung, dass man im eigenen Land keine schärferen Regelungen einführen könne, solange es keine internationalen Initiativen gäbe. Denn sonst würde die Produktion ins Ausland abwandern, wo geringere Standards gelten, was letztlich der Wirtschaft und dem Klima schade.

Auf andere zeigen (Whataboutism): „Unser CO_2-Ausstoß macht nur zwei Prozent der Emissionen aus und ist winzig im Vergleich zu China. Bevor die nicht handeln, ist es sinnlos, etwas zu tun."

Klimaschutz-Whataboutism wird regelmäßig gegen ein Verbot von Inlandsflügen oder ein Tempolimit angeführt. Die Einsparungen seien so gering, dass es fast nichts bringe, man müsse erst mal woanders anfangen. Sowohl die Trittbrettfahrer-Argumentation als auch der Größenvergleich sind natürlich nicht komplett falsch, zeigen aber, dass eine zentrale Prämisse zu Klimaschutz nach wie vor nicht verstanden worden ist. Um das Pariser Klimaabkommen einzuhalten und unsere Lebensgrundlagen zu sichern, müssen wir Emissionen nicht nur reduzieren, sondern sie so schnell wie möglich stoppen. In jedem Land und jedem Sektor.

Die beiden Argumentationsmuster sind eng verwandt mit der Binse, ein Land allein könne das Klima nicht retten. Das behauptet auch niemand, es geht lediglich darum, dass alle ihren Anteil leisten. Es bleibt keine Zeit mehr, darüber zu diskutieren, wer wo anfängt. Alle müssen ran. Jetzt. Das wiederum kann sogar eine positive Dynamik auslösen, weil Abgehängte nicht mehr wettbewerbsfähig wären.

Für Deutschland ist das Narrativ, Verantwortung in punkto Klimaschutzmaßnahmen zuerst von anderen Ländern einzufordern, besonders unsinnig. Immer wieder hört man, auch von Politiker:innen, dass Deutschland ja nur für zwei Prozent der weltweiten Emissionen verantwortlich sei. Das ist korrekt, allerdings hat Deutschland auch nur ein Prozent der globalen Bevölkerung. Sowohl historisch als auch aktuell sind wir unter den weltweit größten CO_2-Emittenten. Die Pro-Kopf-Emissionen in Deutschland sind rund 30-mal so hoch wie in Kenia oder Nepal. „Deutschland muss daher nicht weniger, sondern deutlich mehr zum Klimaschutz beitragen als die meisten anderen Staaten",[116] schließt daher auch das Portal Klimafakten.de, das regelmäßig Faktenchecks zu Klimadesinformation durchführt.

2. Zu schwache Maßnahmen propagieren

Technologiegläubigkeit: „Wir brauchen mehr Innovationen und müssen dafür in Forschung investieren – künftige Technologien werden uns ganz neue Möglichkeiten beim Klimaschutz eröffnen."

Die Hoffnung auf technische Lösungen und Innovationen ist so ein großes Thema, dass ich dem ein ganzes Kapitel gewidmet habe. In Kapitel 8 erkläre ich, was davon zu halten ist.

Leere Versprechen: „Wir sind Klimaschutz-Vorreiter! Wir haben ambitionierte Ziele und sogar schon den Klimanotstand ausgerufen."

Seit den Protesten von Fridays for Future wird viel über Klimaschutz geredet, in ausreichendem Maße gehandelt wird bisher in keinem Land. Den Klimanotstand auszurufen bringt nichts, wenn keine entsprechenden Maßnahmen umgesetzt werden. Eigentlich müssten daraufhin alle politischen Initiativen und staatlichen Investitionen überprüft werden, ob sie mit den Klimazielen vereinbar sind. Das führt teilweise aber nur dazu, dass Verwaltungen kreative Begründungen finden, um geplante Projekte weiterhin zu realisieren. Ähnlich wie die CDU/CSU in ihrem Wahlprogramm 2021 argumentieren diese dann, dass neue Straßen Staus verringern und somit zum Klimaschutz beitragen würden.[117] Das gilt, wenn überhaupt, nur kurzfristig, langfristig ist dieser Effekt wissenschaftlich widerlegt. Mehr Straßen führen unterschiedlichen Studien zufolge eindeutig zu mehr Verkehrsaufkommen.

Brückentechnologismus: „Fossile Energieträger sind Teil der Lösung. Neue Kraftwerke sind hocheffizient und die Brücke zur kohlenstoffarmen Zukunft.“

Wie sehr Lobbynarrative bis heute den Diskurs beeinflussen, können sich viele wohl kaum vorstellen, zu durchsichtig erscheinen die Argumentationsmuster, wenn man sie sich einmal bewusst macht. Doch derzeit inszenieren sich Fossil-Konzerne erfolgreich als Teil der Lösung,[118] etwa indem sie sogenannte Brückentechnologien wie Gas liefern, die sie als sauber framen. So stellen sie fossile Brennstoffe als unverzichtbar für die nahe Zukunft und einen gelungenen Übergang dar – eine Strategie, die etwa bei der SPD und der EU wunderbar funktioniert hat. Die SPD ist großer Befürworter der russischen Gaspipeline Nord Stream 2 und setzt sich daher auch dafür ein, dass Gas in der EU-Taxonomy als „nachhaltige“ Investition anerkannt wird.[119]

Aus wissenschaftlicher Sicht ist das völliger Irrsinn, darauf weisen Wissenschaftler:innen auch seit Jahren hin. Nicht nur weil Gas ein fossiler Brennstoff ist und beim Verbrennen CO_2 und Methan freisetzt, sondern weil a) gar keine Zeit bleibt für solche Übergangslösungen[120], b) solche Investitionen im Endeffekt „stranded assets" sein werden, also in den Sand gesetzte, verschenkte Investitionen,[121] da wir sehr schnell aufhören müssen, Gas zu verbrennen und c) zusätzliche Gas-Kapazitäten nicht mal nötig sein würden,[122] wenn die Regierung endlich den Ausbau erneuerbarer Energien mit voller Kraft vorantreibt. Es wird noch eine gewisse Menge an Gas brauchen, um in den kommenden Jahren Stromschwankungen abzufedern, da sind sich alle einige. Anstatt aber neue Kapazitäten auszubauen, sollte das Geld direkt in den Ausbau Erneuerbarer gesteckt werden, um ihn so gut es geht zu beschleunigen.

Fördern statt Fordern: „Vorschriften, Regeln und Verbote werden nicht funktionieren, wir sollten auf Anreize und freiwillige Selbstverpflichtungen setzen."

Die Wissenschaft ist sich wie gesagt einig, dass wir umfassende strukturelle Veränderungen brauchen. Um das an einem Beispiel festzumachen: Es braucht nicht nur Elektroautos und Menschen, die freiwillig auf Fahrrad und Bahn umsteigen, sondern es braucht eine ernsthafte Verkehrswende. Um diese Verhaltensveränderungen zu ermöglichen, müssen Fahrrad- und Fußwege ausgebaut, Bahnverbindungen verbessert und entsprechende Angebote flexibel und für alle erschwinglich gestaltet werden. All das ist mit Anreizen und Selbstverpflichtungen allein nicht zu schaffen, vor allem nicht in der nötigen Geschwindigkeit. Das haben die vergangenen Jahre bewiesen und es bleibt keine Zeit, das noch mal auszuprobieren.

3. Die Nachteile betonen

Soziale Gerechtigkeit als Vorwand: „Klimaschutz ist unfair, Ärmere werden am stärksten belastet. Bald können sich Pfleger:innen keinen Mallorca-Urlaub mehr leisten."

Warum dieses legitime Argument unterkomplex ist und soziale Ungerechtigkeit verschärft? Weil genau das eine Frage der politischen Gestaltung ist. Es ist wichtig und richtig, darüber zu diskutieren, wie man die nötigen Maßnahmen sozial gerecht gestalten und die Lasten fair verteilen kann. Als Ausrede, nichts zu tun, darf das nicht herhalten. Auch weil Ärmere früher und stärker unter den Auswirkungen der Klimakrise leiden, da sie weniger Mittel haben, um die Schäden abzufedern.

Ähnliches Beispiel: Wenn es darum geht, gegen eine Verkehrswende zu argumentieren, entdecken viele auf einmal, wie wichtig es ist, die Stadt für Menschen mit Behinderungen zugänglich zu halten. Deswegen brauche man Autos. Öffentliche Verkehrsmittel so zu gestalten, dass sie möglichst alle barrierefrei nutzen können, hatte in den vergangenen Jahren nur leider kaum Priorität.

Und es will auch praktisch niemand alle Autos aus der Stadt werfen. Selbst die größten Befürworter:innen der Verkehrswende sehen ein, dass es natürlich Situationen geben wird, in denen Autos nötig sind. Nur halt weniger und gern, wo möglich, geshared. Diese werden dann schneller und besser durch die Städte kommen und am Ende sogar einen Parkplatz finden. Es geht um eine Abkehr von der Zentrierung aufs Auto hin zu echter Wahlfreiheit.

Politischer Perfektionismus: „Wir können nur Lösungen verabschieden, die keine Nachteile haben und von allen akzeptiert werden. Sonst wird Klimaschutz nicht funktionieren."

Auch das klingt auf den ersten Blick schlüssig. Nur wird das Argument schon so lange vorgebracht, dass die Zeit einfach abgelaufen ist. Um die Emissionen effektiv zu reduzieren und so unsere Lebensgrundlagen zu schützen, müssen wir alles umsetzen, was wir gerade zur Verfügung haben – und das möglichst gut erklären. Das schließt nicht aus, dass wir in der Zukunft weitere Lösungen entwickeln, die lieb gewonnene Gewohnheiten klimaneutral ersetzen können. Nur können wir nicht auf diese Lösungen warten, sondern müssen schon jetzt handeln.

Fortschrittsversprechen: „Fossile Energieträger bringen Wohlstand. Wenn man sie verteufelt, nimmt man ärmeren Ländern und Menschen ihre Entwicklungschancen."

Zu diesem Punkt gibt es zu viel zu sagen, um das hier kurz zusammenzufassen. Ich versuche es dennoch und werde das Thema noch an weiteren Stellen aufgreifen. Erstens: Wie schon mehrfach beschrieben, haben die Industrieländer eine historische Schuld, und sie müssen ihre Emissionen daher auch schneller reduzieren. Ich kenne keine ernst zu nehmenden Fachleute aus der Wissenschaft oder der Klimabewegung, die das Recht der Entwicklungsländer auf eine nachholende Entwicklung infrage stellen. Zweitens: Anstatt neue Kohlekraftwerke zu bauen, sollten reichere Staaten den Regierungen ärmerer Länder – sofern sie das wünschen – durch einen Wissens- und Technologietransfer und auch durch finanzielle Mittel helfen, direkt erneuerbare Energie auszubauen. Es geht hier nicht um großzügige Gaben, sondern darum, Verantwortung gegenüber jenen Ländern anzuerkennen, die schon heute am stärksten unter den Folgen der Erderhitzung leiden, obwohl sie am wenigsten dazu beigetragen haben. Und es geht darum, diese Verantwortung auch wahrzunehmen. Davon profitieren am Ende alle.

4. Vorschnell kapitulieren

Untergangsfantasien: „Egal, was wir noch tun – wir können die Klimakatastrophe nicht abwenden. Wir sollten uns darauf einstellen und das Schicksal akzeptieren."

Der Weg von „Ach, so schlimm ist es nicht, Handeln hat noch Zeit" zu „Jetzt bringt's eh nichts mehr" war für einige sehr kurz. Beide Argumentationen haben ein Ziel: Bloß nichts verändern am heutigen Status quo. Die Situation ist ernst, und ja, wir haben schon viel zerstört und verloren. Aber noch können wir die schlimmsten Konsequenzen abwenden, darüber sind sich Wissenschaftler:innen einig. Dafür müssen wir allerdings sehr viel verändern – und zwar sofort.

Veränderung ist unmöglich: „Alles, was gegen den Klimawandel helfen würde, ginge gegen die menschliche Natur und die heutige Lebensweise. Mit demokratischen Mitteln ist das nicht machbar."

Das eigentliche Problem: Veränderung ist für viele nicht vorstellbar. Möglich ist sie sehr wohl, auch schnell und in großem Maßstab, das hat die Coronapandemie gezeigt. Einige Länder haben das Nötige konsequenter umgesetzt und besser kommuniziert bekommen als andere, daraus sollten wir für die Klimakrise lernen. Unser eigentliches demokratisches Problem derzeit: Wir treffen gesellschaftlich und politisch keine informierten Entscheidungen. Genauer gehe ich darauf noch mal in Kapitel 9 ein.

Die Erfindung der Öko-Moralkeule

Eine weitere Möglichkeit, die Verantwortung für das eigene Handeln weiterzugeben – und damit effektiv zu verzögern –, ist, sie zu individualisieren. „Jede:r Einzelne, jede:r Konsument:in ist dafür verantwortlich, etwas fürs Klima zu tun", hören wir oft, und wieder ist das nicht komplett falsch. Ja, um der Klimakrise etwas entgegenzusetzen, wird es auch individuelle Verhaltensänderungen brauchen. Die Erzählung von der Verantwortung der Einzelnen individualisiert allerdings auch die Lösung des Problems.

Anstatt strukturelle Veränderungen und verbindliche Vorgaben zu fordern, die diese persönlichen Verhaltensänderungen erst ermöglichen, wird Verantwortungsdiffusion betrieben. Auf einmal sollen Menschen aus Vernunft das „Richtige und Gute" tun, etwa Bio-Lebensmittel kaufen, mit dem Zug in den Urlaub fahren, aufs eigene Auto verzichten, auch wenn das erst mal teurer oder umständlicher ist, oder zumindest so erscheint. Wer es tut, wirkt schnell „moralisch" und privilegiert, selbst wenn er oder sie gar nicht von anderen verlangt, ebenfalls ihr Verhalten zu ändern. Wer im Restaurant die vegane Option bestellt, kann sich auf einen Kommentar der Mitessenden einstellen, selbst wenn er oder sie das Schnitzel der Nachbarin gar nicht anspricht.

Um das eigene Verhalten, von dem man ja weiß, dass es für die Umwelt oder das Klima schädlich ist, zu rechtfertigen, erzählt man, dass man ja sonst auch fast nie Fleisch isst, und wenn, dann nur aus Bio-Landwirtschaft, oder macht sich über die Entscheidung seines Gegenübers lustig. Zu wissen, dass man etwas tut, das man in einer idealen Welt besser nicht täte, verursacht ein unangenehmes inneres Gefühl. Um das zu lösen, muss man die eigene Entscheidung – vor allem vor sich selbst – rechtfertigen oder die des Gegenübers abwerten.

Genau dieses unangenehme Gefühl nutzte der Ölkonzern BP und veröffentlichte 2004 den ersten „CO_2-Fußabdruck-Rechner". Indem jede:r errechnen konnte, wie die eigene Fahrt zur Arbeit, die Urlaubsreise oder der Einkauf im Supermarkt dazu beiträgt, den Planeten aufzuheizen, wollte die Firma davon ablenken, wo das Problem lag. Nämlich bei ihr und den Produkten aus fossilen Rohstoffen, die sie vertreibt. Damit lenkte BP gleichzeitig davon ab, dass man die Verursacher regulieren oder die Transport- und Energiesysteme verändern könnte. Die Argumentation der Ölfirmen: Die Menschen wollen Auto fahren und heizen, wir liefern dafür nur Kohle, Öl und Gas. Schuld sind nicht wir, schuld ist jede:r Einzelne. So erhalten sie ihre soziale Lizenz weiterzumachen. Mittlerweile ist das Konzept weit verbreitet, auch das Umweltbundesamt bietet einen CO_2-Rechner an, die EU und der WWF. „National Geographic" gibt wie viele weitere Medien Tipps, wie man den eigenen Fußabdruck verringern kann.[123] „Das ist wohl eine der erfolgreichsten irreführenden PR-Kampagnen jemals", urteilt Benjamin Franta[124], der an der Universität Stanford zur Frage von Verantwortlichkeit in der Klimakrise forscht.

Dieses Narrativ hat einen weiteren Effekt: Da innerhalb der jetzigen Strukturen niemand perfekt und ohne Fußabdruck leben kann, trauen sich viele auch nicht, sich in die Diskussion einzumischen und Änderungen zu fordern. Schließlich, so ihre Annahme, müssten sie dann erst mal bei sich selbst anfangen. Das hält viele davon ab, sich mit dem Thema zu beschäftigen und den Wandel zu fordern, der ihnen ein emissionsfreies Leben überhaupt erst ermöglichen würde. Wir wollen nicht als moralisch erscheinen, und wir wollen uns vor allem nicht damit auseinandersetzen, dass wir selbst jeden Tag mit unserem Verhalten dazu beitragen, die Welt ein kleines bisschen mehr zu zerstören. Und wer es vermeidet, dort überhaupt hinzuschauen, der kommt auch gar nicht erst an den Punkt, herausfinden zu wollen, was denn dahinter liegt und was man eigentlich verändern müsste.

Diese Verdrehung erklärt vielleicht auch, was mich persönlich mittlerweile am meisten verwundert: Wie die Gegner:innen von Klima- und Umweltschutz es geschafft haben, erforderliche Maßnahmen und den Diskurs darüber überhaupt als „moralisch" oder „ideologisch" darzustellen und damit als Verbotspolitik zu diskreditieren. Was mich fast noch mehr verwundert: Wie stark selbst diejenigen das Framing übernommen haben, die die nötigen Veränderungen als sinnvoll anerkennen. Anstatt ihre Vorstöße zu verteidigen und zu begründen, rudern etwa die Grünen regelmäßig in Diskursen zurück und versichern stattdessen, dass sie niemals vorhatten, irgendjemandem irgendwas zu verbieten. Wieso eigentlich nicht?

Egal, ob es darum geht, ein Tempolimit auf Autobahnen einzuführen oder Flächenversiegelung, Fliegen und Fleischkonsum einzuschränken: All das sind Mittel, um naturwissenschaftlich erforschten und eindeutig nachweisbaren Problemen zu begegnen. Für all diese Forderungen gibt es gut belegbare Gründe, die Befürworter:innen haben die Fakten eindeutig auf ihrer Seite. Die Gegner:innen der Maßnahmen schwingen hingegen die Moralkeule, weil es ihre einzige Möglichkeit ist, auf diese Fakten zu reagieren. Es wird so getan, als könne man nicht definieren, welchen Umfang Veränderungen haben müssen, um zu wirken. So als wäre jeder gepflanzte Baum ein Gewinn, so als ließe sich jede Zerstörung weiter ausgleichen, denn das Ozonloch haben wir ja auch repariert, das Waldsterben in den Achtzigern aufgehalten, die Luftqualität in Europa verbessert und die illegalen Müllkippen der DDR zumindest zugeschüttet.

So wurden ein paar Schönheitsreparaturen in der EU-Agrarpolitik von der früheren Landwirtschaftsministerin Julia Klöckner als „Systemwechsel" verkauft, obwohl oder gerade weil dieser von führenden Verbänden und Wissenschaftsvereinigungen gefordert, von der Politik aber ausgebremst wurde. So wird schmunzelnd über Bemühungen berichtet, Bauprojekte zu stoppen, um eine Salamander- oder Fledermausart zu retten, weil das unverhältnismäßig erscheint, und so werden Demonstrant:innen belächelt, die monatelang in Wäldern campen, um zu verhindern, dass Bäume gefällt werden. Sie werden als Moralist:innen und Radikale hingestellt, nur weil sich viele Journalist:innen, die darüber berichten, gar nicht im Klaren darüber sind, warum Aktivist:innen und Umweltschützer:innen sich zum Handeln gezwungen sehen. Sie opfern ihre Freizeit nicht aus Langeweile und setzen sich nicht nur aus Tierliebe dafür ein, seltene Arten zu schützen. Sie versuchen vielmehr darauf aufmerksam zu machen, wie viel Raum und Ressourcen wir Menschen uns mittlerweile einverleibt haben, wie massiv wir dadurch das Gleichgewicht der Natur stören und dass wir damit schlussendlich auch unsere eigenen Lebensbedingungen gefährden.

Diese Botschaft klar zu formulieren ist nicht so einfach. Denn von der einen Salamander- oder Fledermauspopulation, von dem einzelnen Waldstück hängt unser Überleben ja tatsächlich nicht ab. Wohl aber davon, dass weiterhin Wälder gerodet, immer neue Straßen gebaut, immer mehr Einfamilien- und Reihenhaussiedlungen errichtet werden. Weil der Lebensraum der Tiere immer stärker durchschnitten, immer mehr Land umgenutzt, immer mehr Flächen versiegelt werden.

Umwelt- und Klimaschutz zu moralisieren funktioniert nur, solange einer Mehrheit nicht klar ist, wie akut und lebensgefährdend die Situation ist. Zu moralisieren ist nur möglich, solange wir den Eindruck aufrechterhalten, es gehe darum, Menschen mehr oder weniger grundlos und unverhältnismäßig etwas wegzunehmen oder zu verwehren. Das wiederum gelingt nur, solange nicht klar wird, dass es im Gegenteil darum geht, etwas zu bewahren. Erst wenn genug Verantwortungsträger:innen erkennen und aussprechen, dass all diese Maßnahmen nötig sind, um unsere Lebensgrundlagen zu erhalten und so unser Leben überhaupt zu ermöglichen, haben Strategien, die diese Forderungen als radikal, ideologisch, moralisch und überzogen erscheinen lassen, keine Chance mehr.

Kapitel 4

Wir verdrängen mehr, als wir uns vorstellen können

Wie kann es sein, dass die Strategien und Narrative der Fossil-Lobby so erfolgreich sind, wenn die Probleme und die Lösungen im Wesentlichen bekannt sind und selbst die Lobby-Strategien mittlerweile gut erforscht? Zweifel zu streuen klingt nach einer perfiden, aber wirkmächtigen Strategie, es widerspricht aber unserem Selbstbild einer aufgeklärten, grundsätzlich rational agierenden Gesellschaft, dass wir das nicht durchschauen und überwinden können.

Die Erklärung dafür ist enttäuschend banal: Wir verdrängen. Und wir verdrängen sehr viel stärker, als wir es uns vorstellen können. Das ist erst mal normal und als grundsätzlicher Mechanismus auch gesund. Unsere Leben sind so komplex und vollgestopft, unser Alltag so schnell und kompliziert, dass wir gar keine Zeit haben, jede Information und alles, was auf uns einprasselt, zu hinterfragen und einzuordnen. Also sortiert unser Hirn aus, was relevant ist und was irrelevant. Alles, mit dem wir nicht ständig konfrontiert sind, alles, was uns zu komplex und außerhalb unseres eigenen Handlungsspielraumes erscheint, wird ausgeblendet. Das ist sinnvoll und hilfreich, wir würden wohl durchdrehen, wenn es nicht so wäre. Beim Verdrängen der Klimakrise sieht die Sache aber anders aus. Sie hat gesellschaftlich und individuell ein solches Ausmaß, dass unsere Nicht-Auseinandersetzung mit dem Thema lebensgefährdend ist.

Warum wir trotzdem meisterhaft darin sind, den Gedanken an die Klimakatastrophe wegzuschieben und die Konsequenzen unseres Nicht-Handelns auszublenden, hat mehrere Gründe.[125] Ich will hier kurz auf diejenigen eingehen, die mir – auch bei mir selbst – am häufigsten begegnet sind.

Wir verdrängen Schlimmes, weil wir uns hilflos fühlen

Wenn wir immer wieder negative Berichte lesen, hören oder sehen, die zwar das Problem, aber keine Handlungsalternativen aufzeigen, führt das zu einem Gefühl der Hilflosigkeit, sagt die Neurowissenschaftlerin Maren Urner. Wir resignieren und werden passiv, anstatt die Probleme anzupacken. „Erlernte Hilflosigkeit" nennt die Professorin für Medienpsychologie dieses Phänomen und bezieht sich damit auf ein Konzept von zwei US-amerikanischen Psychologen, die damit 1967 versuchten, einige Formen von Depression zu erklären.[126] Negative Erfahrungen können demnach zur Überzeugung führen, nichts an einer Situation ändern zu können. Dieses Gefühl der Hilflosigkeit sei ein Massenphänomen,[127] sagt Urner und betont, wie wichtig es daher sei, im Journalismus konstruktiv Lösungen aufzuzeigen. Mit entscheidend dafür, ob jemand aktiv wird und versucht, Probleme anzugehen, sei einerseits das Wissen um Alternativen und andererseits die Erfahrung von Selbstwirksamkeit, also das Gefühl, etwas beeinflussen und verändern zu können.

Wir bleiben ruhig, weil alle anderen auch ruhig bleiben

Dieses psychologische Phänomen ist wissenschaftlich untersucht. In einem Experiment saßen Versuchspersonen in einem Raum, in den gefährlich aussehender Rauch eingeleitet wurde. Waren sie allein, reagierten 75 Prozent der Proband:innen und meldeten den Rauch, waren die Testpersonen zu dritt, taten das nur noch 38 Prozent. Waren die anderen Anwesenden eingeweiht und ignorierten den Rauch deswegen, passten auch die anderen Teilnehmer:innen sich an. Nur noch zehn Prozent reagierten auf den Rauch. Weil die anderen passiv blieben, nahmen viele an, dass der Rauch nicht gefährlich sein könne.[128] „Dieses Experiment zeigt, dass man Situationen nie unabhängig bewertet, und wenn alle so tun als müsse man nichts ändern, ist es schwer, sich gegen die Meinung von anderen zu stellen", erklären die Psychologists for Future in einem kurzen Video.[129] „Aber es zeigt auch, dass Menschen jemanden brauchen, der ihnen hilft, den Ernst der Lage zu erkennen." Wer damit beginne, die Situation anzusprechen, werde vielleicht überrascht sein, wie viele andere selbst schon so denken und nur darauf gewartet haben, dass jemand den ersten Schritt macht. Damit ist wohl auch das Greta-Phänomen zu erklären. Viele Menschen, die eigentlich schon lange wussten, wie akut unsere Situation ist, wurden erst aktiv, als sie sahen, dass auch eine 15-jährige Schülerin etwas bewirken kann. Für viele, die ahnten, dass die Lage nicht gut ist, war dieser Protest Irritation genug, um damit anzufangen, sich eingehender zu informieren.

Wir verkennen schleichende Veränderungen

„Shifting baselines" nennt sich dieses Phänomen der kollektiven Wahrnehmungsverschiebung. Der Begriff stammt aus der Umweltforschung, geprägt wurde er vom Meeresbiologen Daniel Pauly.[130] Die Definition davon, was etwa ein „normaler" Fischbestand sei, verschiebe sich von einer Generation zur nächsten. Denn wie die Situation vor Jahrzehnten oder Jahrhunderten war, wissen aktuelle Generationen einfach nicht. Zwar gebe es historische Aufzeichnungen, aber selbst da beobachtet Pauly, dass auch Forscher:innen immer wieder neue Maßstäbe und Bezugsgrößen festlegen würden. Wenn es um die Wahrnehmung von Veränderungen und Normalität geht, vertrauen wir vor allem den eigenen Erfahrungen. Wir tendieren daher dazu, Warnungen von älteren Generationen oder Wissenschaftler:innen zum Artensterben oder der Sichtbarkeit von Klimaveränderungen abzutun, weil wir eine andere Realität erleben. Kinder, die nach dem Frühjahr 2012 geboren sind, haben in ihrem Leben zum Beispiel nicht einen Tag erlebt, in dem das Wetter nicht durch den menschengemachten Klimawandel beeinflusst war, haben Forscher:innen der ETH Zürich herausgefunden.[131] Sie haben durch systematische Modellauswertungen erstmals den Einfluss vom Klima auf das Wetter festmachen können.[132] Das Ergebnis: Für gerade heranwachsende Kinder ist etwas ganz anderes normal als für ihre Eltern oder Großeltern – selbst beim Wetter.

Wir verdrängen Informationen, die unserem Verhalten widersprechen

Wohl jede:r kennt den Moment, wenn jemand in einem Gespräch die Klimakrise anspricht und auf einmal betretenes Schweigen herrscht. Was dann spürbar wird, ist das Gefühl von Dissonanz. Es entsteht, wenn wir widersprüchliche Gedanken erleben. Etwa weil wir wissen, dass die Klimakrise bedrohlich ist, uns aber gleichzeitig bewusst ist, dass wir uns nicht konsequent klimafreundlich verhalten. Es entsteht eine unangenehme Spannung, die wir abbauen wollen.[133] Wer sich überfordert fühlt oder nicht in der Lage sieht, ein Problem zu ändern, verändert dann oft die eigene Einstellung zu dem Problem. Im Fall der Klimakrise bedeutet das etwa, nicht so genau hinzusehen, nichts dazu zu sagen oder zu denken, dass es schon nicht so schlimm werden wird.

Da es heute nicht möglich ist, komplett klimafreundlich zu leben, sind wir ständig mit dieser sogenannten kognitiven Dissonanz konfrontiert, also mit der Diskrepanz zwischen unserem Wissen und unserem Handeln. Daher sei es auch nachvollziehbar, dass wir schweigen, wenn jemand das Thema anspricht, sagen die Psychologists for Future.[134] Die ständige Spannung auszuhalten sei schwierig. Deswegen nicht hinzuschauen ist aber auch keine Lösung, denn dafür ist die Lage viel zu akut.

Die Expert:innen empfehlen, damit zu beginnen, sich mit den Problemen auseinanderzusetzen: „Lasst euch nicht von der Dissonanz auffressen! Bis die Politik eine Infrastruktur geschaffen hat, die klimaneutrales Leben möglich macht, ist unsere wichtigste Aufgabe, genau das von ihr zu fordern."[135]

Wir verdrängen, was nicht in unser Welt- und Selbstbild passt

Faktenwissen allein reicht nicht, um die Klimakrise zu erfassen. Wir können sehr viel wissen, die Bedeutung dieser Informationen für unser eigenes Leben aber dennoch verdrängen. Wer die Zeitschienen der klimatischen Veränderungen und des eigenen Lebens übereinanderlegt, muss sich eingestehen, dass die Klimakrise das eigene Leben oder zumindest jenes der Kinder und Enkel:innen hart treffen wird. Sich diese Erkenntnis einzugestehen verhindern jedoch psychologische Abwehr- und Selbstschutzmechanismen: Alles, was nicht ins eigene Weltbild passt, wird abgeblockt und verdrängt. Es ist nicht so einfach, sein Leben zu leben und den Alltag zu bewältigen, wenn man sich ständig um die eigene Zukunft sorgt oder um die von Menschen, die man liebt. Wer sich darauf freut, das Großwerden der eigenen Kinder zu erleben oder die Rente herbeisehnt, blendet aus, dass die Welt in wenigen Jahren sehr anders aussehen wird als heute. Um die Auswirkungen der Klimakrise zu erkennen, müssen wir nicht nur einsehen, dass die Lage viel ernster ist, als wir bisher dachten. Wir müssen auch das eigene Selbstbild hinterfragen und uns eingestehen, dass wir das Ausmaß des Problems bisher übersehen haben. Für Menschen in Entscheidungs- und Verantwortungspositionen kann das besonders schwierig sein. Sie müssen sich zusätzlich eingestehen, dass sie durch ihr Nicht-Handeln selbst dazu beigetragen haben, die Lösungen hinauszuschieben und damit die Krise zu verschärfen.

Wir unterliegen einem Optimism-Bias und einer Apokalypse-Blindheit

Viele Menschen überschätzen die Wahrscheinlichkeit, dass ihnen gute Dinge passieren werden.[136] Das nennt sich „Optimism Bias" und ist auch erst mal kein großes Problem. Es macht das Leben sogar einfacher, wenn wir uns nicht ständig Gedanken darüber machen, was uns alles Negatives zustoßen könnte. Wir nehmen oft an, dass es vor allem die anderen trifft, seien es nun Scheidungen, Krankheiten oder Unfälle. Problematisch wird es, wenn dieser Bias dazu führt, Gesundheitsrisiken einzugehen, etwa indem man raucht, sich schlecht ernährt, nicht gegen tödliche Krankheiten impfen lässt oder: machbare und notwendige Maßnahmen im Klimaschutz unterlässt und verschleppt, weil man das unerschütterliche Vertrauen darauf hat, dass schon alles gut gehen wird.

Verschränkt damit dürfte die eher philosophische Idee der kollektiven Apokalypse-Blindheit sein. Dieser Begriff geht auf den deutsch-österreichischen Philosophen und Schriftsteller Günther Anders zurück, der ihn 1956 zum ersten Mal äußerte, damals in Bezug auf die Atombombe. Er definierte Apokalypse-Blindheit als unsere Unfähigkeit, sich die schlimmen Folgen unseres Tuns vorzustellen.[137] Nur weil uns die Fantasie fehle, glaubten wir Menschen, dass wir tun *dürfen*, was wir tun *können*. Wir vertrauen auf einen technischen Fortschritt, der uns zu verschlingen droht, warnte Anders. Diese Probleme sehen viele Expert:innen auch in Bezug auf die Klimakrise. Im Sinne der Aufklärung nehmen wir an, dass wissenschaftlicher und technischer Fortschritt mit gesellschaftlichem einhergeht, auch daraus speist sich der Glaube an eine fortlaufende gesellschaftliche Entwicklung hin zum Besseren.

Der Wiener Politikwissenschaftler Reinhard Steurer geht sogar davon aus, dass wir die Klimakrise psychologisch gelöst haben, statt sie physisch zu lösen.[138] Seiner Auffassung nach leben viele Menschen in einer Art Klima-Dissonanz: Wir wissen, dass das Verbrennen von fossilen Energieträgern existenzielle Gefahren verursacht – und dass unsere Lebensweise also unangemessen ist. Um diesen Widerspruch aushalten zu können, verdrängen wir auf unterschiedliche Arten: Wir verleugnen Fakten, wir rationalisieren, indem wir den offensichtlich untragbaren Status quo rechtfertigen, wir schieben den Gedanken an die Klimakrise zur Seite, und wir tun so, als würden kleine Änderungen das Problem lösen. Anstatt wirklich etwas zu ändern, nutzen wir psychologische Abwehrmechanismen, um die Dissonanz, die durch die Lücke zwischen Wissen und Handeln entsteht, zu reduzieren.

Meine eigene Geschichte der Verdrängung

Ich selbst habe Jahre gebraucht, um zu verstehen, inwiefern das, was ich immer wieder über den Zustand der Welt lese, sehe und höre, mit mir zu tun hat. Dabei hatte ich schon immer ein gewisses Bewusstsein dafür, dass wir Menschen besser mit unserer Umwelt umgehen müssen. Als ich in der Grundschule zum ersten Mal vom Klimawandel hörte, machte mir das wahnsinnige Angst. Jahrelang nervte ich meine Eltern damit, die Heizung auszuschalten, wenn sie lüfteten, ermahnte sie, mit dem Auto nicht unnötig schnell zu fahren oder für einen kurzen Besuch bei meiner Tante das Fahrrad zu nehmen. Seit meiner Kindheit trenne ich pedantisch Müll und sammle Abfall auf, wenn ich wandern gehe. Selbst bei einem Roadtrip durch die USA habe ich meine Familie gezwungen, ihre Einkäufe nicht in Dutzende Plastiktüten verpacken zu lassen, sondern lose zum Auto zu schleppen, auch wenn das Einpacken dort zum Service gehört und wir damit etwas verschroben wirkten.

Wenn eine Klimakonferenz anstand, hörte und schaute ich in meiner Jugend Nachrichten, auch wenn ich sie damals nicht wirklich verstand, aber irgendwann ließ dieses Interesse nach. Das muss ausgerechnet zu Beginn meines Politikstudiums und meiner Arbeit als Journalistin gewesen sein, in den Jahren um die Klimakonferenz in Kopenhagen 2009 herum, und hatte wohl vor allem zwei Gründe: Ich fing langsam an, ein typisches Erwachsenenleben zu führen, mein eigenes Geld zu verdienen und das auch auszugeben. Einen größeren Teil davon für Billigflüge und Reisen, einen anderen für immer neue und bessere Kleidung, Möbel, Kameras, Handys, Laptops. Ich hatte mir das erarbeitet, also hatte ich es mir verdient, sagte ich mir – und alle anderen machten es ja auch, daher dachte ich nicht weiter darüber nach.

Außerdem erschien mir das Klimathema langsam nicht mehr so wichtig. Wenn die Politiker:innen dieser Welt die Klimakonferenz in Kopenhagen dermaßen floppen ließen, dann konnte das Problem ja nicht sonderlich akut sein. Und falls es das doch wäre, würde ich davon ja bestimmt auf den Titelseiten der Zeitungen lesen. Bis das der Fall wäre, müsste ich mir nicht mehr so viele Gedanken darum machen, denn was könnte ich schon tun? Auch die Klimakonferenz in Paris und das dort beschlossene Klimaabkommen änderten nicht viel an dieser Einstellung, schließlich ging ich davon aus, dass es jetzt ja einen internationalen Vertrag und damit einen Plan für die Lösung des Problems gäbe. Und weil alle ein Interesse daran hätten, unsere Lebensgrundlagen zu sichern – oder zumindest niemand ernsthaft ein Interesse daran haben könnte, sie zu zerstören –, würden sich die Entscheider:innen schon darum kümmern. Schließlich war alles weitgehend erforscht und bekannt, die Lösungen mussten nur umgesetzt werden.

Ich hörte nie auf, den Müll zu trennen, Fahrrad zu fahren und beim Lüften die Heizung abzudrehen, fing aber wieder an, ab und zu eine Plastiktüte beim Einkaufen mitzunehmen, Lebensmittel wegzuwerfen und mir im Restaurant ein Stück Fleisch zu gönnen. Denn ich arbeitete viel, dachte nicht immer daran, meinen Jutebeutel einzustecken, schaffte es nicht immer, abends noch zu kochen, sodass die Einkäufe im Kühlschrank vergammelten, und wenn alle anderen Fleisch aßen, dann konnte es ja nicht schaden, wenn ich das manchmal im Restaurant auch tat, immerhin: viel seltener als die meisten.

Diese Sorglosigkeit änderte sich erst im April 2018 langsam wieder. Damals erschien eine Ausgabe der *Zeit* mit der Titelgeschichte „Die Plastik-Lüge", im Dossier erklärten sie engagierten Müll-Trenner:innen wie mir, dass das Problem mit sauberem Sortieren leider nicht gelöst sei.[139] Selbst in Deutschland, einem der Vorreiter weltweit in Sachen Recycling, wird nur etwa ein Drittel des Plastikmülls wiederverwertet. Ein großer Teil wird verbrannt, die giftigen Reste in ehemalige deutsche Salzbergwerke gekippt, bis sie bis obenhin voll sind, ein weiterer Teil wird in Containern nach Asien verschifft, wo sie teilweise an irgendwelchen Stränden gelagert und aufgerissen werden und auf diese Weise auch mein Strohhalm im Meer landet. Ich las den Text gemeinsam mit meinem Freund, während der Pause auf einem Fahrradausflug. Als wir fertig waren, schauten wir uns verstört an, und mein Freund fragte:

„Und, was macht man jetzt? Ändert man sein Leben?"

Der Satz hallte in mir nach, mehrere Wochen versuchte ich möglichst alles über das Plastikproblem in Erfahrung zu bringen, und beschloss schließlich, ab sofort möglichst plastik- und verpackungsfrei zu leben, um so wenig Müll wie möglich zu produzieren. Mir war schon klar, dass ich damit das Problem nicht lösen würde, aber wenn mir bewusst war, dass etwas tatsächlich schädlich war, musste ich da zumindest nicht mehr mitmachen. Und wenn ich als relativ privilegierte Person nicht anfangen würde, mein Verhalten zu ändern, von wem konnte ich es dann verlangen? Schließlich erfüllte ich mehrere Voraussetzungen, die es mir überhaupt ermöglichten, das zu tun: Ich hatte Interesse an dem Thema und genug Zeit, mich eingehend damit zu beschäftigen. Ich wohnte im Zentrum einer deutschen Großstadt mit relativ bequemem Zugang zu Unverpackt- und Bioläden und dem nötigen Einkommen, um dort auch einzukaufen zu können. All das würde ich von meinen Freundinnen mit mehreren kleinen Kindern, studentischen Nebenjobs oder meinem Vater, der in einem kleinen Dorf lebt, gar nicht verlangen. Sie hatten weniger Zeit, weniger Geld und wohnten zu weit weg von entsprechenden Läden. Mir war klar, dass es gesellschaftliche, strukturelle Lösungen für diese Probleme braucht, aber ich vermutete, dafür müssten erst mal genug Menschen damit anfangen, ihr (Einkaufs-)Verhalten zu verändern. Also tat ich es.

In diesem Sommer wurde mir nach und nach klar, dass Plastik nicht das einzige Problem war, das ernster war, als ich bisher hatte wissen wollen. Natürlich wusste ich, dass Fast Fashion eine Schweinerei war, für die Umwelt und die Arbeiter:innen, aber Fair Fashion war leider verdammt teuer und hey, so viel kaufte ich ja auch nicht. Das gleiche Problem gab es bei Bio-Lebensmitteln, daher machte ich meist den Kompromiss, zumindest die Milchprodukte und das Gemüse in Bio-Qualität zu kaufen, den Rest konventionell. Jahrelang hatte ich mir außerdem gesagt, dass nicht nur ein Flug im Jahr, sondern sogar ein Langstreckenflug pro Jahr schon okay wäre. Ich hatte geahnt, dass das nicht ganz der Wahrheit entsprach, nachrecherchiert habe ich lieber nicht.

Ich stellte in den kommenden Monaten also langsam mein Leben um auf möglichst nachhaltig, fair, bio – Schlagworte, deren dahinterliegende Werte ich immer gut gefunden, aber auch oft als Buzzwords belächelt hatte. Weil mir lange nicht klar war, wie schädlich die normale, sprich: konventionelle Produktionsweise tatsächlich war. Ich hatte trotz aller Berichte über die eingestürzte Kleidungsfabrik Rana Plaza in Bangladesch, hohe Selbstmordraten bei Landwirt:innen und Krebserkrankungen bei Produzent:innen und Konsument:innen irgendwie angenommen, dass sich irgendjemand schon um diese Probleme kümmern würde. Und ich allein ja ohnehin nichts ausrichten kann.

In den folgenden Monaten landete ich unweigerlich auch bei den ganz großen Fragen. Im Juli las ich endlich das Buch „This Changes Everything: Capitalism vs. The Climate" der US-amerikanischen/kanadischen Autorin und Aktivistin Naomi Klein, das seit Jahren unberührt in meinem Bücherregal gestanden hatte. Direkt im Anschluss schaute ich Leonardo DiCaprios Dokumentation „Before the Flood" und versaute mir und meinem Freund damit den Urlaub, in den wir bereits mit dem Zug gefahren waren, weil wir beschlossen hatten, privat nicht mehr zu fliegen. In diesen Tagen begriff ich zum ersten Mal, dass die Krise wirklich akut war und dass sie in anderen Regionen schon zu diesem Zeitpunkt dramatische Auswirkungen hatte. Ich erinnere mich, wie ich abends vor Wut heulend in der Küche unserer Ferienwohnung stand, damals noch nicht aus Sorge um meine eigene Zukunft, sondern weil diese ganze Zerstörung so sinnlos war. Die Probleme und Lösungen waren ja bekannt, sie wurden nur einfach nicht umgesetzt. Als Ende August 2018 die Berichte von einem schwedischen Mädchen, das die Schule schwänzte und fürs Klima streikte, auch in Deutschland ankamen, war ich ziemlich erleichtert, vor allem als so viele andere Schüler:innen überall auf der Welt sich Greta Thunbergs Protest anschlossen.

Um die Klimakrise bräuchte ich mich also nicht kümmern, beruhigte ich mich, das taten ja jetzt die Schüler:innen. Und wie es schien, sogar relativ erfolgreich. Für die restlichen Krisen versuchte ich immer wieder Freund:innen und meine Familie zu sensibilisieren, aber ohne erhobenen Zeigefinger, schließlich wollte ich keine dieser missionierenden Ökos sein, die ich selbst so nervig fand. Auf der Arbeit schlug ich ab und an Themen in diese Richtung vor. Wenn sie in der Redaktionssitzung mit dem Kommentar quittiert wurden, dass das ja leider nicht so wahnsinnig viele interessieren würde, beließ ich es dabei. Als Journalistin lernt man früh, dass man sich mit keiner Sache gemein machen soll, auch mit keiner guten. Ein Thema, das mir persönlich wichtig war, würde ich auf der Arbeit also nicht versuchen, über Gebühr voranzutreiben, schließlich wollte ich nicht aktivistisch wirken. Mit der gleichen Begründung hatte ich mich in den vergangenen Jahren meist von Demos ferngehalten.

Die Klimakrise jedoch ließ mich nicht los, fast zwei Jahre lang las ich mehr oder weniger jeden Tag Artikel darüber. Zwei Jahre, in denen ich die Klimakrise extrem ernst nahm, die wesentlichen Graphen und Fakten kannte – und es dennoch schafft, die Zahlen nicht mit meinem Leben in Verbindung zu bringen. Ich nahm immer noch an, dass es frühestens meine Enkelkinder sein würden, die hart von der Klimakrise getroffen werden. Bis dahin, so meine Überzeugung, hätten wir das Problem ja aber gelöst. Bis zu dieser magischen Jahreszahl 2050, um die es immer ging, war zwar nur noch wenig Zeit und es gab viel zu tun, aber das würden wir als Menschheit schon schaffen, denn wir wären ja schön blöd, wenn nicht. Denn die Fakten waren ja bekannt, die Politiker:innen sprachen immer wieder darüber. Und auch wenn mir klar war, dass sie zu langsam handelten, dachte ich wieder: Wenn es wirklich, wirklich brennen würde, dann stünde das ja auf allen Titelseiten.

Dass das leider nicht der Fall ist, dass wir gerade tatsächlich unsere Lebensgrundlagen zerstören und ich und meine Generation es sein werden, die die dramatischen Folgen der Klimakrise zu spüren bekommen, wurde mir erst im Juli 2020 richtig bewusst. Das passierte nicht auf einen Schlag, es brauchte mehrere kleine Ereignisse, die mein Bild von der Welt immer ein bisschen mehr ankratzten.

Damals hatten vier Vertreter:innen von Fridays for Future, Greta Thunberg aus Schweden, Luisa Neubauer aus Deutschland, Adélaïde Charlier und Anuna de Wever aus Belgien, einen offenen Brief an die Staats- und Regierungschefs der EU geschrieben,[140] in dem sie die Politiker:innen aufforderten, das geplante Finanzpaket, das nach der Coronakrise die Wirtschaft der Länder stimulieren sollte, komplett für eine klimagerechte Transformation zu nutzen. Nicht das irritierte mich, sondern der meiner Wahrnehmung nach erstmals schärfere Ton, den sie dabei anschlugen. Inhaltlich musste ich ihnen weitgehend recht geben, aber der Ernst und die Strenge, mit der sie ihre Forderung kommunizierten, verwirrten mich. Was mich ebenfalls irritierte und ernüchterte, waren die Antworten meiner Freund:innen, die ich versuchte, dafür zu gewinnen, den Brief zu unterstützen – allesamt entweder junge Eltern oder junge Journalist:innen. Zwei unterschrieben, die anderen sagten, sie würden es sich mal anschauen, aber Klima sei nicht so ihr Thema. Wieder stand ich heulend und verwirrt in der Küche, dieses Mal, weil ich mich fragte, wer sich denn überhaupt für die Klimakrise interessieren sollte, wenn nicht junge Eltern und Journalist:innen.

Zu diesem Zeitpunkt folgte ich auf Twitter bereits seit Monaten dem US-amerikanischen Meteorologen Eric Holthaus und dem Klimawissenschaftler Peter Kalmus, der bei der NASA arbeitete. Beide kommunizieren extrem emotional zur Klimakrise. Wenn ich ihre Tweets las, stimmte ich oft innerlich zu, schließlich war das alles ziemlich furchtbar, manchmal jedoch war ich auch skeptisch. Das Theater, das die beiden aus meiner Sicht teilweise veranstalteten, war mir dann doch ein bisschen viel. Aber gut, die Jungs waren vielleicht einfach etwas emotionalere Typen als ich.

An einem Tag twitterten beide kurz hintereinander ähnliche Formulierungen: Dass sie jeden einzelnen Tag schockiert seien darüber, in welcher Situation wir uns befinden und wie wir gesellschaftlich damit umgehen. Das ließ mich stutzig werden. Ich las jeden Tag über die Klimakrise, ich hatte deswegen aufgehört zu fliegen, ich machte mir ernsthafte Sorgen. Aber dass ich jeden einzelnen Tag schockiert war – das konnte ich nicht von mir behaupten. Die beiden wussten aber offensichtlich sehr viel mehr über die Krise als ich. Was also hatte ich nicht mitbekommen?

Kurze Zeit später einigten sich die Staats- und Regierungschefs auf das Corona-Finanzpaket, und viele politische Kom-
mentator:innen feierten das Ergebnis als historisch. Zum ersten
Mal würden die EU-Staaten zusammen Schulden aufnehmen,
das sei ein großartiger Erfolg. Dass die vorgesehenen Gelder für
Klimaschutz in dem Paket zusammengekürzt worden waren, sei
ein bisschen schade, aber immerhin seien ja noch immer 30 Prozent für entsprechende Maßnahmen vorgesehen. Als ich diese
Texte las, wurde ich erst wütend. Dann – ich bin mir bewusst,
dass das wie eine Floskel klingt, kann es aber tatsächlich nicht
anders beschreiben – brach meine Welt unvermittelt zusammen.

Das Corona-Finanzpaket sah vor, sieben Jahre lang Geld
an unterschiedliche Wirtschaftsbereiche auszuzahlen, um sie zu
stärken und so Jobs und Wohlstand zu sichern. So sinnvoll das
zunächst klingt, so unbedacht war es, diese Gelder zum großen
Teil einfach in stinknormale Wirtschaftsförderung zu stecken.
Wirtschaftswachstum und CO_2-Emissionen sind noch lange
nicht völlig entkoppelt, und die sieben Jahre, in denen das Finanzpaket ausgezahlt werden soll, sind in etwa der Zeitraum,
den wir haben, um die Emissionen drastisch zu reduzieren, um
das 1,5-Grad-Limit eventuell noch zu halten.

Als mir das bewusst wurde, wurden mir mehrere Sachen gleichzeitig klar: Wie groß die Gefahr war, dass wir das
1,5-Grad-Limit reißen würden. Dass die Regierungschefs nicht
einmal ernsthaft versuchten, dieses Limit einzuhalten. Und dass
das ernsthaften und konkreten Einfluss auf mein eigenes Leben
haben wird. Was mir in dem Moment außerdem bewusst wurde: Offenbar wussten viele Journalist:innen das nicht, oder ihnen waren die Auswirkungen dieser Entscheidungen nicht klar.
Und wenn sie das an so einer offensichtlichen Stelle nicht mitgedacht hatten, dann würden sie Klima und die ökologischen
Krisen wohl auch an vielen anderen Stellen nicht mitdenken.

In den Monaten nachdem mir bewusst wurde, was die Klimakatastrophe mit meinem Leben zu tun hat, habe ich mich

quasi durchgehend mit der Frage beschäftigt, wie ich die Bedeutung der Fakten, mit denen ich mich seit Längerem intensiv beschäftigte, so lange verdrängen konnte. Ein Grund, auf den ich bald stieß, waren innere Glaubenssätze und gesellschaftliche Narrative – dies sind, neben den bereits oben erwähnten Mechanismen, weitere Faktoren, die die Verdrängung begünstigen.[141] Welche Annahmen also haben mich davon abgehalten, die wissenschaftlich eindeutige Lage (an-)zuerkennen?

> **Ich habe erstens ein tiefes Vertrauen in die parlamentarische Demokratie und zweitens in das plurale Mediensystem. Damit bin ich nicht allein. Im internationalen Vergleich ist in Deutschland das Vertrauen in die Regierung und die Medien relativ hoch.[142] Ich vertraue meinen Journalisten-Kolleg:innen – von denen ich viele für ihre Arbeit bewundere – und war daher fest davon überzeugt, dass Themen, die wirklich wichtig sind, in beiden Systemen irgendwann ihren legitimen Platz finden. Wenn etwas akut ist, berichten die Medien darüber, und dann nimmt sich auch die Politik des Problems an.**

Mir war auch klar, dass diese Aufmerksamkeit bei gesellschaftlichen Problemen oft erkämpft werden muss. Dass das bei einem naturwissenschaftlichen, also objektiv messbaren Problem auch der Fall sein könnte, hätte ich nicht gedacht. Auch war mir nicht wirklich klar, dass uns hier keine Jahrhunderte bleiben, bis sich die Erkenntnis gesellschaftlich durchsetzt. Als Journalistin, die Politik studiert hat und sich täglich beruflich und privat mit den Problemen der Welt beschäftigt, nahm ich außerdem an, halbwegs einordnen zu können, welche Krisen auf der Welt in etwa wie akut und relevant sind. Meine Oma erzählt mir seit zehn Jahren bei jedem zweiten Besuch zu Hause, dass „das mit den Feuern und Überschwemmungen und Stürmen ja immer schlimmer wird". Ich habe oft die Augen verdreht und ihre besorgten Erzählungen abgetan mit dem Gedanken, dass sie das nur glauben würde, weil sie die Katastrophen täglich via Fernseher in ihrem Wohnzimmer sähe. Ich als Journalistin könne das besser beurteilen, nahm ich allen Ernstes an – dass mir einfach der Vergleichsrahmen fehlt, auf die Idee kam ich nicht.

Außerdem schätzte ich die Klimakrise und die ökologischen Krisen ja bereits als ziemlich akut ein, beschäftigte mich mehr oder weniger täglich damit und hatte deswegen sogar alle möglichen Verhaltensweisen im Alltag geändert. Ich nahm also an, ich hätte meine kognitive Dissonanz, von der ich mehrmals gelesen hatte in den vergangenen Jahren, damit weitgehend überwunden. Und ich nahm an, dass wenn diese bekannten Krisen ernsthaft existenzbedrohlich wären, wir ja gesellschaftlich nicht einfach immer weitermachen würden. Wie es aussieht, lernt man, wenn man sich mit der Klimakrise beschäftigt, nicht nur viel über die Welt, sondern auch über sich selbst.

Kapitel 5
Die Verantwortung der Medien

Journalist:innen haben in der Gesellschaft eine Doppelrolle inne. Wir berichten nie einfach nur objektiv, wir spiegeln in unserer Berichterstattung auch Normen, Werte und Grundannahmen einer Gesellschaft und verstärken sie auf diese Weise. Gleichzeitig haben wir auch die Macht, Narrative und gesellschaftliche Realitäten zu hinterfragen und aufzubrechen. In Bezug auf Probleme wie Sexismus und Rassismus haben viele Redaktionen jahre- und jahrzehntelang die gängigen gesellschaftlichen Narrative wiedergegeben und damit gefestigt. Erst im Zuge von gesellschaftlichen Bewegungen wie #Metoo und #BlackLivesMatter wurde breiter reflektiert, wie mediale Berichterstattung dazu beiträgt, diskriminierende Einstellungen und Verhaltensmuster in Bezug auf Gleichberechtigung und Rassismus zu normalisieren. Die Debatten um Frauenquoten, Gendern und Diversität in den Redaktionen werden öffentlich nicht nur deswegen angegriffen, weil sich etwas verändert oder wegen gelegentlicher Fehler, sondern auch und vor allem, weil damit Machtstrukturen in Frage gestellt werden.

Was für Sexismus, Rassismus und andere Ismen mittlerweile ein anerkannter Mechanismus ist, der öffentlich breit diskutiert wird, klingt für die Klimakrise zunächst abwegig. Wo wir stehen und wer recht hat, wäre mit einem Blick in den aktuellsten IPCC-Report leicht zu klären, sollte man meinen. Doch auch hier finden sich Journalist:innen in dieser Doppelrolle wieder: Auf der einen Seite spiegeln wir das Bewusstsein der Gesellschaft für das Ausmaß der Krise, auf der anderen prägen wir es maßgeblich mit.[143] Denn die Klimakrise ist, wie beschrieben, auch eine psychologische Krise, und Journalist:innen sind auch Menschen. Nicht nur ich habe auf die Klimakrise lange mit Verdrängung reagiert, viele andere Journalist:innen tun es bis heute. Sogar – und das klingt auf den ersten Blick vermutlich überraschend – einige Klimajournalist:innen.

Denn um diese Krise in ihrem Ausmaß zu begreifen, braucht man, wie gesagt, nicht nur Faktenwissen, man muss auch den Gedanken zulassen können, dass diese Entwicklungen etwas mit dem eigenen Leben zu tun hat. Dazu kommt, dass das Vertrauen unter Journalist:innen in das plurale Mediensystem besonders groß ist. Wir finden nicht immer gut, wie Kolleg:innen berichten, aber viele von uns vertrauen darauf, dass wir durch die Vielzahl an redaktionellen Angeboten blinde Flecken aufdecken, wenn es nötig ist. In unserer Bewertung, was wichtig ist, orientieren wir uns jeden Tag an der Arbeit unserer Konkurrenz, an den Meldungen von Nachrichtenagenturen oder Beiträgen in anderen Medien. Wenn die Kolleg:innen Berichte darüber, dass der Amazonas mittlerweile mehr CO_2 ausstößt, als er aufnimmt, oder darüber, dass der riesige Thwaites-Gletscher[144] in der Antarktis instabil wird, nicht in ihre Hauptnachrichten aufnehmen, dann kann das auch nicht so wichtig sein – so unsere Annahme. (Was mich sehr an das Experiment aus Kapitel 4 erinnert, wonach Testpersonen unterschiedlich auf Rauch reagierten, je nachdem, wie sich die anderen Personen im Raum verhielten.)

Um das einmal ganz klar zu sagen: Es gibt guten Klimajournalismus in Deutschland, sogar sehr guten. Diverse Kolleg:innen warnen seit Jahrzehnten vor den Auswirkungen der menschengemachten Klimaveränderungen, einige sogar in den Politikredaktionen. Aber: In den meisten Politik- und Wirtschaftsbeiträgen, auch im Lokalen, wird Klima einfach ausgeblendet. Das ist kein Versagen einzelner Journalist:innen. Es ist ein globales, strukturelles Problem, für das es unterschiedliche Ursachen gibt. Einige finden sich in weit verbreiteten gesellschaftlichen Missverständnissen zur Klimakrise, wie ich sie im ersten Kapitel beschrieben habe, andere lassen sich mit genuin journalistischen Logiken erklären.

Fehlendes Wissen und journalistisch-handwerkliche Missverständnisse

Dass sich der Klimawandel in den Jahrzehnten des Nichtstuns in eine lebensgefährdende und allumfassende Krise ausgewachsen hat, scheinen längst noch nicht alle realisiert zu haben. Auch wenn etwa der *Guardian* seine Berichterstattung in dem Bereich seit Jahren immer wieder verstärkt, sind es international wie national vor allem kleinere journalistische Projekte, die versuchen, dem Ausmaß der planetaren Krisen mit ihrer Berichterstattung gerecht zu werden. Bis heute kenne ich kein einziges großes Medium, das komplett klimarealistische Berichterstattung macht, also Klimabezüge immer und überall mitdenkt und Geschichten entsprechend priorisiert, so wie wir es von der Coronakrise kennen. Selbst internationale Vorreiter wie eben der *Guardian* und das *Time Magazine*, die wirklich großartigen Journalismus im Bereich der planetaren Krisen machen, veröffentlichen regelmäßig Wirtschafts- und Politikgeschichten, die Klimabezüge noch immer völlig ausblenden. Die Gründe für dieses global mangelnde Krisenbewusstsein sind vielfältig und komplex – neben bewusst gestreuten Zweifeln durch Lobbygruppen sind es wohl in erster Linie mangelndes Faktenwissen und journalistisch-handwerkliche Missverständnisse.

Lange war Klima ein Thema für Fachjournalist:innen, ein wahlweise wissenschaftliches oder politisches Problem. Entsprechend ist das Wissen um die Krise in den Redaktionen verteilt, viele können spezifische Fragen schlicht selbst nicht einschätzen. Das ist bei anderen Themen auch so und grundsätzlich kein Problem. Niemand kann Expert:in für alles sein. Dass es in Redaktionen eine Arbeitsteilung gibt und der eine Fußballspiele kommentiert, der nächste Theaterstücke und andere unterschiedliche Felder von Wirtschafts- oder Außenpolitik, ist normal und gut so. Nur ist die Klimakrise – genau wie die Coronakrise – mit mehr oder weniger allem verbunden, was sich jedoch bisher nicht in der Berichterstattung widerspiegelt. In vielen Redaktionen wird Klima noch immer wie ein Thema unter vielen behandelt, es steht zu anderen Themen wie Wirtschaft oder Außenpolitik in Konkurrenz um die besten Plätze in der Zeitung, auf der Homepage oder im Programm, muss sich aber auch gegen Berichte aus den Bereichen Sport, Kultur oder Vermischtes behaupten.

Dadurch wird unbewusst verschleiert, dass die Klimakrise ein strukturelles Problem ist. Entscheidungen, die wir heute in allen möglichen Bereichen treffen, sorgen entweder dafür, der Lösung der Krise näher zu kommen. Oder sie zementieren fossile und klimaschädliche Strukturen und befeuern die Erderhitzung so weiterhin, oft für Jahre und Jahrzehnte. So etwa, wenn eine neue Autobahn gebaut wird oder wenn die EU beschließt, wie die Fördergelder der europäischen Agrarpolitik und des EU-Finanzpakets in der Coronakrise vergeben werden. Um unsere Lebensgrundlagen effektiv zu schützen, müssen wir, so schnell es geht, klimaneutral werden, in jedem Land, in allen möglichen Sektoren. Deswegen müssen auch Sportjournalist:innen schauen, ob Fußballteams Konzepte für klimaneutrale Großveranstaltungen haben. Lokaljournalist:innen müssen sich fragen, inwiefern ein neues Bauprojekt mit lokalen Klimazielen vereinbar ist und wie gut sich das Gebäude eigentlich im Sommer 2050 nutzen lassen wird, wenn etwa die Fassade komplett verglast ist.

Sich dieses Wissen anzueignen scheiterte in der Vergangenheit nicht nur am mangelnden Bewusstsein für die Krise, sondern auch an einem weiteren strukturellen Problem. Viele Journalist:innen arbeiten unter ständigem Zeitdruck, schon die eigenen Themen zu bearbeiten ist oft nicht ohne Überstunden machbar. Sich nebenbei noch selbstständig in ein weiteres, extrem komplexes Feld einzulesen ist für viele kaum möglich. Dieses mangelnde Fachwissen in den Redaktionen führt in Konferenzen auch dazu, dass Beiträge mit Klimabezug oft nicht die Aufmerksamkeit und den Platz erhalten, den sie aufgrund ihrer Relevanz nach ganz gängigen journalistischen Kriterien haben sollten. Und es sorgt dafür, dass Verzögerungstaktiken, wie bereits beschrieben, im Klimadiskurs nicht konsequent transparent gemacht und eingeordnet werden. Zu oft werden sie stattdessen als legitime, kritische Argumente wiedergegeben, bremsen so den öffentlichen Diskurs und damit unser Handeln.

Wie die mediale Berichterstattung die Realität verzerrt

Dass die Klimakrise nicht nur ein politisches Versagen ist, sondern auch ein journalistisches, lässt sich an einem einfachen, aber gleichzeitig extrem schmerzhaften Beispiel erklären: Nicht wenige Menschen, die in den vergangenen Jahren Kinder bekommen haben, haben das wohl in der Hoffnung getan, dass ihnen ein halbwegs sicheres und stabiles Leben bevorstehen wird. Demzufolge, was die Klimawissenschaft weiß, ist das eindeutig nicht der Fall. Selbst wenn wir es schaffen sollten, das 1,5-Grad-Limit einzuhalten – was derzeit sehr unwahrscheinlich erscheint angesichts dessen, dass niemand es überhaupt ernsthaft versucht –, wird sich unser Leben schon in den kommenden zehn, zwanzig, dreißig Jahren massiv verändern.

Ja, viele Eltern machen sich Sorgen wegen der Klimakrise. Wie groß die Wahrscheinlichkeit ist, dass ihr Kinder Hungerkatastrophen und Bürgerkriege erleben werden, scheint vielen aber nicht bewusst zu sein. Viele Dinge, die wir bisher zumindest in Deutschland als selbstverständlich annehmen, werden das innerhalb der Lebensspanne bereits geborener Generationen nicht mehr sein. Etwa ein stabiles, verlässliches Wetter, das relativ zuverlässige Ernten ermöglicht.

Ein weiteres Beispiel ist die Berichterstattung zur vergangenen Bundestagswahl. Als Leserin möchte ich wissen, welche Partei ich wählen kann, wenn ich will, dass ich und meine Kinder eine möglichst sichere und stabile Zukunft haben. Diese Beurteilung erwarte ich von Journalist:innen und es ist absolut

möglich, diese Einordnung fundiert vorzunehmen. In vielen Beiträgen zu Klimaschutzplänen der Parteien klang es stattdessen
so, als hätten alle Parteien einfach unterschiedliche Wege zum
Ziel. Bürger:innen könnten demnach nach eigener Präferenz
entscheiden, welche Lösungsvorschläge ihnen besser gefallen,
und entsprechend wählen. Das ist falsch. Wähler:innen hätten
vor der Wahl eindeutig wissen können, dass CDU, SPD und
FDP in ihren Wahlprogrammen keinerlei Ambitionen zeigen,
das 1,5-Grad-Limit ernsthaft einzuhalten, Grüne und Linke sich
hingegen bemühen, aber noch hätten nachbessern müssen.[85]

> **Bei der Bundestagswahl 2021 haben wir darüber ent-
> schieden, ob eine Regierung an die Macht kommt,
> die überhaupt versucht, ihren Teil zu leisten, um das
> 1,5-Grad-Limit einzuhalten, oder nicht. Aufgrund po-
> litischen und journalistischen Versagens, diese Fra-
> ge im Vorfeld der Wahl ausführlich zu adressieren,
> haben sich viele Wähler:innen gegen eine ernst zu
> nehmende 1,5-Grad-Klimapolitik entschieden, ohne
> es überhaupt zu ahnen.**

Das liegt auch am klassischen Politikjournalismus. Er trägt dazu
bei, dass der politische Diskurs zu Klimaschutz zum großen Teil
von wissenschaftlichen Fakten entkoppelt ist. Politikjournalismus geht im Wesentlichen davon aus, dass es zu einem Thema
mehrere legitime politische Meinungen gibt. Diese einfach gegeneinander zu halten, erzeugt demnach Ausgewogenheit in der
Berichterstattung, manche würden das sogar als „Objektivität"
bezeichnen. Was diese Sicht nicht ausreichend berücksichtigt,
oft sogar ignoriert, sind die wissenschaftlichen Fakten, die der
Klimakrise zugrunde liegen.

So wie Corona epidemiologisch untersuchte Ursachen
hat, die man nicht einfach ignorieren und zu denen man nicht
einfach irgendeine Meinung einnehmen kann, so gibt es diese

gesicherten Fakten auch zu Klima. Allerdings kennen zu wenige Politik- und Wirtschaftsredakteur:innen diese Klimafakten, dabei ist der wissenschaftliche Konsens zur Klimakrise noch viel gefestigter als bei Corona. Tausende Wissenschaftler:innen arbeiten seit Jahrzehnten dazu und die grundlegenden Informationen über die menschengemachte Erderhitzung sind seit mindestens 30 Jahren bekannt, eher länger. Das Paradox: Diese Fakten werden auch von Journalist:innen immer wieder gut aufbereitet, anders als bei Corona ignoriert ein großer Teil der Politik- und Wirtschaftsberichterstattung sie allerdings komplett.

In Artikeln zu klimapolitischen Fragen werden – dieser Logik folgend – oft die Ansichten aller möglichen unterschiedlichen Parteien zum Problem einander gegenübergestellt und als legitime politische Meinungen behandelt. Einzelne Polit-Statements, etwa zu Erdgas als notwendiger Brückentechnologie oder einem angeblichen Systemwechsel in der Agrarpolitik, werden dabei zu oft nicht kritisch hinterfragt, mit den Fakten abgeglichen und entsprechend eingeordnet. Oft, aber lange nicht immer, folgt nach einem entsprechenden Vorschlag ein Absatz nach dem Muster: „Wissenschaftler:innen kritisieren, das reicht nicht aus." Die wissenschaftlichen Einschätzungen werden hier als eine Sicht unter vielen wiedergegeben, oft weder besonders prominent noch ausführlich.

Bei naturwissenschaftlichen Problemen einfach alle möglichen Positionen gleichberechtigt zu Wort kommen zu lassen produziert nicht Ausgewogenheit, sondern eine sogenannte False Balance, also eine falsche, scheinbare Ausgewogenheit. Sichtweisen nur abzubilden, ohne sie einzuordnen, ist nicht objektiv, sondern uninformiert. Oder bequem.

Anstatt die Aussagen von Politiker:innen konsequent anhand wissenschaftlicher Erkenntnisse einzuordnen, spiegeln sich Journalist:innen und Politiker:innen allzu oft gegenseitig, weswegen die Politik in Klimafragen selten in die Verlegenheit kommt, ihre Positionen grundsätzlich hinterfragen zu müssen.

Wie weit sie von den realen Problem und deren Lösung entfernt sind, merken viele daher nicht. Wie groß diese Lücke zwischen dem politischen Diskurs und der physikalischen Realität tatsächlich ist, wird selten klar, wenn über die Notwendigkeit von Tempolimits und Inlandsflügen diskutiert wird.

False Balance

Realität

„Ausgewogene" Darstellung in den Medien

Öffentliche Wahrnehmung

99%

Wissenschaftlicher Konsens

50%

1%

Abweichende Meinung

50%

Clusterfuck Klimakrisenkommunikation

Natürlich ist es nicht so, dass allein Journalist:innen Verantwortung tragen für die unzureichende Kommunikation der Klimakrise. Auch Politiker:innen und selbst einige Wissenschaftler:innen versagen hier, und zwar nicht nur jene, die das Ausmaß der Krise noch gar nicht erkannt haben. Die Klimakrise angemessen zu kommunizieren ist allerdings auch gar nicht so einfach.

> **Das Ausmaß der multiplen ökologischen und der klimatischen Krise ist so weit weg vom öffentlichen Bewusstsein, dass klare Kommunikation dazu wie Übertreibung wirkt und schnell als Alarmismus diskreditiert wird.**

Das wohl bekannteste Beispiel dafür sind die Grünen. Sobald sie ein Problem, dessen Ausmaß vielen nicht bewusst ist, ansprechen, etwa Fleischkonsum oder Flächenversiegelung, und – nicht im Ansatz ausreichende – Lösungen dafür präsentieren, wird die Moralkeule rausgeholt. Alle paar Wochen werden sie als „Verbotspartei" verunglimpft. Stichworte, die parteiinterne Traumata ausgelöst haben: Veggieday und 5-Mark-Benzinpreis.

Wissenschaftler:innen geht es ähnlich. Sie werden zwar gehört, die volle Bedeutung dessen, was sie sagen, wird aber von vielen nicht verstanden. Ihre Einwürfe werden oft abgetan als eine Meinung unter vielen. Beziehen Wissenschaftler:innen klar Position und verteidigen die Fakten, wird das nicht selten als politisch oder aktivistisch empfunden, und damit als unzulässige Einmischung – auch von einigen ihrer Kolleg:innen. Ein Grund, warum viele weniger deutlich kommunizieren, als es die Situation erfordern würde.

Auch Journalist:innen kennen das Problem: Wer naturwissenschaftliche Fakten und ihre Bedeutung klar kommuniziert und verständlich herunterbricht, gilt unter Kolleg:innen schnell als nicht objektiv. Wissenschaftsferne politische Meinungen eindeutig als solche einzuordnen, wird als „einseitig" wahrgenommen. Entsprechende Berichte werden teils als interessengeleitet angesehen, ihre Expertise wird angezweifelt oder zumindest nicht komplett ernst genommen und anerkannt. Also kommunizieren viele Journalist:innen, Politiker:innen und Expert:innen im Rahmen des öffentlich Akzeptierten und Sagbaren, um überhaupt über die Inhalte sprechen zu können, anstatt sich immer wieder Aktivismus-Diskussionen aufzuhalsen.

Sie hoffen, mit Argumenten durchzudringen, und das gelingt teilweise auch. Was oft aber nicht klar wird: Wie dringend und massiv die Probleme sind und wie schnell und umfassend gehandelt werden muss, um sie wirksam einzudämmen. Was auch nicht klar wird: Dass viele Forderungen nicht Maximalforderung sind, sondern eher Minimalforderungen, von denen dann wiederum nur ein Teil durchkommt und oft nicht ausreichend umgesetzt wird. Und das wiederum führt dazu, dass die Probleme nicht mit der notwendigen Ernsthaftigkeit angegangen werden.

Die Krux ist: Solange Expert:innen, aus nachvollziehbaren Gründen, im öffentlich akzeptieren Rahmen kommunizieren und die Diskrepanz nie direkt angesprochen wird, denken alle anderen, sie hätten das Problem verstanden und es werde ja gehandelt. Vielleicht nicht ganz so, wie die Ökos mit ihren Fledermäusen und Bäumen es wollen, aber die können auch nicht alles haben.

Warum die Rolle von Journalist:innen so entscheidend ist

Auch wenn es nicht bewusst geschieht, trägt das kollektive Handeln von Journalist:innen dazu bei, dieses massive gesellschaftliche Verdrängen überhaupt zu ermöglichen. Wenn ein Großteil der Politik- und Wirtschaftsberichterstattung klimapolitische

Implikationen einfach ignoriert, verzerrt sie den Eindruck vom Ernst der Lage. Das ist wie beschrieben kein Fehler einzelner Journalist:innen – was jede:r jedoch selbst verantwortet, ist, ob wir uns heute einer Debatte über Fehler und Versäumnisse stellen. Ob wir bereit sind, unsere gesellschaftliche Verantwortung wahrzunehmen, das Ausmaß der Klimakrise anzuerkennen und überall mitzudenken.

Journalist:innen sind hier aufgrund ihrer gesellschaftlichen Rolle ähnlich wie Politiker:innen in der Verantwortung, voranzugehen. Besonders für diese beiden Gruppen ist es jedoch besonders schwierig, über den eigenen Schatten zu springen und anzuerkennen, dass die Lage akuter ist, als sie bisher angenommen und öffentlich vertreten hatten. Denn das stellt wie beschrieben nicht nur ihr Weltbild infrage, sondern auch ihr Selbstbild. Beide Gruppen beschäftigen sich jeden Tag mit wichtigen Problemen unserer Gesellschaft. Viele sind umfassend informiert und wollen – idealerweise – dazu beitragen, die Welt zu verbessern. Dass sie selbst und viele ihrer Kolleg:innen etwas so Zentrales wie die Dringlichkeit der Klimakrise übersehen haben, dass Schüler:innen die größte Krise der Menschheit besser verstanden haben könnten als sie, scheint für viele wohl undenkbar. Selbst dann, wenn 27 000 Scientists for Future Alarm schlagen.[145]

Die gute Nachricht: Um diese gewaltige gesellschaftliche Verdrängung zu durchbrechen, die uns davon abhält, angemessen auf die Krise zu reagieren, sind Journalist:innen ein entscheidender Hebel. Als vierte Gewalt ist es unsere Aufgabe, die Arbeit der Politik zu kontrollieren und die Bevölkerung entsprechend über Gefahren und das Ausmaß von Versäumnissen aufzuklären.

In Klimakreisen setzen einige darauf, dass die Auswirkungen der Klimakrise in naher Zukunft so unübersehbar werden, dass die Bilder von einer der nächsten Katastrophen zu einem kollektiven Bewusstwerdungsmoment führen werden. Nur, welche Katastrophen sollten uns das Ausmaß klarmachen, wenn selbst die Flutkatastrophe in Deutschland mit 180 Toten, die Feuer in Südeuropa, die beängstigenden Hitzewellen in Nordamerika und Skandinavien und Überflutungen in China und der Türkei nach wenigen Wochen wieder weitgehend aus der medialen Aufmerksamkeit verschwunden waren? Wenn es keine wirklich ernst zu nehmende Sorge auslöst, dass Wälder in allen Regionen Deutschlands sterben? Wenn medial kaum kommentiert wird, dass wir 2021 das vierte Jahr in Folge unterdurchschnittliche Ernten hatten?

Schon die Hitzewelle, die 2003 in Europa 70 000 Menschen tötete, hätte zu einer kollektiven Erkenntnis der enormen Bedrohung führen können, die mit der Klimakatastrophe auf uns zukommt. Auch kommende Ereignisse werden das nicht schaffen, wenn erstens ihre Verbindung zum menschengemachten Klimawandel nicht konsequent aufgezeigt und zweitens daraus keine Schlussfolgerungen für die generelle Berichterstattung – und damit auch für unser Handeln – gezogen werden. Es funktioniert nur, wenn die Bilder von Katastrophen medial auch ausführlich und prominent gezeigt und eindeutig mit der Klimakrise in Verbindung gebracht werden. Das ist bisher häufig nicht der Fall, auch weil es nicht einfach ist, den Einfluss der Erderhitzung auf ein einzelnes Ereignis nachzuweisen. Von den Fluten in British Columbia im November 2021, die Vancouver zeitweise von der Außenwelt isolierten, haben die meisten Menschen in Deutschland wohl kaum etwas mitbekommen. Inwiefern dieses Extremwetterereignis genau von den Klimaveränderungen beeinflusst wurde, muss zwar noch erforscht werden, Expert:innen sind sich jedoch sicher, dass es durch den menschengemachten Klimawandel verstärkt wurde.[146]

Wenn wir es schaffen wollen, die Klimakatastrophe noch zu verhindern, muss also auch der Journalismus seine Strukturen analysieren und reformieren. Denn ähnlich wie in der Coronakrise gilt: Nur wer sich bewusst ist, wie akut die Situation ist, kann angemessen darauf reagieren. Dafür braucht es erstens eine medieninterne Debatte über diese Probleme, um das Bewusstsein für sie zu schärfen und sie dann entsprechend angehen zu können. Zweitens braucht es Fortbildungsangebote für Journalist:innen zu grundlegendem Klimawissen. Das würde einerseits informierte Diskussionen und Abwägungen in Redaktionskonferenzen ermöglichen, wie wichtig ein Thema ist. Andererseits ermöglicht es Redakteur:innen, die vorhandenen Verbindungen zu ihrem eigenen Themengebiet transparent zu machen und angemessen mitberichten zu können.

> **Es ist zentraler Teil der gesellschaftlichen Aufgabe von Journalist:innen in Demokratien, informierte Entscheidungen zu ermöglichen. Darin versagen wir im gesamtmedialen Bild im Bereich Klima seit Jahren, auch wenn einige Kolleg:innen bewundernswerte Arbeit leisten. In den kommenden acht Jahren müssen wir, wenn wir unsere Lebensgrundlagen erhalten wollen, politisch und gesellschaftlich extrem viele große und kleine Entscheidungen treffen, die wir noch nicht mal ansatzweise ausreichend diskutieren. Medien werden eine wichtige Rolle dabei spielen, den dafür nötigen Dialog zu begleiten und zu ermöglichen. Wir müssen realistische Lösungen und die dazu verfügbaren wissenschaftlichen Einschätzungen aufzeigen und sie so dringend erforderlichen Entscheidungen zuführen.**

Das heißt nicht, dass gesellschaftlich alles eins zu eins so diskutiert und umgesetzt werden muss, wie Wissenschaftler:innen es modellieren. Es mag und wird Bereiche geben, wo wir als Gesellschaften andere Prioritäten setzen. Das heißt auch nicht, dass öffentliche Diskurse abgewürgt oder durch die Bekanntmachung von Studienergebnissen ersetzt werden sollen. Ich halte es für unbedingt notwendig, alle möglichen Fragen gesellschaftlich zu diskutieren, um Mehrheiten für die heute noch radikal erscheinenden Maßnahmen zu bilden. Aber wir müssen uns dabei bewusst machen, dass wir Handeln nicht mehr hinausschieben können und dass es massive Konsequenzen hat, wenn wir uns dagegen entscheiden, aktiv zu werden.

Was bedeutet das für unser Handeln?

Kapitel 6

Die planetaren Krisen betreffen alles und jede:n

Hat man das Ausmaß der Klimakrise einmal wirklich begriffen, kann man nur sehr schwer so weitermachen wie vorher. Dieses Wissen ändert einfach alles. Die eigenen Pläne, Hoffnungen, Träume, die bisherigen Prioritäten. Das ist nicht einfach. Es ist sogar wahnsinnig schwierig.

Wenn man sich bewusst macht, was die Auswirkungen der ökologischen Krisen für das eigene Leben bedeuten, für das unserer Kinder und Enkelkinder, wird daraus auch sehr schnell eine persönliche Krise. Denn die Zukunft sieht anders aus, als es viele bisher wohl annehmen. Das liegt allerdings weniger an den Klima- und Umweltschutzmaßnahmen, die wir schneller und konsequenter umsetzen müssen, als bisher diskutiert wird. Es liegt vor allem an den Folgen der Erwärmung und der Zerstörung, die wir schon in den kommenden Jahren spüren werden, es liegt an dem, was auf uns zukommt, wenn wir nicht genug tun.

Ich persönlich habe damals eine Sicherheit verloren, von der ich vorher kaum wusste, dass ich sie besaß, und um die ich dann monatelang getrauert habe. Den Glauben, dass mir eine halbwegs sichere und stabile Zukunft bevorsteht. Die Zuversicht, dass man zwar nicht weiß, was genau kommt, aber am Ende schon alles irgendwie okay sein wird.

Dieses Gefühl war ein Privileg, das viele Menschen auf dieser Welt nie hatten. Etwa, weil sie in Regionen leben, in denen sie schon viel deutlicher spüren, wie unberechenbar die Naturgewalten geworden sind. Oder weil sie, auch in Deutschland, unter Bedingungen leben, unter denen sie nie erfahren durften, wie sich diese Sicherheit anfühlt. Dessen bin ich mir bewusst, dennoch war es wahnsinnig schmerzhaft zu erkennen, dass ich diese fast schon naive Zuversicht wahrscheinlich nie wieder zurückbekomme.

Es hat lange gedauert, bis ich akzeptieren konnte, dass es besser ist, diese vermeintliche, trügerische Sicherheit zu verlieren, wenn ich dafür die Chance gewinne, für all das zu kämpfen, was wir an planetarer und damit gesellschaftlicher und individueller Stabilität noch immer bewahren können. Ich war gleichzeitig entsetzt, dass mir nicht früher jemand deutlich und verständlich gesagt hatte, wie akut die Situation ist. Oder ich es bisher nicht begriffen hatte. Denn dadurch hatte ich in den vergangenen Jahren überhaupt nicht die Gelegenheit, der Krise angemessen entgegenzutreten und mich ernsthaft dafür einzusetzen, dass ich die Chance auf eine gute und sichere Zukunft habe. Auf eine Fahrradtour mit Apfelkuchen an meinem 65. Geburtstag.

Sich emotional auf die Bedeutung der planetaren Krisen einzulassen stellt alles in Frage: Wie gehen wir mit dieser Situation um, und wer wollen wir sein, in einer unsicherer werdenden Welt, in der sich unweigerlich auch die eigenen Prioritäten verschieben? Nach und nach, oder sehr plötzlich. Womit will ich meine Zeit verbringen, wenn es in den kommenden paar Jahren tatsächlich um alles geht? Was ist mir wirklich wichtig, was möchte ich bewahren? Wovon sind wir bereit, uns als Gesellschaft zu verabschieden, damit das gelingt?

Das sind nicht nur theoretische Fragen, es sind Fragen, die ganz konkrete Antworten erfordern, von jedem und jeder von uns, und das in wahnsinnig kurzer Zeit. Wie surreal sich diese emotionale Reise anfühlen, wie bereichernd sie aber auch sein kann, beschreiben die Journalist:innen und Autor:innen Theresa Leisgang und Raphael Thelen in ihrem Buch „Zwei am Puls der Erde". Sie haben sich dafür auf eine Reise begeben an jene Orte der Welt, wo die Klimakrise schon deutlich zu spüren ist. Dort sprechen sie mit Menschen, die schon Antworten auf diese Fragen geben mussten, und versuchen, sie auch für sich zu finden.

Auch ich habe mir diese Fragen sehr schnell gestellt, bewusst und unbewusst, mal explizit, mal indirekt. Ich bin immer noch dabei, Antworten darauf zu finden. Monatelang fiel es mir schwer, überhaupt eine Perspektive zu sehen oder den Mut zu finden, zumindest mittelfristige Pläne zu machen. Zu begreifen, was die Klimakatastrophe ist und was sie mit meinem Leben zu tun hat, hat viel in mir in Bewegung gesetzt.

Seitdem habe ich mit vielen gesprochen, denen es ähnlich ging. Einigen ist seit Jahrzehnten bewusst, dass die Klimakrise ganz konkret ihr Leben betrifft, dass sie keineswegs abstrakt ist und weit weg. Bei anderen kamen über Jahre hinweg immer weitere Puzzleteile hinzu und machten ihnen nach und nach klar, wie ernst unsere Situation ist und dass sie immer ernster wird. Für einige reichte es, 1972 „Die Grenzen des Wachstums" zu lesen, um die Lage zu begreifen, anderen wurde es klar, als sie in den Hitzewellen der vergangenen Jahre die Natur um sich herum sterben sahen, wieder andere hatten zwar ein ungefähres Verständnis von der Gefahr, aber erst Fridays for Future, Extinction Rebellion oder, ja, tatsächlich, Rezo schafften es, sie aus der eigenen Verdrängung zu locken. Eine Person erzählte mir, dass sie das alles rational eigentlich schon immer gewusst habe, emotional werde ihr die Bedeutung aber erst seit ein paar Monaten Stück für Stück bewusst. Eine andere Bekannte gestand mir, dass sie, seit sie Mutter ist, schon eine grobe Vorstellung davon habe, was da auf uns zukommt. Dass sie es aber mehr oder weniger bewusst verdränge, „weil man, wenn man das an sich heranlässt, ja eigentlich sein ganzes Leben darauf ausrichten muss, es zu verhindern".

Emotional an sich heranzulassen, was diese Entwicklungen für uns Menschen, unsere Gesellschaften und uns ganz persönlich bedeuten, ist nicht einfach. Die Klimakatastrophe sei wie ein Raum in seinem Kopf, den er nur ab und zu betrete, beschrieb ein Kollege, Vater zweier Kinder, seinen Umgang mit seinen Gefühlen und dem Bewusstsein für die Situation. Ich jedoch war monatelang kaum in der Lage, diesen Raum in meinem Kopf zu verlassen. Ich konnte mir lange nicht vorstellen, wie die Angst, Trauer und Verzweiflung, die mich geradezu überwältigten und mein gesamtes Leben auf den Kopf stellten, wieder erträglicher werden könnten. Schließlich würde die Katastrophe nicht einfach verschwinden, solange nicht genug Menschen erkennen, dass wir unser Handeln heute radikal verändern müssen, um unsere Zukunft zu bewahren. Weil ich fürchtete, dass alle Menschen so intensiv auf diese Nachrichten reagieren mussten wie ich, traute ich mich wochenlang kaum, meinen Freund:innen und meiner Familie davon zu erzählen.

Als „Klimaangst" werden diese Gefühle oft bezeichnet, in vielen journalistischen Beiträgen werden sie als etwas Pathologisches dargestellt, eine emotionale Überreaktion einiger weniger auf eine ferne Bedrohung. Das sagt mehr über den Blick jener Journalist:innen auf die Welt aus als über die Angst. Psycholog:innen, die mit dem Feld vertraut sind, betonen immer wieder, dass diese Reaktionen absolut rational und angebracht sind. Problematisch werden sie erst, wenn die Gefühle so stark und überwältigend sind, dass sie einen im Alltag lähmen. Wie man mit ihnen umgehen kann, dafür geben die Psychologists for Future auf ihrer Internetseite einige Tipps. Sie bieten eine kostenfreie Beratungsstunde an, helfen bei Bedarf auch bei der Suche nach einem Therapieplatz. Mir hat, wie vielen anderen, vor allem geholfen, aktiv zu werden und an Lösungen zu arbeiten.

Wie die Klimakrise meine Zukunft zerstört

Zu erkennen, wie akut die Klimakrise ist, hat meine Ideen, Wünsche und Hoffnungen für die Zukunft, meine Vorstellung davon, wie ich leben würde, komplett verändert. Ich bin immer gern und viel gereist, will am liebsten jeden Winkel dieser Welt sehen, auch die schmutzigen. Dennoch habe ich vor drei Jahren aufgehört zu fliegen, damals noch, wie ich dachte, meinen Enkel:innen zuliebe. Seit meinem Abitur habe ich, wie viele heutzutage, extrem viel gearbeitet. Das waren spannende und lehrreiche 15 Jahre, aber sie haben mir gesundheitlich nicht immer gutgetan. Ich habe in den vergangenen Jahren wenig in Parks und an Stränden gelegen und viel an Schreibtischen gesessen. Auch wenn es manchmal genervt hat, fand ich es halb so schlimm, denn ich nahm an, mir stünden weitere 50, vielleicht sogar 60 gute Jahre bevor, in denen ich halbwegs fit sein würde und alle möglichen Dinge erleben könnte. Ich habe einige Geburtstagspartys von Familie und Freund:innen verpasst, weil ich annahm, dass uns eine unbegrenzte Zahl an gemeinsamen Festen bevorstehen würde.

Schon seit ein paar Jahren will ich weniger arbeiten und mehr Zeit mit Menschen verbringen, die mir wichtig sind. Auch wenn wir im globalen Norden und in Deutschland noch vergleichsweise sicher leben: Angesichts der Entwicklungen allein in den vergangenen Monaten und Jahren ist es alles andere als klar, wie lange genau auch wir noch einigermaßen unbeschwert durchkommen. Was ist, wenn wir als Menschheit das Ruder nicht mehr herumreißen und die Erderhitzung nicht so weit abbremsen, dass wir unsere Lebensgrundlagen halbwegs sichern können? Auch wenn das derzeit noch absolut möglich ist – solange sich nicht sehr viel mehr Menschen dafür einsetzen, ist diese Chance verschwindend gering.

Freund:innen schwärmen abends beim Wein immer mal von der Idee, sich irgendwann ein Haus in Italien, Portugal, Spanien oder Griechenland zu kaufen und dort zu leben, wenn sie älter sind. Manchmal deute ich verhalten an, dass das angesichts der Klimakrise vielleicht keine gute Idee mehr ist, weil der Mittelmeerraum in den nächsten Jahrzehnten zusehends austrocknen wird. Meistens jedoch belasse ich es dabei. In privaten Gesprächen meide auch ich oft die Konfrontation. Solange der öffentliche Diskurs die realen Gefahren nicht adäquater abbildet, wird man schnell als Alarmist:in und Partycrasher:in abgetan. Ich selbst hatte mich in den vergangenen Jahren zu meiner eigenen Überraschung mit dem Gedanken angefreundet, vielleicht das Haus meiner Großmutter zu übernehmen. Seit mir bewusst ist, welche massiven Auswirkungen die Klimakrise in dieser Region schon in den nächsten Jahrzehnten haben wird, bin ich mir nicht mehr sicher, ob das eine gute Idee ist. Meine Familie klagte seit ich klein war darüber, dass meine Großeltern in der wohl trockensten Ecke Ostdeutschlands leben würden. Selbst wenn es in den umliegenden Dörfern regnet, fällt bei ihnen oft kein einziger Tropfen vom Himmel. Wenn man im Sommer in der Gegend spazieren geht, kann man teilweise sehen, wie das Ufer einiger Seen zurückweicht. Sie trocknen aus, schon heute. Schuld ist nicht allein die Klimakrise, aber sie hat auch einen Anteil daran. Ein weiterer Grund ist, dass der Großteil der Haushalte in der Gegend sein Trinkwasser durch Brunnen direkt aus dem Grundwasser speist, dessen Spiegel daher sinkt. Letztens fragte ich meine Oma, ob das Wetter in der Vergangenheit denn anders gewesen sei, es mal mehr Regen gegeben habe. „Ja, klar", erzählte sie, „früher standen nach einem ordentlichen Regen immer tagelang große Pfützen in der Dorfstraße." Im Winter seien diese zugefroren und die Kinder darauf Schlittschuh gefahren. Das habe ich schon nicht mehr erlebt.

Schon ich erkenne, dass sich in den 33 Jahren, die ich jetzt auf dieser Welt bin, einiges verändert hat. Ich sehe die Wälder sterben, wenn ich mit dem Zug durch Deutschland fahre, entdecke neue Käfer, die es früher bei uns zuhause nicht gab, und stelle gleichzeitig fest, dass ich viel seltener Insekten von der Windschutzscheibe kratzen muss, wenn ich mal Auto fahre. In den vergangenen Sommern habe ich nachts oft nicht einschlafen können vor Hitze in meiner unsanierten Altbauwohnung. Vieles von dem, was meine Großmutter als Wandel erlebt hat, sehe ich als normal an, weil ich es nicht anders kennengelernt habe. Was würden meine Kinder als normal erleben in einer Welt, die sich immer schneller und massiver ändert? Solange die Erderhitzung nicht gestoppt wird, wird es keine neue Normalität geben, vermutlich nicht mal dann.

Will ich angesichts all dessen Kinder bekommen? Gerade ist es nicht nur eine Option, dass sie Hungersnöte, Katastrophen und vielleicht sogar Kriege um Ressourcen erleben werden, sondern die wahrscheinlichste Entwicklung. Wir werden sie nur abwenden, wenn wir ihr schnell einen radikalen Bewusstseins-, Verhaltens- und Politikwandel entgegenstellen. Dass ich Kinder will, war für mich immer klar. Ob ich eigene bekommen werde? Das weiß ich gerade nicht.

Hoffnung entsteht allein aus Handeln

Als ich begriffen hatte, wie akut unsere Lage ist, fragte ich mich schnell: Was kann ich tun, um genau dies mehr Menschen klarzumachen? Denn als Gesellschaft können wir nur angemessen auf ein Problem reagieren, wenn wir das Ausmaß und die Dringlichkeit richtig einschätzen.

Die Antwort lag für mich nahe. Ich bin Journalistin, mein Beruf ist es, komplexe Probleme zu durchdringen und so zu erklären, dass andere, die nicht dafür bezahlt werden, sich zu informieren, sich selbst ein Bild machen können. Ich beschäftige mich seit mehr als zehn Jahren fast täglich mit der Frage, wie man die unterschiedlichsten Probleme möglichst klar und verständlich erklären, sie auf das Wesentliche vereinfachen kann, ohne ihnen zu viel an Komplexität zu nehmen. Als Journalistin habe ich außerdem einen vergleichsweise großen Hebel: Ich erreiche mit meiner Arbeit ein größeres Publikum – habe gleichzeitig aber auch eine größere gesellschaftliche Verantwortung.

Dass es nicht reichen würde, ab sofort Artikel über die Klimakrise zu schreiben, war mir schnell klar. Schließlich gibt es Kolleg:innen, die genau das seit Jahrzehnten tun. Doch solange die Bedeutung ihrer Beiträge nicht einem größeren Teil von uns

Journalist:innen bewusst wird, werden ihre immer wieder auch sehr klaren und deutlich warnenden Beiträge ungehört verhallen. Die ökologischen Krisen müssen in allen gesellschaftlichen und damit auch journalistischen Bereichen mitgedacht und Beiträge entsprechend priorisiert werden. Mir wurde ebenso schnell klar, dass ich bei Weitem nicht die erste Journalistin war, die dieses Problem erkannt hatte. Bernhard Pötter von der *taz*, einer dieser Kollegen, die seit Jahrzehnten über die Klimakrise schreiben, veröffentlichte 2019 einen Beitrag auf dem Branchenportal Übermedien mit dem Titel: „An der Klimakrise scheitern nicht nur die Regierungen, sondern auch die Medien".[147] Daniela Becker, ebenfalls eine dieser extrem erfahrenen und verdienten Journalist:innen, machte auf der Seite klimafakten.de kurz darauf unter der Überschrift „Wie Medien der Klimakrise gerecht werden können"[148] unterschiedliche Vorschläge, wie sich das ändern ließe. Der Fernsehjournalist und Moderator Dirk Steffens erklärt seit Jahren regelmäßig, warum er kein Aktivist ist, nur weil er Fakten klar benennt. Einen weiteren Beitrag dieser Art zu veröffentlichen erschien mir daher wenig Erfolg versprechend. Kolleg:innen, die der Meinung waren, dass die Klimakrise nichts mit ihrem Job, ihren Themen zu tun hat, würden den Text einfach nicht lesen. Zumal ich im Gegensatz zu Pötter und Becker bis zu diesem Zeitpunkt nichts zum Klimathema veröffentlicht hatte – wer sollte mir also zuhören? Daher beschloss ich, einen offenen Brief an meine Kolleg:innen zu schreiben, den ich Anfang September 2020 veröffentlichte, um einen Diskurs innerhalb der Branche anzustoßen.[149]

Darin versuchte ich, einerseits die grundlegenden Fakten zu erklären, und diese Information andererseits mit dem zu verknüpfen, was mir selbst erst kurz zuvor bewusst geworden war: was die Auswirkungen der Klimakrise konkret für uns und unser Leben bedeuten. Ich ließ den Brief von zwei international renommierten Klimaforschern gegenchecken und schrieb 500 Kolleg:innen in Deutschland, Österreich und der Schweiz an, ob sie ihn unterstützen würden. 50 Kolleg:innen unterschrieben, darunter die bekannten TV-Meteorologen Özden Terli und Karsten Schwanke. Später unterstützten mehr als 500 weitere Menschen den Brief, unter anderem der US-amerikanische Klimawissenschaftler Michael E. Mann und der Moderator, Comedian und Arzt, Eckart von Hirschhausen, Mitglied der Scientists for Future und Gründer der Stiftung „Gesunde Erde, Gesunde Menschen".[150] Einige bekanntere Journalist:innen wünschten mir viel Erfolg, sagten aber, sie könnten den Brief nicht unterstützen. Warum genau, verstehe ich bis heute nicht.

Ich war davon überzeugt, dass die allermeisten Kolleg:innen die Klimakrise nicht absichtlich ignorierten, sondern, ähnlich wie ich, die Zusammenhänge und die Dringlichkeit nur noch nicht verstanden hatten. Daher dachte ich, etwas naiv, wie ich heute weiß, ich sage einfach mal Bescheid, dass die Situation schlimmer ist, als wir sie im medialen Gesamtbild darstellen. Mir war schon klar, dass am nächsten Tag nicht alle Chefredakteur:innen sagen würden: Alles klar, danke, machen wir ab heute anders. Aber ich hatte gehofft, dass wir in den folgenden Monaten eine ernsthafte journalistische Debatte über das Problem führen würden. Sodass bis zur Bundestagswahl 2021 einem ausreichend großen Teil der Journalist:innen klar sein würde, wie entscheidend diese Wahl für unsere gesamte Zukunft ist – und sie dies auch möglichst vielen Wähler:innen klarmachen würden. Das war nicht der Fall.

Zwar gab es seitdem viele wirklich gute Medienbeiträge zur Klimakrise, in einigen Häusern werden strukturelle Veränderungen sichtbar. Viele davon haben nichts mit meinem offenen Brief zu tun, waren schon lange vorher geplant, ihre Umsetzung oft auch durch die Coronakrise verzögert. Langsam entwickelt sich eine Debatte unter Journalist:innen, großen Anteil daran haben die Kampagne „Klima vor Acht", die sich für regelmäßige Klimainformationssendungen im Vorabendprogramm der öffentlich-rechtlichen Sender einsetzt, und das Netzwerk Klimajournalismus, das sich Ende 2020 erst in Österreich gründete, dann im Sommer 2021 in Deutschland. Von einer realistischen Darstellung der Klimakrise im medialen Gesamtbild sind wir jedoch noch immer weit entfernt. Solange das nicht der Fall ist, wird es meiner Meinung nach auch keine angemessenen politischen Reaktionen auf die Klimakrise geben. Darauf, dass wir in einem „Climate Emergency", einer planetaren Notfallsituation, stecken, weisen Aktivisti:innen und Wissenschaftler:innen seit Jahren hin. Einige deutlich und laut, andere verklausulierter und zurückhaltender, im Wesentlichen geht der allergrößte Teil der Expert:innen aber vom gleichen Konsens aus. Solange diese Realität nicht auch medial verstanden und zu spüren ist, sehe ich wenig Hoffnung für ernsthaften politischen und gesellschaftlichen Wandel. Viele werden Gewohnheiten nicht freiwillig aufgeben, solange sie annehmen, dass dies nicht unbedingt nötig sei. Und solange Politiker:innen ihnen versichern, es gehe auch ohne größere Veränderungen. Dieser Bewusstseinswandel im öffentlichen Diskurs muss jedoch nicht von Journalist:innen oder Politiker:innen ausgehen. Die Proteste von Fridays for Future haben ihn ein großes Stück vorangebracht, und jede:r Einzelne kann dazu beitragen, diese Entwicklung weiter zu beschleunigen. Wie, das beschreibe ich in den Kapiteln 9 und 11.

Genauso wichtig wie ein technologischer Wandel ist ein kultureller Wandel

Um die ökologischen Krisen zu bremsen und unsere Lebensgrundlagen zu erhalten, braucht es nicht einfach ein paar Windräder, Solarpanele und Elektroautos mehr, sondern umfassende strukturelle Änderungen. Darauf verweist auch der IPCC. Um diese teils einschneidenden Veränderungen durchzusetzen, müssen Menschen verstehen, warum sie nötig sind. Viele dieser Fragen werden seit Jahren öffentlich diskutiert, einige sickern langsam schon in den Alltag der Menschen, etwa das Recht auf Reparatur, Unverpackt-Läden, vegane Alternativen auf den Speisekarten und dass Fliegen nicht mehr allen als selbstverständlich gilt. Aber auch hier scheinen wir als Gesellschaft noch lange nicht begriffen zu haben, wie schnell und umfassend wir unser Verhalten und, ja, auch unser Denken ändern müssen. Parallel zum technologischen Wandel braucht es dafür einen kulturellen. Und das hat absolut nichts mit Moral, dafür aber sehr viel mit Naturwissenschaften und realen planetaren Grenzen zu tun.

Ich selbst hielt beispielsweise den Earth-Overshoot-Day bis vor Kurzem für etwas rein symbolisches. Dass wir seit Anfang der Siebziger jedes Jahr mehr Ressourcen unseres Planeten verbrauchen, als nachwachsen können, ist ja recht offensichtlich eine schlechte und im Endeffekt tödliche Idee. Aber weil das eigentlich jede:r sofort erkennen kann, dachte ich, ähnlich wie beim Klima: Da das ja alles bekannt ist, wird sich schon jemand darum kümmern. Schließlich kann niemand ein Interesse daran haben, dass wir unsere eigenen Lebensgrundlagen vernichten.

Ich nahm also an, dass a) die wirklich negativen und drastischen Auswirkungen noch Jahrzehnte oder gar Jahrhunderte entfernt sein müssten oder b) viel beschworene Gegenmittel wie Effizienzsteigerung, Entkoppelung und technologischer Fortschritt diese reale Zerstörung wieder aufheben würden. Wie mir erst in den vergangenen Monaten richtig bewusst wurde, ist beides nicht der Fall. Ja, es gibt Fortschritte, ja, es gibt positive Effekte, von denen ja auch immer wieder berichtet wird. Nur gleichen diese den verursachten Schaden im Gesamten leider nicht ansatzweise ausreichend aus. Im Gegenteil. Der sogenannte Rebound-Effekt sorgt oft sogar dafür, dass mehr verbraucht wird statt weniger. Wenn die Effizienz in der Produktion gesteigert wird, senkt das die Kosten der Waren oder Dienstleistungen. Das kann dazu führen, dass Nutzer:innen nicht weniger konsumieren, sondern sogar mehr. Ressourcen und Energie, die ursprünglich eingespart wurden, können so zum Teil oder komplett wieder aufgehoben werden. Studien belegen diesen Effekt, auch wenn es nicht so einfach ist, ihn sauber von den Auswirkungen des Wachstums oder des Strukturwandels abzugrenzen.[151]

Der Earth-Overshoot-Day blendet also nicht aus, dass es Innovation oder Weiterentwicklungen gibt. Allerdings blenden unser Wirtschaftssystem, unsere Lebensweise und vor allem Regierungen die planetaren Grenzen aus, an die wir stoßen. Besonders einfach ist das in Ländern des globalen Nordens, weil sich beispielsweise Luftverschmutzung oder Müll lange Zeit mit der Produktion verlagern oder auch direkt in andere Länder exportieren ließ. Nur weil wir die Auswirkungen unseres Handelns nicht unmittelbar sehen, sind sie aber nicht beseitigt. Da wir global mittlerweile seit knapp 50 Jahren über unsere Verhältnisse leben, was den Ressourcenverbrauch betrifft, haben wir – allen voran wieder westliche Industrienationen – dadurch mittlerweile extreme Schäden in allen möglichen Bereichen angerichtet. Noch können wir einige davon reparieren, wenn wir jetzt anfangen, unser Handeln grundlegend zu verändern. Jetzt heißt jedoch heute. Nicht in fünf oder zehn Jahren.

Diskussionen darüber, dass sich etwas ändern muss, dass wir etwas ändern müssen, gibt es seit Langem, auch medial. Ich persönlich fand sie interessant, habe sie teils verfolgt, ihre Dringlichkeit jedoch nie ganz verstanden, sie fast als philosophische Debatten verbucht. Die einen sagen so, die anderen so. Dass die einen primär aus einer wachstumsorientierten wirtschaftlichen Logik argumentierten, die andere aber reale planetare Grenzen im Blick haben, war mir lange nicht bewusst, und schon gar nicht war mir klar, dass wir einige dieser Grenzen längst erreicht haben. Dass wir in einer Wegwerf- und Konsumgesellschaft leben, dürfte allen ein Begriff sein. Nur fragen sich viele in Deutschland wohl, was genau daran so schlimm sein soll, schließlich wird jede Woche der Müll abgeholt und verschwindet fast auf ähnlich magische Weise, wie sich die Läden und

Regale immer wieder füllen und sogar immer mehr werden. In vielen deutschen Haushalten spürt man die Grenzen des Wachstums nur, wenn mal wieder der Kleiderschrank oder der Keller ausgemistet werden muss, weil sich so viel Kram angesammelt hat, dass nichts Neues mehr hineinpasst. Dass all diese Dinge irgendwo herkommen und irgendwo hingehen, dass Müll nicht einfach verschwindet, selbst dann nicht, wenn er verbrannt wird (zurück bleiben hochgiftige Schlacken und Asche), darüber machen sich viele Menschen keine ernsthaften Gedanken. Nicht weil wir per se (denk-)faul wären, sondern weil fast niemand es tut, weil es wirklich schwierig ist, sich Alternativen zu überlegen – und weil wir das auch gar nicht ernsthaft sollen. Werbung und Regierungen suggerieren regelmäßig, dass Konsum gut und die einzige relevante Folge Wirtschaftswachstum sei.

Die Natur erscheint nicht wenigen Menschen noch immer als mehr oder weniger unerschöpfliche Ressource, und das, obwohl in allen möglichen Bereichen Grenzen sicht- und spürbar werden. Beim Fischfang, bei seltenen Erden, im Sommer 2021 sogar beim Holz. Da es bisher immer irgendwie weiterging, neue Lösungen gefunden oder einzelne Gebiete oder Arten regeneriert wurden, wirkt das auf viele so, als wäre das auch in der Zukunft einfach möglich. Warum sollte es auch nicht so sein? Solange uns nicht bewusst ist, dass sich planetare Grenzen aus unverhandelbaren physikalischen Gründen nicht umgehen lassen, mag das plausibel klingen.

In westlichen Industrienationen erleben wir die Natur als etwas von uns Menschen und unserer Zivilisation Getrenntes. Wir sehen unsere Umwelt als etwas, das wir ausbeuten und dessen wir uns zu unserem Wohlgefallen bedienen können, nicht als etwas, mit, von und in dem wir leben und das wir dafür schützen und bewahren müssen. Der Journalist, Autor und stellvertretende Chefredakteur der *Zeit*, Bernd Ulrich, beschreibt das in seinem Buch „Alles wird anders. Das Zeitalter der Ökologie". Interessant ist auch die Perspektive von Ailton Krenak, einem der wichtigsten indigenen Vordenker Brasiliens. In „Ideen, um das Ende der Welt zu vertragen" beschreibt er seine Perspektive auf unsere planetare Krise und warum wir die Rolle von uns Menschen überdenken müssen, wenn wir die Katastrophe abwenden wollen. Was und wie viel uns zusteht? Die Antwort darauf lautet für viele: All das, was wir uns mit unserem Geld leisten können, denn wir haben es uns schließlich verdient. Wer das anders sieht, gilt als Öko oder Dummkopf, oder beides.

Die Politökonomin Maja Göpel stellt unser Wirtschaften und Denken, wie einige andere Wirtschaftswissenschaftler:innen auch, konsequent in Frage. Mit ihrem Buch „Unsere Welt neu denken" hat sie dazu eines der erfolgreichsten deutschen Bücher der vergangenen zwei Jahre geschrieben. Wie wollen wir miteinander leben? Was ist uns als Gesellschaft wichtig? Wie definieren wir Wohlstand und Gemeinwohl, über das BIP oder eher über so etwas wie das Bruttosozialglück? Was soll noch wachsen und was schrumpfen, damit das, was uns wirklich wichtig ist, erhalten bleiben kann? Ein wichtiges und lesenswertes Buch.

Die Radikalität der Realität

Weil der öffentliche Diskurs so weit von wissenschaftlich vorausgesagten Risiken entfernt ist, wirken Menschen, die das wissenschaftlich Notwendige fordern, wie radikale Randfiguren. Bevor mir das Ausmaß der Klimakrise bewusst war, hielt ich Aktivist:innen, die Wälder besetzen, mit Ende Gelände immer wieder Kohletagebaue stürmen und mit Extinction Rebellion Innenstädte blockieren für Fundamentalist:innen und Illusionist:innen. Seit mir bewusst ist, wie wenig Zeit wir haben, um die Klimakatastrophe abzuwenden, sind sie für mich die eigentlichen Realist:innen. Sie sehen die Katastrophe und versuchen, uns davor zu warnen. Mit spektakulären Mitteln, einerseits um mediale Aufmerksamkeit zu bekommen, andererseits um Zeichen zu setzen, die der Dimension dieser Krise angemessener sind, als einfach die nächste Petition zu unterschreiben.

Mir der Klimakatastrophe bewusst zu werden hat nicht nur meinen Blick auf meine eigene Zukunft und meine Prioritäten verändert, es hat auch meine Sicht darauf komplett verschoben, was realistische und sinnvolle Lösungswege und Maßnahmen sind.

> **Dinge, die ich bis vor Kurzem für „radikal" hielt: Kapitalismuskritik, Veganismus, Ende Gelände, nicht genehmigte Bauverfahren wegen einer Fledermausart, Waldbesetzungen.**
>
> **Was ich für radikal halte, seit mir die planetaren Krisen bewusst sind: einfach so weitermachen.**
>
> **Was ich bisher für utopisch oder komplett illusorisch hielt: eine gerechte Welt ohne Ausbeutung anderer Länder und Arbeitskräfte, eine ernsthafte Verkehrswende, eine wirkliche Agrarwende, eine flächendeckende 20-Stunden-Woche, ein Grundeinkommen.**
>
> **Was ich heute für utopisch oder eher dystopisch halte: einfach so weitermachen.**

Die Klimakrise schreitet immer schneller voran. Und auch wenn dank der Proteste der vergangenen Jahre immer mehr darüber gesprochen wird, sind die Regierungen noch weit davon entfernt, ausreichende Maßnahmen zu ergreifen, um überhaupt zu versuchen, das 1,5-Grad-Limit noch einzuhalten. Gleichzeitig wird die Zeit dafür immer knapper. Was bedeutet das für die Klimabewegung und ihre Proteste? Ganz ehrlich: Viele scheinen selbst etwas ratlos, sie haben ja auch schon so ziemlich alles probiert. Schüler:innen streiken seit mehr als drei Jahren jeden Freitag und schwänzen dafür die Schule. Aktivist:innen besetzen Wälder, Kohlengruben und blockieren Innenstädte, seilen sich von Autobahnen ab. Wissenschaftler:innen demonstrieren, starten eigene Podcast, rechnen alle möglichen Maßnahmen durch, vergleichen sie mit politischen Programmen und leaken sogar Teile des IPCC-Berichts vor der Veröffentlichung. Zusammen mit Verbänden organisieren sie einen Bürger:innenrat zum Klima, um zu zeigen, dass das Konzept funktioniert – und ganz normale Menschen weitgehende Maßnahmen nicht nur akzeptieren, sondern selbst vorschlagen, wenn sie verstanden haben, warum sie notwendig sind.

Bisher sind Bewegungen wie Fridays for Future und Extinction Rebellion radikal friedlich und gewaltfrei, versichern sich so auch der Zustimmung und Unterstützung aus der Breite der Gesellschaft. Nur könnte man sagen, und das tun die Fridays auch regelmäßig, drei Jahre friedlich zu demonstrieren hat außer Applaus nicht so wahnsinnig viel gebracht, wenn die Regierungen noch immer nicht angemessen handeln. Und wenn eine Mehrheit der Bevölkerung noch immer nicht versteht, wie akut die Situation ist und dass nicht nur Schüler:innen regelmäßig auf der Straße stehen sollten, sondern alle, die ihre Kinder und Enkel:innen mögen, oder auch nur vorhaben, selbst noch 15, 20 Jahre zu leben.

Carola Rackete, Umwelt- und Seenotrettungsaktivistin und Naturschutzökologin, hat die Fridays-for-Future-Bewegung im Spätsommer 2021 in einem Beitrag in der *taz* aufgefordert, sich zu radikalisieren. Rackete kritisiert, dass die Proteste von Fridays for Future zwar für öffentliche Aufmerksamkeit gesorgt hätten, es aber weiteren Druck brauche, um nun auch das politische Handeln ernsthaft zu beeinflussen: „Die Reaktion muss sein, dem parteipolitischen Nichthandeln, dem Status quo, unsere Unterstützung zu entziehen, anstatt ihn durch Appelle, doch endlich zu handeln, weiter zu legitimieren." Wie sich die Klimabewegung weiterentwickeln könnte, um genau das zu erreichen, beschreibt sie zusammen mit der Klimawissenschaftlerin und -aktivistin Payal Parekh in einem ausführlicheren Blogbeitrag.[152] Sie warnen davor, durch den Einsatz von Gewalt Menschen abzuschrecken – es gehe im Gegenteil darum, mehr bisher unbeteiligte Personen für den Protest zu gewinnen und die Klimabewegung auf diese Weise zu verbreitern.

Im Juni 2020 veröffentlichte der Humanökologe und Klimaaktivist Andreas Malm das Buch „How to blow up a pipeline. Learning to Fight in a World on Fire", auf Deutsch: „Wie man eine Pipeline in die Luft jagt: Kämpfen lernen in einer Welt in Flammen". Darin argumentiert er, dass Sabotage angesichts der Bedrohung durch die Klimakrise eine logische Form von Klimaaktivismus ist. Er kritisiert sowohl die radikale Gewaltfreiheit der Klimagerechtigkeitsbewegung als auch gesellschaftlichen Fatalismus angesichts der Herausforderung. Der deutsche Klimaaktivist und Mitgründer von Ende Gelände, Tadzio Müller, argumentiert Ende 2021 in einem *Spiegel*-Interview, dass es zwangsläufig zu einer Radikalisierung der Proteste kommen werde, wenn nicht mehr Menschen mitmachen und die Politik keine angemessenen Maßnahmen ergreift.[153]

Einen radikaleren Weg hatten vor der Bundestagswahl sechs junge Menschen eingeschlagen und einen Hungerstreik begonnen. Erst verlangten sie ein öffentliches Gespräch mit den drei Kanzlerkandidat:innen, dann, dass der SPD-Kandidat Olaf Scholz den Klimanotstand ausruft. Der Protest war innerhalb der Klima-Bubble durchaus umstritten, wurde von unterschiedlichen Seiten hart kritisiert.

Ihr Protest mag nicht die durchdachteste politische Protestaktion gewesen sein, die es je gab, aber das nimmt ihrer Aktion für mich nichts von ihrer Dramatik. Im Gegenteil. Die Hungerstreikenden waren einfach nur verzweifelte junge Menschen, die nach Jahren von Schulstreiks, Plakaten, Gesprächen und anderen Aktionen nicht wussten, was sie noch tun sollen, um darauf aufmerksam zu machen, dass wir mitten in einem planetaren Notfall stecken und bisher niemand ansatzweise angemessen darauf reagiert.

Kapitel 7

Retten, was zu retten ist

Ist die 1,5-Grad-Marke eigentlich wirklich so entscheidend? Ja. Und nein. Es ist essenziell, die Erderhitzung so weit wie möglich zu begrenzen. 1,5 Grad ist dabei die Marke, auf die sich die Staaten international verständigt haben, auch auf wissenschaftliche Empfehlung hin. Viele Forscher:innen äußern sich heute überrascht, welche Auswirkungen wir schon bei 1,2 Grad globaler Erwärmung sehen. Mit einer solchen Intensität von Starkregenereignissen oder Hitzewellen hatten viele erst sehr viel später gerechnet, auch wenn diese grundsätzlich innerhalb der vorhergesagten Spannen liegen. Je wärmer es wird, desto wahrscheinlicher wird es, Kipppunkte zu erreichen. Jedes Zehntelgrad zählt. 1,7 Grad sind besser als 1,9 und im Zweifel sind auch 2,3 Grad besser als 2,7.

Es gibt keine magische Grenze, ab der die Welt untergeht, aber mit jedem Zehntelgrad wird es schwieriger, sicher und gut zu leben. Für immer mehr Menschen, Pflanzen und Tiere wird es unmöglich.

1,5 Grad bedeuten nicht, dass wir sicher sind, vor allem nicht die Menschen im globalen Süden. „Schon 1,2 Grad sind die Hölle für uns. Schon sie sind Zerstörung, sie sind Leiden, sie sind Desaster. Jeder weitere Anstieg wird die Dinge für uns nur schlimmer machen", erklärte Vanessa Nakate, Klimaaktivistin aus Uganda, bei den Protesten zur 26. Weltklimakonferenz in Glasgow.[154] In ihrem Buch „Unser Haus steht längst in Flammen" beschreibt sie, was die Erderhitzung für viele Menschen auf dem afrikanischen Kontinent schon heute bedeutet und warum Gerechtigkeit im Kampf gegen die Klimakrise zentral ist.

„Der Unterschied zwischen 1,5 und zwei Grad ist für uns ein Todesurteil", sagt auch Aminath Shauna, Umweltministerin der Malediven.[155] Dass bereits 1,5 und erst recht zwei Grad globaler Temperaturanstieg für den globalen Süden und viele kleine Inselstaaten tödlich sein werden, war auch bei den Verhandlungen zum Pariser Klimaabkommen schon klar, nur hat das viele der Verhandlungspartner:innen damals nicht interessiert.[156]

Es ist nicht einfach nur ignorant, die Klimakrise politisch eskalieren zu lassen, sondern auch zutiefst rassistisch. Das wird klar, wenn man sich vorstellt, wie der Diskurs wohl verlaufen wäre, wären es die Länder des globalen Nordens, die besonders früh und stark unter den Folgen der Klimakrise leiden.

Ohne einen tief verwurzelten Rassismus und Kolonialismus wäre die Klimakrise gar nicht möglich, sagt Imeh Ituen.[157] Die Klima- und die Umweltkrise sind aus ihrer Sicht nicht voneinander zu trennen, sie begannen mit der Ausbeutung von Mensch und Umwelt im 15. Jahrhundert, als erstmals Schwarze Menschen versklavt wurden, um Ökosysteme auszubeuten.[158] Ituen ist wissenschaftliche Mitarbeiterin am Lehrstuhl für Globale Klimapolitik an der Universität Hamburg und Teil des Black Earth Collective, eines BIPoC Umwelt- und Klimagerechtigkeitskollektivs in Berlin.

Wir stehen schon heute bei etwa 1,2 Grad globaler Erwärmung. Ist es da überhaupt noch möglich, die Erderhitzung auf 1,5 Grad zu begrenzen? Diese Frage wird immer wieder diskutiert, und welche Antwort man erhält, hängt davon ab, wen man fragt. Es ist klimawissenschaftlicher Konsens, dass es technisch und physikalisch weiterhin möglich ist, den globalen Temperaturanstieg langfristig auf 1,5 Grad zu begrenzen. Die

Technologien sind vorhanden, die Maßnahmen, die nötig wären, bekannt. Sie müssten nur umgesetzt werden. Das jedoch würde eine massive gesellschaftliche, technologische und wirtschaftliche Transformation innerhalb der nächsten acht Jahre bedeuten, und das nicht nur in Deutschland, sondern weltweit.

Selbst im Best-Case-Szenario würde es den Klimamodellen zufolge zu einem sogenannten Overshoot in den 2030ern kommen, das heißt, die Erde würde sich kurzfristig über 1,5 Grad erhitzen, anschließend aber wieder abkühlen, weil etwa das Methan in der Atmosphäre zerfällt und den Planeten nicht weiter aufheizt. Um die Erde aktiv zu kühlen, müssen außerdem sogenannte Nature Based Solutions im großen Maßstab umgesetzt werden. Damit sind eine Reihe unterschiedlicher Maßnahmen gemeint, mit denen Ökosysteme aktiv renaturiert, gestärkt und aufgebaut werden. Dafür können etwa Seegraswiesen im Meer wieder angepflanzt werden, die durch Schleppnetze und Überdüngung zerstört wurden, Moore renaturiert und Wälder erhalten und gestärkt werden. Wenn alles gut läuft, kommen innerhalb der nächsten 30 Jahre irgendwann auch Carbon-Removal-Technologien zu größerem Einsatz. Warum wir damit aber nicht planen sollten, erkläre ich im nächsten Kapitel.

Nach den enttäuschenden Ergebnissen der 26 Weltklimakonferenzen und den jahrzehntelangen Diskussionen halten es viele Fachleute allerdings für ausgeschlossen, dass wir dieses Limit tatsächlich einhalten werden. Auch für den Klimaforscher Hans Joachim Schellnhuber liegen die Chancen, das 1,5-Grad-Ziel zu erreichen, irgendwo bei fünf bis zehn Prozent.[159] Nicht, weil es nicht möglich ist, sondern weil einfach nicht entsprechend gehandelt wird. Einige Politikwissenschaftler:innen kritisieren zudem, dass Physiker:innen einen sehr technischen Blick auf die Welt hätten und weder politische Prozesse in ihre Modelle mit einbeziehen noch die Trägheit von Verwaltungssystemen. Andere halten es sogar für gefährlich, weiterhin vom 1,5-Grad-Limit zu sprechen, weil die Chance so gering ist, das noch zu schaffen. Aus ihrer Sicht ist es sinnvoller, sich auf wahrscheinlichere Ziele zu konzentrieren, diese entschlossen anzugehen und sich auf die Konsequenzen vorzubereiten.

Meine Sicht: Es wäre völlig verrückt, nicht alles zu versuchen, was wir können, um die Erderhitzung so gering wie möglich zu halten. Die Auswirkungen heute sind schon so krass, dass ich persönlich gar nicht wissen will, was 1,5 Grad konkret bedeuten. Dennoch werde ich es erleben. Sich für konsequenten Klimaschutz einzusetzen ist nicht selbstlos oder privilegiert, es ist mit das Egoistischste und gleichzeitig Solidarischste, was Menschen tun können, selbst Sechzigjährige. Die einzigen Menschen, die eventuell kein persönliches Interesse an Klimaschutz haben könnten, sind Über-Achtzigjährige ohne Kinder, ohne Enkel:innen und ohne Gewissen – eine vergleichsweise kleine Gruppe.

Kooperation statt Konkurrenz, Design statt Desaster

Was spätestens hier wohl alle verstanden haben: Wir können die Klimakrise nicht mehr abwenden, sie ist längst da. Und sie wird noch schlimmer werden. Sogar wenn allen schlagartig klar werden würde, wie akut die Krise ist und es angesichts dessen Wahnsinn ist, sie weiter anzuheizen, können wir nicht einfach mit allem aufhören, was die globale Temperatur ansteigen lässt und sofort klimaneutral oder sogar klimapositiv werden. Selbst wenn alle Innenstadtbewohner:innen, die in der Lage dazu sind, bereit wären, aufs Autofahren zu verzichten und das auch unverzüglich tun – bis alle anderen, die derzeit auf ein Auto angewiesen sind, eine Alternative zu ihrem Diesel oder Benziner haben, wird es dauern. Auch weil der Ausbau des öffentlichen Nahverkehrs in den vergangenen Jahrzehnten ebenso vernachlässigt wurde wie der Ausbau von Ladesäulen für Elektroautos. Und auch wenn eine Mehrheit der Bürger:innen einsehen würde, wie verrückt und gefährlich es ist, Kohlekraftwerke selbst noch bis 2030 laufen zu lassen – wir könnten sie nicht von heute auf morgen abstellen. Weil wir Strom nicht nur für Luxusgüter verwenden, sondern auch zum Leben brauchen, fürs Heizen, zum Kochen, in Krankenhäusern und Firmen, und weil in der Vergangenheit zu wenig erneuerbare Energien ausgebaut wurden. Daher werden wir mindestens zehn, 15 Jahre lang unsere Welt, unser Klima weiter aufheizen und damit instabiler und unberechenbarer machen.

Wenn einem das Ausmaß der Klimakrise klar wird, wird auch schnell ersichtlich, warum globale Gerechtigkeit so wichtig ist. Weniger reiche Staaten bei einer Transformation hin zu einer klimaneutralen Wirtschaft zu unterstützen, mit Geld, Know-how und Technik, wenn sie das wollen, ist keine Philanthropie. Es hilft allen, denn es stimmt ja: Eine wirkliche Klimawende wird nur global gelingen, und von den Auswirkungen eines Scheiterns werden wir alle betroffen sein.

Nun globale Verantwortung zu übernehmen und solidarisch Gruppen zu unterstützen, für die die Klimakatastrophe längst Realität ist, ist aber nicht allein eine historische und menschliche Verpflichtung. Die Vorstellung, Europa könne sich abschotten und die dramatischen Veränderungen, die uns global bevorstehen, einfach aussitzen, ist naiv. Ja, viele Regionen im globalen Norden sind später und weniger stark betroffen als Länder des globalen Südens. Aber auch in Europa haben wir 2021 im Norden Hitzewellen, im Süden massive Brände und dazwischen verheerende Fluten erlebt. Selbst wenn es – rein theoretisch – gelingen würde, eine Festung Europa zu errichten: Viele Lebensmittel, die wir konsumieren, viele Waren des täglichen Gebrauchs importieren wir aus Nicht-EU-Ländern. Schon in den vergangenen Jahren gab es Ernteausfälle in Deutschland, Frankreich oder Italien, der Mittelmeerraum wird schon in den kommenden Jahrzehnten immer stärker unter Trockenheit leiden. Und auch für den Ausbau von erneuerbaren Energien oder Elektroautos sind wir auf Rohstoffe angewiesen, die nur in begrenztem Umfang vorhanden sind, und das meist in Ländern des globalen Südens. Dass die Klimakrise Millionen von Menschen ihr Zuhause nimmt, ist keine theoretische und ferne Bedrohung. Es ist schon heute ein reales Problem und passiert bereits überall auf der Welt.[160] In den kommenden Jahrzehnten wird das Millionen weitere Menschen betreffen – das ist nicht allein eine wissenschaftliche Hochrechnung, es ist die derzeit plausibelste und wahrscheinliche Entwicklung. Global kommen da riesige Probleme und menschliches Leid auf uns zu, die Angst, die vor Klimamigration nach Europa geschürt wird, ist dennoch oft übertrieben. Viele Geflüchtete haben gar nicht genug Geld und die Möglichkeit, sich in weiter entfernte Regionen durchzuschlagen. Viele fliehen innerhalb eines Landes oder in die Nachbarländer.[161] Frauen haben oft kleine Kinder oder alte Angehörige zu versorgen und zu pflegen, die sie weder im Stich lassen noch mit ihnen reisen können. Zumal die Flucht oft langwierig und gefährlich ist.

Die Angst vor Migration sollte zwar ohnehin nicht das einzige Argument sein, die Klimakrise ernst zu nehmen. Aber wem das Thema eine Vorstellung von den Herausforderungen gibt, vor die uns die Klimakrise stellen wird, dem hilft es vielleicht, sich bewusst zu machen, dass nicht allein Menschen des globalen Südens betroffen sein werden. New York, Miami, Venedig sind bereits heute regelmäßig überschwemmt, schon in den kommenden Jahrzehnten könnten große Teile dieser Städte unbewohnbar werden. Viele dieser Bewohner:innen brauchen dann ein neues Zuhause, und schon das wird eine extrem große Herausforderung.

Aber: Für einen kurzen historischen Moment haben wir es noch in der Hand, um wie viel schlimmer es wird und wie schnell. Denn viele Verhaltens- und Handlungsweisen, von denen wir wissen, dass sie unserer Umwelt, unserem Klima, der Artenvielfalt und damit uns schaden, können wir sehr wohl stoppen. Sofort. Wir können sie zumindest sehr einschränken.

Und wir können anfangen, uns so zu verhalten, dass es uns und unserer Umwelt guttut. Wir können das im Großen auf gesellschaftlicher Ebene tun, im Kleinen zu Hause, oder auch im Verein und der eigenen Firma. Natürlich ist angesichts der Größe nötiger Veränderungen die politische Ebene ein entscheidender Hebel, doch gesellschaftliche Veränderungen werden nicht allein von oben per Gesetz erlassen. Ob die entsprechenden Änderungen überhaupt möglich und von einer Mehrheit in der Bevölkerung akzeptiert werden, hängt auch von den Normen und Werten in einer Gesellschaft ab. Um diese Normen zu verschieben, braucht es viele Individuen, die genau das tun und vorleben, das betonen auch die Autor:innen im geleakten Teil des aktuellsten IPCC-Reports.[162]

Wir müssen weg von jahrzehntelang erlerntem Konkurrenzdenken und den Erzählungen von Wachstum und Knappheit; hin zu globaler Solidarität und „Effizienz, Konsistenz und Suffizienz". So nannte es schon 2013 die Enquete-Kommission des Deutschen Bundestages „Wachstum, Wohlstand, Lebensqualität – Wege zu nachhaltigem Wirtschaften und gesellschaftlichem Fortschritt in der Sozialen Marktwirtschaft". Im Abschlussbericht heißt es damals:[163]

„Die wichtigste Erkenntnis ist: Wir sind im Übergang von einer Wirtschaftsperiode in eine andere. Dieser wird nur erfolgreich möglich werden, wenn die wichtigen Ideen der europäischen Moderne, also das Projekt der sozialen Emanzipation, mit den neuen, vor allem den ökologischen Herausforderungen verbunden wird, zumal der Umbau auch die Gerechtigkeits- und Verteilungsfragen wieder in aller Schärfe stellt. Deshalb darf die Green Economy keine Ergänzung der bisherigen Wirtschaftsform sein, sondern muss alle Bereiche der Nachhaltigkeit und ihrer Prinzipien Effizienz, Suffizienz und Konsistenz erfassen. Es geht nicht um ein sowohl als auch, sondern um ein entweder – oder,

entweder ein perspektivloses Weiter so oder eine sozialökologische Transformation.“

Nach diesem Bericht haben sich die Merkel-Regierungen wohlgemerkt acht Jahre lang für ein „perspektivloses Weiter so“
entschieden statt für die entschlossene sozialökologische Transformation. Was die Enquete-Kommission unter dem Schlagwort
„Suffizienz“ empfohlen hat, wird in öffentlichen Debatten noch
immer als Verbotspolitik und Verzichtsideologie verunglimpft:

> „Das Konsumverhalten ist eine wichtige Einflussgröße für
> Entkopplung. In diesem Zusammenhang wird in der Nach-
> haltigkeitsdiskussion ‚Suffizienz‘ im Sinne von Selbstbe-
> grenzung oder Konsumverzicht gebraucht. Suffizienz ist die
> Frage nach dem rechten Maß. Suffizienz unterstellt, dass die
> Reduktion des Ressourcenverbrauchs freiwillig, beispiels-
> weise aus Einsicht in die ökologischen Zusammenhänge,
> erfolgt. Nicht mangelndes Einkommen ist Grund für den
> Konsumverzicht, sondern Selbstbeschränkung. (…) Suffi-
> zienz leidet darunter, dass sie als Verzicht missverstanden
> werden kann und dann nicht mehr attraktiv ist (…).“

Knapp eine Dekade des Nichtstuns später müssen die entsprechenden Änderungen noch radikaler ausfallen, um noch immer
ähnlich wirksame Effekte zu erzielen. Es mag paradox klingen,
aber das wird in einer Zeit, in der die Ressourcen tatsächlich
immer knapper werden und die Zahl der Menschen wächst, zwischen denen diese aufgeteilt werden müssen, nur gelingen, wenn
wir lernen, Fülle neu zu sehen.

Sauberes Wasser, saubere Luft, gute Nahrung, Gesundheit.
Zeit mit unseren Freund:innen, der Familie und für uns. Ein Zuhause, sichere öffentliche Räume, Fürsorge und Gemeinschaft –
das sind die Dinge, die unser Leben wirklich lebenswert machen
und die wir allzu oft als selbstverständlich betrachten. Deren

Wert erkennen viele, vor allem privilegierte Menschen erst, wenn der Zugang dazu eingeschränkt wird.

Um diesen grundlegenden Wandel zu meistern, müssen wir lernen, miteinander zu arbeiten statt gegeneinander. Wir müssen vom Dominanz-Paradigma zum Partnerschafts-Paradigma wechseln, würde die US-amerikanische Soziologin und Systemdenkerin Riane Eisler es nennen. Nach der Logik des Dominanz-Paradigmas schafft man es, seine Bedürfnisse zu erfüllen und in Sicherheit zu leben, wenn man stärker ist als andere und gegen sie gewinnt. Die Welt erscheint in diesem Modell aufgebaut wie eine Pyramide. Weiße Männer stehen an ihrer Spitze, alle anderen kommen nach ihnen, in unterschiedlichen Abstufungen. Im Partnerschafts-Paradigma hingegen ist die Welt ein Netz von Verbindungen, in denen alle miteinander verbunden sind und voneinander abhängen. Eisler zufolge müssen nicht nur unsere Gesellschaft und unser gesamtes Zusammenleben fürsorglicher und partnerschaftlicher werden, sondern auch die Wirtschaft. Das würde bedeuten, dass sie auf gegenseitigem Respekt begründet ist, gegenüber Menschen, aber auch gegenüber der Umwelt. Dass unterschiedliche soziale und ökologische Krisen zusammenhängen, habe ich hier schon öfter erwähnt, etwas ausführlicher erkläre ich es noch mal im nächsten Kapitel. Um sie zu lösen, müssen wir anfangen, andere Menschen als gleichberechtigte Partner:innen zu begreifen, von denen wir lernen können, und alle Gruppen an Entscheidungsprozessen beteiligen. Denn nur wenn wir alle mitnehmen und niemanden zurücklassen, auch nicht die Arbeiter:innen in den Vorstädten, auf dem Land und in den Kohlegebieten, wird ein wirklich nachhaltiges und solidarisches Leben möglich sein.

Diesen Blick auf die Welt habe ich in den vergangenen Jahren in sehr vielen Texten und Büchern gefunden, in Dokumentationen und Podcasts, sodass ich gar nicht aufzählen kann, von wem ich was gelernt habe. Lange Zeit hielt ich einen derart grundlegenden gesellschaftlichen Wandel für eine komplett utopische Vorstellung, eine rein theoretische Idee. Ich sah die Probleme und Fehler in unserem jetzigen Leben, Wirtschaften und Handeln, hatte aber den Eindruck, im Großen und Ganzen würde es ja funktionieren, fundamentale Veränderungen wären illusorisch. Manche gewinnen, manche verlieren, aber auf lange Sicht hatten – wie versprochen – viele gewonnen. Und auch wenn langsam absehbar war, dass meine Generation die erste ist, der es nicht mehr kollektiv besser gehen würde als ihren Eltern, so ließ sich doch die Illusion aufrechterhalten, dass dieser grundlegende Mechanismus, das Versprechen stetigen Wohlstandswachstums weiterhin gültig wäre.

Ich muss zugeben: Selbst als mir immer bewusster wurde, dass diese Wohlstandsgewinne uns nicht vor den Auswirkungen der Klimakatastrophe schützen können und wir längst viele der planetaren Grenzen überschreiten, erschien mir dieses partnerschaftliche, solidarische Denken illusorisch. Wie eine Art Mantra, an das einige glauben, um das Chaos, auf das wir zusteuern, nicht sehen zu müssen. Es brauchte Monate, bis ich erkannte, dass es genau andersherum war: Mein Denken war stärker von den gesellschaftlichen und wirtschaftlichen Erzählungen von Konkurrenz und Egoismus geprägt, als ich hätte zugeben wollen. Je länger ich mich mit der Krise und ihren Lösungen beschäftige, desto zuversichtlicher bin ich geworden, dass eine Lösung grundsätzlich möglich ist.

Wir müssen lernen, komplexe Systeme zu verstehen

Trotzdem habe ich Verständnis für alle, die sagen: Das mag ja stimmen, aber eigentlich kann ich jetzt aufhören zu lesen, denn wir können ja ohnehin nichts machen. Die Klimakrise ist ein so großes und so komplexes Problem – das ist nicht zu schaffen.

Ich kenne das Gefühl, und ich habe Monate gebraucht, um den Expert:innen zu vertrauen, die mir immer wieder versichert haben: Auch wenn schon viel verloren ist, noch können wir handeln. Noch können wir retten, was zu retten ist. Und das ist unendlich viel.

Letztendlich überzeugt hat mich der Hinweis, mich näher mit komplexen Systemen zu beschäftigen. Was sehr theoretisch klingt, hat ganz praktische Auswirkungen. Je länger und intensiver man zur Klimakrise recherchiert, desto mehr versteht man, wie viele Themen, Bereiche und Systeme in dieser Krise miteinander verknüpft sind. Diese Erkenntnis kann einen erschlagen und die Aufgabe erst recht unlösbar erscheinen lassen. Bis einem klar wird, warum genau diese Komplexität entscheidend für die Lösung ist.

Ein sehr einfaches Beispiel für ein komplexes System ist eine Badewanne. Sie volllaufen zu lassen dauert lange. Weil konstant Wasser einströmt, steigt der Pegel, bis die Wanne irgendwann voll ist. Sie zu leeren braucht ebenfalls etwas Zeit. Zieht man den Stöpsel, verschwindet das Wasser nicht sofort, es dauert, bis es wieder abgelaufen ist und die Wanne leer. Ist jedoch gleichzeitig weiterhin der Wasserhahn voll aufgedreht und dessen Volumen ähnlich groß wie der Abfluss, bleibt der Füllstand sogar annähernd gleich. Vermischt sich das heiße Wasser aus dem Hahn mit dem mittlerweile kalten in der Wanne, braucht es lange, bis das Wasser in der Wanne komplett warm ist. Wird ein zweiter, ähnlich starker Hahn mit kaltem Wasser aufgedreht, kann es sein, dass das Wasser gar nicht richtig warm wird – und die Wanne überläuft.

Dieses Beispiel verdeutlicht: Veränderungen brauchen Zeit, und sie hängen von unterschiedlichen Faktoren ab. Eine Änderung, so substanziell sie auch sein mag, führt in einem komplexen System nicht sofort zu einem anderen Ergebnis, sie kann fürs Erste sogar unvorhergesehene Effekte haben. Das heißt aber nicht, dass sie nicht wirkt. Man darf allerdings nicht nur darauf schauen, was man selbst tut, sondern muss auch andere Faktoren und Zusammenhänge mitdenken.

Komplexe Systeme zeichnen sich also unter anderem durch eine gewisse Trägheit aus und dadurch, dass in ihnen mehrere Elemente zusammenwirken. Die wohl wichtigste Vordenkerin dieses Ansatzes war die Umweltwissenschaftlerin Donella H. Meadows, Leitautorin von „Die Grenzen des Wachstums". Ihr Buch „Thinking in Systems" ist ein Standardwerk zu dem Thema, auf Deutsch lautet der Titel bezeichnenderweise „Die Grenzen des Denkens. Und wie wir sie mit Systemen erkennen und überwinden können". Ihre Grundthese: Einige der größten Probleme der Welt, darunter Krieg, Hunger, Armut und die Zerstörung der Umwelt, sind im Grunde Systemfehler. Sie können nicht gelöst werden, indem man einzelne Probleme isoliert von anderen löst. Denn auch scheinbar kleine Details haben eine enorme Kraft, die Bemühungen zu unterminieren, mit denen wir die Probleme angehen, wenn wir zu klein denken. Soll heißen: Für manche Probleme braucht es strukturelle Änderungen, sie können nicht durch einzelne Lösungen innerhalb bestehender Systeme gelöst werden. Das gilt nicht nur für Konkurrenzdenken in der Gesellschaft, sondern beispielsweise auch für Plastikverschmutzung, die Verkehrswende und die Agrarpolitik.

Sich mit komplexen Systemen zu beschäftigen zeigt aber auch Hebel auf, wo man effektiv ansetzen kann, um diese gesellschaftlichen Strukturen zu verändern. Diesen Ansatz verfolgt auch die Biologin Elisabeth Sawin. Sie ist Mitgründerin und Co-Direktorin des Thinktanks Climate Interactive. Unter dem von ihr eingeführten Schlagwort „Multisolving" erkundet und verdeutlicht sie, welche Potenziale für Wandel in komplexen Systemen stecken. Blickt man oberflächlich auf die Welt, steht man etwa vor der Herausforderung, neben der Klimakrise eine Gesundheitskrise zu lösen und Städte sicherer und lebenswerter zu machen. Schaut man ein bisschen tiefer, stellt man fest: Diese Probleme können alle mit den gleichen oder sich ergänzenden Maßnahmen gelöst werden. Schaffen wir Kohlekraftwerke und Verbrennermotoren ab, ist das nicht nur gut fürs Klima. Wir stoppen dadurch auch CO_2-Emissionen, verbessern die Luftqualität und machen auf diese Weise gleichzeitig die Städte lebenswerter. Verringern wir in der Stadt den Raum für Autos, schaffen wir damit mehr Raum für Menschen und Natur. Gibt es weniger versiegelte Flächen, kann Regenwasser besser versickern und Flächen heizen sich weniger stark auf. Das macht Städte resilienter und passt sie besser an ein Klima mit mehr Starkregenereignissen und Hitzewellen an.

Der Frage, wie wir unterschiedliche Probleme unserer Zeit gemeinsam lösen können, geht auch die Transformationsforscherin Maja Göpel in ihrem aktuellen Buch „Wir können auch anders. Aufbruch in die Welt von morgen" nach und schafft es so hoffentlich, diesen Ansatz einer breiteren Öffentlichkeit bekannt zu machen. Er hilft auch zu verstehen, warum es zu kurz gedacht ist, die Klimakrise allein durch Technik lösen zu wollen.

Kapitel 8
Technik allein ist nicht die Antwort

„Wie könnt ihr es wagen, so zu tun, als könne das mit ein paar technischen Lösungen gelöst werden", schleuderte Greta Thunberg den Staats- und Regierungschef:innen auf dem UN-Sondergipfel zum Klimaschutz 2019 entgegen. Bundeskanzlerin Angela Merkel, die sich vorher kurz mit Thunberg getroffen hatte, konnte die Kritik damals nicht nachvollziehen: „Ich messe Innovation und Technologie hier eine sehr große Bedeutung bei", sagte Merkel am Tag nach Thunbergs mittlerweile berühmter „How-Dare-You"-Rede. „Das ist ein Widerspruch zu dem, was ich da gestern gehört habe."[164]

Dieser Widerspruch spiegelt nicht einfach zwei unterschiedliche Ansichten, wie wir die Klimakrise am besten lösen sollten. Er lässt sich, wie so viele Widersprüche im Klimadiskurs, auflösen, wenn man sich bewusst macht, dass Thunberg und Merkel über zwei sehr unterschiedliche Dimensionen von Bedrohung sprechen und von unterschiedlichen Zeithorizonten ausgehen, in denen noch Raum zum Handeln bleibt.

Auch Thunberg wird sicher zustimmen, dass technologische Neuerungen wichtig sind – sie können aber nur ein Teil der nötigen Transformation sein, die wir als Gesellschaft durchmachen müssen. Und sie sind so gesehen sogar die kleineren Herausforderungen, denn die wichtigsten technischen Lösungen stehen bereit:

· saubere und erneuerbare Energie aus Sonne, Wind und Wasser
· elektronisch betriebene Züge, Busse und Autos für eine ressourcenschonende, klimaneutrale Mobilität

· Wasserstoff für energieintensive Aufgaben
· Wärmepumpen und Isolierung für energieeffizientes Heizen

Aus Sicht vieler Wissenschaftler:innen und Ingenieur:innen sind diese technischen Lösungen seit Langem bekannt, sie müssten nur mit voller Kraft umgesetzt werden. Was die Klimakrise angeht, würden wir damit wohl relativ weit kommen. Einfach eine Technologie durch eine andere zu ersetzen wird die ökologischen Krisen, in denen wir stecken, jedoch nicht lösen. Auch da ist die Wissenschaft eindeutig und fordert seit vielen Jahren grundlegende strukturelle, und damit auch gesellschaftliche und wirtschaftliche Änderungen (mehr dazu in den Kapiteln 9 und 10). Und hier wird es unbequem, denn das bedeutet im Endeffekt, dass wir wirklich etwas ändern müssen.

Um das nur an einem Beispiel zu illustrieren: Elektroautos allein werden die Probleme im Verkehrssektor nicht lösen. Einen Großteil der 1,2 Milliarden Autos weltweit durch E-Autos zu ersetzen würde zu viele Ressourcen kosten und extrem viel Energie verschlingen. Was es daher braucht, ist eine wirkliche Verkehrswende. Weniger Autos, mehr, bessere, sicherere, günstigere, sauberere und zuverlässigere Busse und Bahnen und viel Raum für Fahrräder und Fußgänger:innen. Unterschiedliche Angebote müssen außerdem einfach und kostengünstig so kombiniert werden können, dass sie ausreichende Flexibilität ermöglichen und auch die Bedürfnisse von alten Menschen, Menschen mit Behinderungen, Kindern, Menschen mit geringem Einkommen und Landbewohner:innen mitdenken. Wie das aussehen könnte und warum sich das auch für uns Menschen lohnt, nicht nur „fürs Klima", erklärt zum Beispiel die Verkehrswende-Expertin Katja Diehl in ihrem Buch „Autokorrektur – Mobilität für eine lebenswerte Welt".

Ernsthafte Veränderungen setzen ein ernsthaftes und manchmal durchaus schmerzhaftes Umdenken voraus – bei Entscheider:innen und in der Gesellschaft. Prioritäten müssen neu gesetzt, Investitionen umgeschichtet, Räume neu verteilt und Gewohnheiten geändert werden. Und das ist, das sehe ich auch, eine große Aufgabe, vor allem im Autoland Deutschland. Wenn wir aufhören so zu tun, als hätte unser derzeitiges Handeln keine Konsequenzen, und uns bewusst machen, was die Alternative zu konsequentem Klimaschutz ist, wirken die Veränderungen jedoch wie das kleinere Übel – und die Folgen dessen werden erkennbar als Gewinn für alle. Ein Blick auf die Straßen der Nachbarländer beweist, dass Veränderung absolut möglich ist: Städte wie Barcelona, Wien, Paris, Brüssel und London haben in den vergangenen Jahren angefangen, ihre Innenstädte umzubauen und den Autos Platz zu nehmen, um ihn Fahrradfahrer:innen und Fußgänger:innen zurückzugeben. Damit haben sie gleichzeitig gezeigt, dass die Versprechen des „Multisolving"-Ansatzes sich bewahrheiten, dass nämlich bestimmte Änderungen unterschiedliche Probleme lösen können, und die Umverteilung von öffentlichem Raum im Straßenverkehr übergangsweise vielleicht nervt, am Ende aber verschiedene positive Effekte hat.

Veränderung muss nichts Schlechtes sein, sie kann unser Leben auch gleichzeitig sicherer, gesünder und auf eine angenehme Weise ruhiger machen.

Dass wir einfach ein paar Innovationen brauchen und dann schon alles gut wird, ist leider komplett illusorisch. Wir müssen, wie schon mehrfach erklärt, die Emissionen bis 2030 weltweit halbieren, wenn wir die 1,5-Grad-Marke in Reichweite halten wollen. (Warum wir das wollen sollten, ist mittlerweile hoffentlich klar geworden.) Selbst wenn wir alle Fragen globaler Gerechtigkeit außen vor lassen und ausblenden, dass Industriestaaten wie Deutschland ihre Emissionen noch viel schneller auf null bringen müssen als Entwicklungsländer, müssen wir ab sofort Maßnahmen in riesigem Ausmaß umsetzen, um dieses Ziel zu erreichen. Darauf zu setzen, dass wir innerhalb der kommenden acht Jahre heute völlig unbekannte Lösungen entdecken und diese flächendeckend global implementieren, ist reines Wunschdenken, in der Klimablase auch „Magical Thinking" genannt.

Deswegen war Greta Thunberg so sauer. Nicht weil ihre Teenager-Hormone mit ihr durchgegangen sind, wie einige Kommentatoren es väterlich zu erklären versuchten, sondern weil sie davon ausging, dass die Staats- und Regierungschefs solch einfache Logikschlüsse ja erkennen müssten und ihre Verweise auf technische Lösungen für reine Ausreden hielt.

Das heißt nicht, dass Innovationen nicht wichtig sind. Das sind sie, denn wie ich wohl ausreichend beschrieben haben, stecken wir mittlerweile so tief in der Krise, dass wir alle Lösungen brauchen werden, die wir kriegen können. Nur können wir uns nicht darauf verlassen, dass diese bisher zum Teil völlig spekulativen Innovationen uns retten werden.

Wir können nicht mit Technologien und Lösungen planen, die heute noch nicht in großem Maßstab umsetzbar sind.

Für all jene, denen das zu theoretisch ist, kommen in diesem Kapitel die wichtigsten technologischen Versprechungen im Schnellcheck. Ich nutze hier vor allem meine Erfahrung, welche Punkte ich in den vergangenen Jahren selbst nicht verstanden hatte oder für ambivalenter hielt, als sie sind, um das einmal kurz und verständlich zusammenzufassen.

Warum Wasserstoff uns nicht retten wird

Wasserstoff wird oft als der „Champagner unter den Energieträgern" bezeichnet, und das aus gutem Grund.[165] Um ihn ranken sich einige Mythen. Sie halten sich wohl auch deswegen so hartnäckig, weil Wasserstoff die neueste Erzählung ist, die genutzt wird, um die Lösung der Klimakrise wie ein einfaches technologisches Problem erscheinen zu lassen und nötige Transformationen weiter hinauszuzögern. Ohne zu sehr ins Detail zu gehen, hier die wichtigsten Missverständnisse im Überblick:

Wasserstoff ist ein Energieträger, keine Energiequelle. Um ihn herzustellen, benötigt man Wasser und Strom; damit er klimaneutral ist, braucht es sauberen Strom aus erneuerbaren Energien. Nur so lässt sich der sogenannte Grüne Wasserstoff herstellen, den wir für die Energiewende brauchen. Der Vorteil von Wasserstoff: Er macht es möglich, erneuerbare Energie in chemischer Form längere Zeit zu speichern, und so, falls nötig, auch über größere Entfernungen zu transportieren.[166]

Im Wasserstoff wird also Energie gespeichert, die vorher irgendwie erzeugt werden muss. Sowohl beim Prozess der Umwandlung von Strom in Wasserstoff geht Energie verloren, als auch bei der Rückumwandlung von Wasserstoff in Energie. Schon deswegen sind E-Autos übrigens effizienter als Wasserstoffautos, weil es diesen Zwischenschritt nicht braucht.[167] Das war auch der Grund, warum Tesla-Gründer Elon Musk auf einer Pressekonferenz mit dem damaligen CDU-Kanzlerkandidaten Armin Laschet hysterisch zu lachen anfing, als dieser behauptete, dass es ja wissenschaftlich durchaus umstritten sei, ob Elektro- oder Wasserstoffautos das erfolgsversprechendste Modell für die Zukunft seien.[168] Das und Musks etwas spezielle Persönlichkeit. Auch für VW-Chef Herbert Diess ist diese Frage eindeutig geklärt.[169]

Wenn wir also im großem Maßstab Industrieanlagen, Lkws und Flugzeuge mit Wasserstoff betreiben wollen, brauchen wir zunächst einmal: Strom. Aus erneuerbaren Energien. Wasserstoff kann den Ausbau Erneuerbarer also nicht ersetzen, weil wir in diesen Bereichen auf Elektrifizierung verzichten. Im Gegenteil: Der Einsatz von Wasserstoff setzt eine schnelle und umfassende Umstellung auf erneuerbare Energien voraus. Denn er kann zwar durch unterschiedliche Verfahren hergestellt werden, auch bei diesen fallen jedoch mal mehr, mal weniger Treibhausgasemissionen an. Das heißt nicht, dass Wasserstoff nicht wichtig und zentral ist. In vielen Bereichen werden wir Wasserstoff unbedingt brauchen. Er wird allerdings nicht unser Energieproblem lösen, sondern ist eine wertvolle und rare Ressource, die gezielt für energieintensive Aufgaben eingesetzt werden muss, um etwa die Stahlproduktion und die Schifffahrt klimaneutral zu gestalten.

Warum wir Verbrennermotoren nicht einfach 1:1 durch alternative Antriebe ersetzen können

Dieses Thema habe ich oben schon angerissen, also halte ich es kurz. Neben der Schwierigkeit, einfach alle Autos auszutauschen, müssen wir uns klarmachen, dass erneuerbare Energien ein knappes Gut sein werden. Nicht nur, weil sie noch nicht ausreichend ausgebaut sind, sondern auch, weil der Stromverbrauch insgesamt steigen wird, wenn wir alles, was derzeit von fossilen Energien abhängt, mit Strom betreiben. Wir müssen also beginnen, effizient mit der Energie umzugehen, die wir zur Verfügung haben. Darauf verwies die Enquete-Kommission schon 2013, das erklärt die Internationale Energieagentur IEA,[170] und das betonten auch 60 Energiewissenschaftler:innen in einem offenen Brief im Vorfeld der Koalitionsverhandlungen.[171]

Deswegen im großen Stil auf andere alternative Ansätze wie Bio-Kraftstoffe oder E-Fuels zu setzen ist auch keine Lösung,[172] selbst wenn diese von derzeitigen Verbrennern getankt werden können. Sie können in Nischen eine Rolle spielen, sie in großem Maßstab zu verwenden würde die angesprochenen Probleme jedoch nicht lösen. Um E-Fuels herzustellen, braucht es auch Strom, Wasser und mehrere Umwandlungsstufen, die zu großen Verlusten in der Energiebilanz führen. Ihr Wirkungsgrad liegt bei nur rund 13 Prozent.[173] Um damit klimaneutral eine größere

Menge von Autos anzutreiben, braucht es massenhaft grünen Strom, was die Preise dafür logischerweise massiv in die Höhe treiben würde.

Auch Bio-Kraftstoffe, die vor ein paar Jahren stark diskutiert wurden, sind keine massentaugliche Alternative für Pkws, sondern ebenso eine Chance für Nischen. Die Zahl der in Deutschland angemeldeten Pkws ist so hoch wie nie, am 1. Januar 2021 waren es rund 48,25 Millionen Fahrzeuge.[174] Um die alle komplett mit Bio-Kraftstoffen zu betanken, bräuchte es riesige Mengen von Biomasse. Auf den Feldern müssten also Pflanzen angebaut werden, die dann in Treibstoff umgewandelt werden. Das ist keine gute Idee. Die Weltbevölkerung wächst weiter an, und die Klimakrise sorgt gleichzeitig dafür, dass unsere Lebensmittelversorgung unsicherer wird. Das ist kein Problem einer fernen Zukunft, sondern war schon in den vergangenen Jahren zu beobachten. Aber selbst wenn es diese Probleme nicht gäbe: Wer in ausreichenden Mengen Pflanzen für Biokraftstoffe anbauen will, braucht Monokulturen, die wiederum andere existenzielle planetaren Krisen befeuern. Deutschland importiert etwa Palmöl in großem Stil aus Ländern wie Indonesien, um Biokraftstoffe herzustellen.[175] Um genug Anbauflächen zu haben, werden dort Regenwälder in großem Maßstab gerodet.[176] Das zerstört nicht nur unsere natürlichen CO_2-Senken, sondern nimmt auch Indigenen ihren Lebensraum und verletzt ihre Menschenrechte. Riesige Felder, auf denen die immer gleiche Pflanze wächst, mögen für viele aussehen wie „Natur", haben mit gesunden Ökosystemen aber nichts gemeinsam. Im Gegenteil: Sie treiben Artensterben und Bodenerosion voran. Außerdem verbraucht der Anbau dieser Pflanzen viel Wasser, eine Ressource, die in den kommenden Jahrzehnten immer knapper wird. Oder genauer: immer seltener zuverlässig und regelmäßig in für die Landwirtschaft ausreichendem Maß zur Verfügung steht.

Es führt kein Weg vorbei an einer ernsthaften Verkehrswende. Dazu gehört, dass Verbrenner durch Elektroautos ersetzt werden; vor allem bedeutet das, die Anzahl der Autos zu reduzieren und sinnvolle und praktikable Alternativen zu schaffen. Jetzt, sofort. Die wissenschaftlichen Fakten sind da eindeutig, auch wenn das nicht allen gefällt.

Warum Atomenergie uns nicht retten wird

Ich bin nicht der Meinung, dass wir die Debatte um Atomenergie nicht noch mal aufmachen dürfen. Natürlich dürfen wir das. Ich denke sogar, dass wir viele Debatten, die wissenschaftlich schon weitgehend geklärt sind, noch mal öffentlich führen müssen, um auch gesellschaftlich zu einem Konsens zu kommen. Und es kann gut sein, dass wir dabei zu anderen Ergebnissen kommen als Naturwissenschaftler:innen unter sich; auch in der Coronakrise haben wir gesellschaftlich oft andere Abwägungen getroffen, als Virolog:innen empfohlen haben. Nur dürfen wir dabei nicht einfach Argumente ausblenden, die uns nicht gefallen. Befürworter:innen der Atomenergie stellen es gern so dar, als würden Klimaschützer:innen immer schnelles und effizientes Handeln fordern, sobald aber jemand auf die einfache Lösung Atomenergie verweise, erscheine die Klimakrise auf einmal nicht mehr so schlimm. Sofortiges Handeln sei plötzlich doch nicht so wichtig – allein aus ideologischen und irrationalen Gründen. Das ist, ich muss es so deutlich sagen, Quatsch. Die meisten Wissenschaftler:innen, Expert:innen und Aktivist:innen vertreten eine eher pragmatische Haltung. Atomstrom soll demnach so lange wie nötig (und so kurz wie möglich) als Übergangstechnologie genutzt werden, wo Werke da und am Netz sind. In der Vergangenheit hat Atomenergie Erneuerbare jedoch eher verdrängt, statt einen Übergang zur klimaneutralen Stromversorgung zu fördern.[177] Auch abseits der weiterhin ungeklärten Endlagerfrage gibt es jede Menge gute Gründe, voll auf den Ausbau erneuerbarer Energien zu setzen, anstatt neue Atomkraftwerke zu bauen:

· Atomenergie ist zu langsam verfügbar. Es dauert Jahre, oder sogar bis zu zwei Jahrzehnte, um ein neues Atomkraftwerk ans Netz zu bringen. Solar- und Windparks kann man viel schneller und günstiger aufstellen. Und wer jetzt mit den komplizierten Planungs- und Genehmigungsverfahren und dem Widerstand der Anwohner:innen gegen solche Parks argumentiert, kann ja mal versuchen, an gleicher Stelle ein Atomkraftwerk oder gar ein Endlager zu planen und schauen, wie die Anwohner:innen darauf reagieren.

· Atomenergie ist keineswegs komplett klimaneutral. Schaut man sich den gesamten Prozess der Gewinnung von Atomenergie an, ist dieser an vielen Stellen sehr energieaufwendig und setzt Treibhausgase frei.[178]

· Atomenergie ist zu teuer. „Kernenergie war wirtschaftlich nie konkurrenzfähig und hat im Energiemarkt von Anfang an nur durch massive staatliche Finanzierung überlebt", erklärten etwa die Scientists for Future im Oktober 2021 in einer gemeinsamen Studie. „Schon heute ist die Stromerzeugung aus Erneuerbaren Energien kostengünstiger als durch fossile und nukleare Technologien."[179]

· Atomenergie ist zu gefährlich. Seit den 1970ern gab es in jedem Jahrzehnt schwere Unfälle und diverse kleinere Zwischenfälle.[180] Die Schäden bei einem Großunfall sind so groß, dass die erforderlichen Versicherungsbeiträge faktisch unbezahlbar sind. Die Kosten für die Katastrophen von Fukushima, Tschernobyl oder Three Mile Island bezahlte die Gesellschaft.

· Atomenergie ist störanfällig. Atomkraftwerke nutzen Flusswasser zum Kühlen ihrer Anlagen. Kraftwerke in Frankreich mussten schon in den vergangenen Jahren im Sommer immer wieder abgeschaltet werden, weil sie nicht mehr ausreichend gekühlt werden konnten, wenn die Flüsse – aufgrund der Klimakrise – nicht genug Wasser führten. Dieses Problem wird in Zukunft noch häufiger auftreten. Nicht nur Dürren und Hitzewellen gefährden die Produktion von Atomstrom, auch Extremwetter wie Stürme und Fluten und der Meeresspiegelanstieg erhöhen die Gefahr für die Kraftwerke an sich. Nur weil ein Standort in den vergangenen Jahrzehnten als sicher galt, bedeutet das nicht, dass er auch in den kommenden Jahrzehnten sicher sein wird. Das ist die Natur der Klimakrise.

Alternativ werden gerade Fusionsreaktoren heiß diskutiert und als Quell der Hoffnung gehandelt. Atomenergie ohne giftigen Abfall, in kleineren, dezentralen Anlagen – diese Aussicht klingt zu gut, um wahr zu sein. Und tatsächlich: Nach Jahrzehnten an Forschung gibt es für diverse zentrale Probleme noch nicht mal theoretische Lösungen, das geben selbst Befürworter:innen der Fusionstechnologie zu.[181] Selbst wenn diese irgendwann gefunden werden, wird Kernfusion die Klimakrise nicht lösen. Wir haben schlicht keine Zeit, darauf zu warten, bis solche Anlagen tatsächlich marktreif sind.

Warum Digitalisierung wichtig ist, uns aber auch nicht retten wird

Ich glaube, mittlerweile ahnt ihr ungefähr, worauf ich hinauswill. Digitalisierung ist wichtig, keine Frage. Homeoffice wird uns unnötige Fahrwege ersparen (und damit Emissionen), Videokonferenzen werden uns unnötige Flüge ersparen (und damit Emissionen) und Apps, die berechnen, mit welchen unterschiedlichen Fortbewegungsmitteln wir am schnellsten und einfachsten von A nach B kommen, werden uns den Umstieg vom eigenen Auto auf öffentliche Angebote erleichtern (und damit Emissionen einsparen).

Dafür, wie Digitalisierung uns in der Klimakrise helfen wird, gibt es noch viele, viele weitere Beispiele in anderen gesellschaftlichen Bereichen. Wir werden jede dieser Möglichkeiten brauchen, um die Erderhitzung so effektiv wie möglich zu begrenzen. Und dennoch ist offensichtlich, dass nicht eine einzelne Maßnahme oder die Kombination einiger dieser Maßnahmen in der Lage sein werden, die Klimakrise zu lösen. Leute werden etwa zur Arbeit fahren müssen, andere wollen zum Supermarkt, Familie und Freund:innen besuchen oder müssen in die Arztpraxis oder ins Krankenhaus. Für all diese Wege brauchen wir weiterhin eine richtige, komplette Verkehrswende.

Doch um komplett nachhaltig, klimaneutral und energieeffizient zu wirtschaften, muss auch die Digitalbranche an sich noch aktiver werden. Ja, große Konzerne wie Apple, Microsoft und Google gehen heute bereits voran. Microsoft ist eigenen Angaben zufolge schon seit 2012 klimaneutral und will bis 2050 auch all seine historischen Emissionen kompensiert haben, inklusive Lieferketten, Dienstreisen und sogar dem Stromverbrauch der Endanwender:innen.[182] Das klingt super, und das ist es auch. Nur fällt es der Digitalwirtschaft auch vergleichsweise leicht, sich umzustellen. Dass sie vorangeht, sollte daher selbstverständlich sein. Auch wenn schon viele gute Ansätze zu sehen sind – komplett als Kreislauf gedachte und nachhaltige Systeme gibt es noch immer viel zu selten. Green Mountain, ein Serveranbieter aus Norwegen, nutzt nicht nur erneuerbare Energien, sondern hat einen Teil seiner Server zum Beispiel in einem alten NATO-Stützpunkt untergebracht. Mithilfe des Wassers, das sie zum Kühlen der Anlage nutzen, werden anschließend Algen und Hummer gezüchtet.[183]

Auch in Sachen Energieeffizienz ist noch einiges zu tun: Das sogenannte Mining von Digitalwährungen frisst wahnsinnig viel Energie, allein Bitcoins verbrauchen laut Cambridge Bitcoin Electricity Consumption Index[184] innerhalb eines Jahres mehr Energie als die Niederlande. Es wäre auch schon viel gewonnen, wenn Videoplattformen etwa ihre Autoplan-Funktion deaktivieren würden.

Außerdem kommen weltweit jedes Jahr 53 Millionen Tonnen Elektroschrott zusammen, so der Global E-Waste Monitor der Vereinten Nationen.[185] Das entspricht in etwa dem Gewicht von 350 großen Kreuzfahrtschiffen, recycelt wird davon nur ein kleiner Teil.[186] Auch Hardware muss verantwortungsvoll und nachhaltig hergestellt werden. Das bedeutet auch, dass Produkte länger leben müssen und dafür repariert werden können – und das widerspricht natürlich dem bisherigen Geschäftsmodell von Firmen wie Apple. Microsoft will nach Druck von kritischen Aktionär:innen nun immerhin externe Gutachter:innen das Problem prüfen lassen.[187]

Warum Carbon-Removal-Technologien uns nicht retten werden

Wenn man mehr Geld ausgeben möchte, als man gerade hat, nimmt man einen Kredit auf und macht Schulden. Das ist etwas, das in der Atmosphäre nicht geht – und dennoch wird damit geplant. Selbst die Szenarien im IPCC-Report enthalten einen massiven Teil an sogenannten Negativemissionen, nicht nur um in Zukunft verbleibende, schwer zu vermeidende Emissionen auszugleichen, sondern auch um die Klimaziele noch erreichen zu können. Negativemissionen sind vom Wortsinn her ein Oxymoron, etwas negativ auszustoßen ist nicht möglich. Sie werden im Wesentlichen auf zwei Wegen erreicht: über sogenannte natürliche Senken und indem man CO_2 aktiv wieder aus der Luft zieht. Beides klingt angesichts der Misere, in die wir uns befördert haben – genauer: Fossil-Lobbyist:innen und Regierungen –, nach einer guten Ergänzung zu Klimaschutzmaßnahmen, und das sind sie auch. Es gibt nur ein Problem: Mit beiden ist nur extrem schwer sauber zu planen.

Wenn man natürliche Senken wie Moore und Wälder als Negativemissionen einrechnet, bedeutet das faktisch, dass man nicht nur die alten Senken erhalten, sondern aktiv neue schaffen muss. Dafür müssen etwa massenhaft Wälder gepflanzt und Moore im großen Stil wiedervernässt und renaturiert werden. Noch aber wird jeden Tag Wald abgeholzt, werden Wiesen entwässert und versiegelt und so natürliche Senken zerstört, die aber in die Klimaziele von Paris bereits einberechnet sind. Wenn wir die schon bestehenden natürlichen Senken nicht erhalten, fällt auch das CO_2-Budget noch geringer aus.

Wer in Deutschland landwirtschaftliche Räume für industrielle Zwecke nutzen und bebauen will, muss sogenannte Ausgleichsflächen schaffen und dort Räume ökologisch aufwerten, etwa indem man Streuobstwiesen anlegt oder Gewässer renaturiert. Diese dann ökologisch höherwertigen Flächen sollen ein Gegengewicht zur Beeinträchtigung der Natur schaffen und müssen langfristig erhalten werden. Das ist ein sinnvoller Schritt, nichtsdestotrotz werden wir zusätzliche Flächenversiegelungen komplett stoppen müssen.

Es ist absolut möglich und nötig, Flächen zu renaturieren, ökologisch aufzuwerten und die Artenvielfalt aktiv zu stärken. Einen Wald zu schaffen, der nachhaltig CO_2 speichert, ist allerdings komplizierter, als es klingt. Alte Bäume speichern ein Vielfaches der Menge, die junge Setzlinge oder Bäume aufnehmen können. Bis eine Aufforstung sich spürbar positiv aufs Klima auswirkt, dauert es also. Außerdem sind Wälder nicht einfach eine Ansammlung von Bäumen, die nebeneinander gepflanzt wurden, es sind Ökosysteme mit komplexen Beziehungen und Interaktionen. Erhitzt sich die Erde immer schneller, können sich diese Ökosysteme nicht ausreichend anpassen und sterben ab. Aus einer CO_2-Senke wird so schlagartig eine CO_2-Quelle, das Gleiche passiert, wenn die Wälder abbrennen, was durch Hitze und Dürre wahrscheinlicher wird. Das hat man in den vergangenen Jahren im Westen der USA auch bei Wäldern gesehen, die gepflanzt wurden, um Emissionen auszugleichen.[188]

So wichtig natürliche CO_2-Speicher sind, so schwierig ist es, mit ihnen zu rechnen, wenn die Erderhitzung nicht entschieden begrenzt wird. Sie sind keine Anlagen, die wir nach Belieben irgendwo errichten und betreiben können. Sie sind Teil des Ökosystems Erde, das über Jahrmillionen Gleichgewichte entwickelt und sich an vorhandene Bedingungen angepasst hat. Um ihre für uns lebenswichtigen Funktionen erfüllen zu können, müssen auch die für sie lebenswichtigen Bedingungen stabil sein. Angesichts der Mengen an CO_2, die wir in die Luft blasen, bräuchte es außerdem riesige Waldflächen, um das auszugleichen. Selbst wenn man dem Priorität einräumen würde, ist der Platz, den wir dafür zur Verfügung haben, beschränkt. Und noch etwas muss im Zusammenhang mit der massenhaften Pflanzung von Bäumen beachtet werden: Wälder sind – aus der Luft betrachtet – dunkle Flächen. Sie verringern den Albedo-Effekt der Erde, weil sie Sonnenstrahlen nicht zurückreflektieren und so die Erde nicht nur kühlen, sondern auf einem anderen Wege auch mit aufheizen.[189]

Künstliche Anlagen zu errichten, um CO_2 aus der Luft zu ziehen, scheint da eine naheliegende und sinnvolle Lösung zu sein. Und das ist es grundsätzlich auch. Wir dürfen uns nur nicht zu viel davon versprechen.[190]

Es gibt unterschiedliche Ansätze, CO_2 zu gewinnen und zu speichern, die Nerds unter euch können gern mal CCS, CCU, BECCS und DAC in eine Suchmaschine eingeben. Für den Rest fasse ich hier ein paar grundsätzliche Informationen zusammen: Um die Erde wirklich zu kühlen, müssten wir Unmengen an CO_2 aus der Luft ziehen. So viel, dass es gar nicht sinnvoll weitergenutzt werden kann, das Zeug muss also irgendwo gelagert werden.

Seit 2017 gibt es eine Anlage in der Schweiz, die CO_2 aus der Luft zieht und es bindet. Das auf diese Weise gewonnene Kohlendioxid wird dann als Dünger in Gewächshäuser gepumpt, um das Wachstum der Pflanzen anzuregen. Langfristig gespeichert wird das CO_2 damit allerdings nicht. Anders ist das bei einer weiteren Anlage in Island, wo das CO_2 in Stein gepresst wird. Diese Anlagen stehen dennoch vor drei großen Problemen: Die Effizienz: „Um ein Prozent der weltweiten jährlichen CO_2-Emissionen aus dem Jahr 2019 zu erfassen, wären 3 683 DAC-Anlagen mit einer Kapazität von 100 000 Tonnen CO_2 pro Jahr und Anlage erforderlich",[191] sagen die Betreiber:innen selbst. Die Fläche: Um wirklich einen signifikanten Anteil aus der Luft zu ziehen, braucht es viele Anlagen und damit viel Platz. Die Energie: Um die Anlagen zu betreiben, braucht es Strom, um sie klimaneutral zu betreiben, natürlich grünen Strom. Und damit wären wir wieder beim Thema Energieeffizienz.

Es ist plausibel, dass es innerhalb der nächsten 30 Jahre im Bereich der CO_2-Speicherung einige Durchbrüche und Weiterentwicklungen geben wird und sich dadurch auch der Preis für solche Anlagen verringert, ähnlich wie in der Solarbranche in der Vergangenheit. So Mut machend diese Prognose ist, so sehr macht sie einen fundamentalen Logikfehler klar: Wenn es den Regierungen heute zu aufwendig erscheint, eine Technologie, die all diese Entwicklungssprünge schon durchgemacht hat, schnell und flächendeckend auszubauen, um den CO_2-Ausstoß zu verringern – warum sollte es dann plausibler sein, eine Technologie, die heute noch nicht massenhaft einsatzfähig ist, in einem Maßstab zu installieren und zu betreiben, der aktuell vor allem Wunschdenken ist? Ob und wie schnell es möglich sein wird, CO_2 in großem Umfang aus der Luft zu saugen und zu speichern, ist, aller berechtigten Hoffnung zum Trotz, bisher völlig ungewiss.

Das macht klar, was auch Wissenschaftler:innen und Expert:innen immer wieder betonen: Ja, Carbon-Removal-Technologien werden in Zukunft wichtig sein. Aber vor allem, um am Ende Emissionen zu kompensieren, die wir nicht komplett loswerden können, etwa aus der Landwirtschaft. Schon das ist ein extrem ambitioniertes Ziel. Ob es möglich sein wird, mithilfe dieser Technologie ernsthaft ein, zwei Zehntelgrad des globalen Temperaturanstiegs gutzumachen und so viel Schaden wie möglich abzuwenden, ist noch völlig offen. Die Technologie wird so viel helfen, wie sie eben helfen kann, aktiv damit planen können und sollten wir nicht. Angesichts dessen, wie viel Hoffnung auf diese Strategie gesetzt wird, ist es jedoch überraschend, dass ihre Erforschung und Entwicklung nicht noch viel stärker gefördert wird.

Warum Geo-Engineering uns nicht retten wird

Der Begriff „Geo-Engineering" umfasst eine Reihe von Maßnahmen, an denen geforscht wird, um im Notfall die Temperatur der Erde zu senken. Auch die Carbon-Removal-Technologien kann man im weitesten Sinne dazu zählen. Vielleicht kennt ihr die Idee aber auch aus dem Cli-Fi-Roman „Ministry of the Future" von Kim Stanley Robinson, in dem die indische Regierung nach einer Hitzewelle, die 5 Millionen Bürger:innen tötet, beschließt, Staub in die Luft zu schießen, um damit künstlich die Atmosphäre abzukühlen. Andere Maßnahmen, an denen geforscht wird, sind etwa, den Albedo-Effekt von Oberflächen zu steigern, um Sonnenenergie zu reflektieren, Installationen im Weltall oder die Einbringung unterschiedlicher Stoffe im Meer, die es ermöglichen sollen, mehr CO_2 im Ozean zu binden.[192]

Und auch hier muss man sagen: Es ist sinnvoll und notwendig, dass Wissenschaftler:innen solche Möglichkeiten anschauen, denn noch immer bewegen wir uns auf eine Erderhitzung von rund drei Grad bis 2100 zu. In einem Zeitrahmen, den heutige Kindergartenkinder miterleben werden, würde das viele Regionen der Erde für Menschen nur mehr bedingt bewohnbar machen. Sich also darüber Gedanken zu machen, wie man im gar nicht so unwahrscheinlichen Ernstfall den Planeten herunterkühlen kann, ist eine grundsätzlich rationale Überlegung. Nur sind viele der bisher erforschten Möglichkeiten leider nicht sehr viel mehr als Ideen. Die Überlegung, reflektierende Aerosole in die Luft zu blasen etwa, kann und wird aller Voraussicht nach auch unerwünschte Nebeneffekte haben, etwa eine Abnahme des Sommermonsuns in Westafrika[193] und damit wohl auch Folgen für die Ernten. Für einige Regionen könnten diese Maßnahmen also vielleicht positiv sein, andere würden sie gefährden. Wer die Technologien wo und wann einsetzen darf, kann zu internationalen Konflikten und Kriegen führen.[194] Und darüber hinaus müsste der künstlich erzeugte Sonnenschirm ständig erneuert und aufrechterhalten werden. Verschwinden die reflektierenden Teilchen, verschwindet auch ihre abschirmende Wirkung.

Das Umweltbundesamt sieht drei große Gefahren in Bezug auf Geo-Engineering:[195]

· Hinter der Idee stehe erstens die Annahme, dass Menschen Umweltprozesse im globalen Maßstab steuern, die kurz- und langfristigen Folgen der Eingriffe verstehen und kontrollieren könnten. Auch wenn der Mensch die Umwelt immer wieder gestaltet und genutzt habe, hätten Prozesse in einer weltweiten Dimension eine völlig andere Komplexität.

· Zweitens dürfe Geo-Engineering keinesfalls als Ersatz für die Reduktion von Treibhausgasen und Anpassungsmaßnahmen angesehen werden.

· Drittens widersprechen einige der Geo-Engineering-Vorschläge den Prinzipien des Umweltschutzes, demzufolge nicht mehr, sondern weniger Stoffe in Wasser, Luft und Boden eingebracht werden sollen.

Viele Wissenschaftler:innen, die an den Ideen forschen, hoffen daher, dass diese Technologien nie zum Einsatz kommen müssen. Denn Geo-Engineering wäre vor allem eins: ein riesiges Live-Experiment auf globalem Level.

Was können wir tun?

Kapitel 9
Wir brauchen massive strukturelle Transformationen

Seit mehr als 30 Jahren gibt es nun Forschung, Klimaberichte und Klimakonferenzen – und die globalen Emissionen steigen trotzdem weiter an. Das heißt nicht, dass es in den vergangenen Jahren und Jahrzehnten keine Fortschritte und Entwicklungen gab. Wind- und Solarenergie sind in der Zeit nicht nur marktreif geworden, sondern mittlerweile so günstig, dass sie nicht nur fürs Klima, sondern auch wirtschaftlich eine sinnvolle Option sind.[196] Dieser Erfolg war auch deswegen möglich, weil Deutschland die Technologien anfangs stark gefördert hat. Elektroautos können immer längere Strecken zurücklegen, werden absehbar günstiger – und dank Tesla sogar cool. Das ist großartig, und solche Entwicklungen haben dazu geführt, dass Staaten wie Schweden, Frankreich und Großbritannien tatsächlich ihre Emissionen senken.[197] Auch Deutschland hat seinen CO_2-Ausstoß seit 1990 um 35 Prozent reduziert, den Methan-Ausstoß knapp halbiert.[198] Nur reicht das alles nicht.[199] Noch tut kein einziges Land genug, um seinen Teil zum 1,5-Grad-Limit beizusteuern.[200] Was es braucht, sind ernsthafte und tiefgreifende Veränderungen in allen möglichen Bereichen: Verkehr, Ernährung, Landwirtschaft, Bauen, Heizen, Energie und Konsum. Und das auch schon innerhalb der Amtszeit der aktuellen Bundesregierung. Klingt radikal? Ist es auch. Dass diese grundlegenden Transformationen in so kurzer Zeit nötig sind, ist der konservativen Politik der vergangenen Jahre und Jahrzehnte zu verdanken, die die nötigen Maßnahmen verschleppt und aktiv verhindert hat.[201] Die entscheidenden Jahre sind jetzt, Klimaschutz, der zu spät kommt, wird uns vor den Folgen der Erderhitzung nicht schützen.

Um Veränderungen anzuschieben, reicht eine Minderheit

Es ist völlig klar, dass gesellschaftliche Veränderungen Zeit brauchen. Aber erstens sind seit Beginn der UN-Klimakonferenzen mittlerweile mehrere Jahrzehnte vergangen und zweitens ist ebenso klar, dass der Physik komplett egal ist, warum wir Grenzwerte überschreiten und Kippelemente anschieben. Schaut man holzschnittartig auf gesellschaftliche Veränderungsprozesse, gibt es zwei Optionen: kontinuierlicher Wandel und plötzliche Umbrüche.

Ersteres ist vielleicht vergleichbar mit der Digitalisierung. Letzteres kennen wir von Momenten, in denen sogenannte soziale Kipppunkte erreicht und größere gesellschaftliche Verschiebungen möglich werden. Etwa #metoo und der Tod des Schwarzen US-Amerikaners George Floyd. Diese Ereignisse kommen völlig überraschend, aber die Bewegungen, die darauf folgen, kommen nicht aus dem Nichts. Sie zu ermöglichen wurde jahre- und jahrzehntelang vorbereitet, soziale Bewegungen, politische und gesellschaftliche Akteur:innen, Autor:innen und Vordenker:innen haben auf allen Ebenen der Gesellschaft daran gearbeitet, solche Bewusstseinsverschiebungen zu ermöglichen.

Dem #metoo-Moment gingen unzählige Debatten und feministische Siege voraus, schon #Aufschrei hatte im deutschsprachigen Raum das Bewusstsein in eine größere Öffentlichkeit getragen. Aber mit der weltweiten Debatte schien im Oktober 2017 eine Schwelle erreicht, hinter die wir als Gesellschaft nicht mehr zurückkönnen.[202] Auch wenn Sexismus in Deutschland damit noch lange nicht überwunden ist, hat #metoo das

Bewusstsein für das Problem noch mal auf eine andere Ebene gehoben und auch zu ernsthaften Veränderungen geführt.

#BlackLivesMatter hatte einen ähnlichen Effekt für die Anti-Rassismus-Bewegung. Vor und nach dem Tod von George Floyd hat die US-Polizei Tausende von Menschen getötet, überproportional viele davon waren Schwarze Männer.[203] Aber nach dem Tod von George Floyd am 25. Mai 2020 kam es zu Protesten, die so eine enorme Kraft hatten, dass sie auch in Deutschland und anderen Staaten Demonstrationen und eine Debatte anstießen und bei vielen ein tieferes Umdenken.

Was man eindeutig sagen kann: Es wird unmöglich sein, irgendwo in der Nähe von 1,5 Grad zu bleiben, wenn es nicht zu einem umfassenden Bewusstseinswandel kommt. Auch in der Klimabewegung arbeiten viele auf solch einen sozialen Kipppunkt hin. Sie demonstrieren, sie diskutieren, sie schreiben, singen und streiken, sie klagen und konferieren, sie forschen, überzeugen, verändern und leben vor. In Wahrheit gibt es auch nicht nur den einen großen Kipppunkt, sondern meist viele kleine. Einer davon war das Auftauchen von Greta Thunberg und Fridays for Future, sie machten einer größeren Öffentlichkeit klar, dass der bisherige Trott in der Klimapolitik verantwortungslos und nicht hinnehmbar ist. Ein weiterer war wohl die Flutkatastrophe in Deutschland und vielen europäischen Ländern im Sommer 2021. Vielen Menschen, die die Proteste der Schüler:innen von Fridays for Future bis dahin belächelt hatten, schwant wohl langsam, dass die Klimakrise ernster ist, als ihnen bisher klar war.

Unterschiedlichen Studien zufolge sind soziale Bewegungen dann erfolgreich, wenn sie es schaffen, eine kritische Masse von Bürger:innen auf die Straße zu bringen. Eine Untersuchung der Politikwissenschaftlerin Erica Chenoweth von der Universität Harvard hat in der Klimabewegung viele Hoffnungen geweckt. Sie besagt, dass es schon reicht, wenn sich 3,5 Prozent der Bevölkerung in irgendeiner Art den Protesten anschließen, um die öffentliche Stimmung zu kippen.[204] Entscheidend dafür sei es, dass die Proteste gewaltfrei sind. Chenoweth hatte sich Hunderte Kampagnen im vergangenen Jahrhundert angeschaut und festgestellt, dass gewaltfreie Bewegungen eine doppelt so hohe Chance hatten, ihr Ziele zu erreichen, im Vergleich zu gewaltvollen Protesten.

Das machte vielen Klimaaktivist:innen Mut, denn diese Schwelle schien nach den großen Klimaprotesten im Jahre 2019 erreichbar. Damals waren in Deutschland immerhin 1,4 Millionen Menschen auf der Straße. Bei einer Bevölkerung von knapp 80 Millionen müssten sich allerdings knapp 2,8 Millionen anschließen, immerhin doppelt so viel.

Andere Studien haben ergeben, dass es Minderheiten von zehn bis 25 Prozent der Bevölkerung braucht, um die Einstellungs- und Verhaltensänderungen in der Mehrheitsgesellschaft zu erreichen.[205, 206]

Alle Expert:innen wissen, dass es riesige Umbrüche braucht, um die globale Erwärmung effektiv zu begrenzen, gleichzeitig sind diese bisher kaum in Sicht – und Revolutionen kann man nicht zuverlässig vorhersagen und modellieren. Viele Szenarien zeichnen daher sehr ambitionierte lineare Reduktionen, die ihren Betrachter:innen vor allem klarmachen sollen: Die Aufgabe ist riesig, aber sie ist technisch nicht unmöglich, also fangt jetzt endlich an.

Scheitern Demokratien an so umfassenden Krisen?

Die parlamentarische Demokratie ist auf Ausgleich und Kompromisse bedacht, Politiker:innen wollen wiedergewählt werden, nicht aus Eitelkeit, sondern um Macht auszuüben und die Gesellschaft nach ihren Vorstellungen zu verändern. Diese politischen Logiken fördern kurzfristiges Denken, wird oft beklagt, sie verhindern, dass langfristig sinnvolle Entscheidungen getroffen werden. Einige bezweifeln gar, dass moderne Demokratien in der Lage sind, eine Menschheitskrise zu lösen, wie wir sie gegenwärtig mit der Klimakrise erleben. Das glaube ich nicht. Ich sehe die Probleme, bin aber überzeugt, dass sie woanders herkommen. Wie beschrieben, säen Lobbygruppen bewusst und erfolgreich Zweifel; unsere Hirne schieben alles erfolgreich weg, was nicht in unsere Glaubenssätze passt, und im medialen Gesamtbild wird die Dringlichkeit der Klimakrise verzerrt dargestellt. All das führt zu einem politischen und öffentlichen Diskurs, der Lichtjahre entfernt ist von den wissenschaftlich nachweisbaren Gefahren und den nötigen Maßnahmen.

Gelingt es, diesen Zustand zu überwinden, werden auch Demokratien Wege finden, schnell und angemessen zu reagieren. Was mich da zuversichtlich sein lässt, wird viele vermutlich überraschen: Es sind die Erfahrungen aus der Coronakrise. Es stimmt, die Regierungen haben nicht immer mit der gebotenen Schnelligkeit und Konsequenz reagiert. Schulen, Pflegepersonal, Solo-Selbstständige, Menschen mit Behinderung, Eltern, Kinder, Alte – viele hätten mehr Unterstützung gebraucht, viele mehr Rücksicht nehmen können. Auch die Welle der Solidarität in der Bevölkerung ebbte schnell wieder ab. Was mich dennoch optimistisch stimmt: In Umfragen befürworteten immer zwischen 60 und 80 Prozent der Befragten effektive Schutzmaßnahmen, wenn diese logisch und fair erschienen.[207] Der Anteil der Gegner:innen, der sich für Lockerungen ausgesprochen hat, war laut, aber klein. Mehr als 75 Prozent der 18- bis 59-Jährigen hatten sich bis November 2021 impfen lassen, unter den über 60-Jährigen waren es sogar mehr als 85 Prozent.[208] Das mag nicht ausreichen, um eine Pandemie komplett zu besiegen, aber das ist eine ganze Menge.

Und auch in Umfragen zur Klimakrise sagt regelmäßig eine Mehrheit der Befragten, dass die Klimakrise ihnen große Sorgen bereitet und sie mehr und bessere Maßnahmen von der Politik erwarten.[209] Dass dann bei der Bundestagswahl im September 2021 doch nur 14,8 Prozent der Wähler:innen für die Grünen stimmten,[210] erklären einige mit Egoismus. Menschen wollten nur so lange Klimaschutz, wie er ihre eigenen Freiheiten nicht beschneidet.

Informierte Entscheidungen sind essenziell

Das Problem: Klimaschädliches Verhalten wirkt in vielen Kontexten zunächst rational. Solange andere in den Urlaub fliegen, sich SUVs kaufen und mit dem Auto durch die Stadt fahren, stellt sich tatsächlich die Frage, warum man selbst es nicht tun sollte? Warum sollte ich mich mit dem Fahrrad durch überfüllte Straßen zwängen, wenn ich mich im Auto zu Recht sicherer fühle? Klar wissen Eltern, die sich einen SUV kaufen und mit ihren Kindern in den Urlaub fliegen, dass das nicht gut ist „fürs Klima". Aber solange es alle tun und es nicht verboten oder reglementiert ist, wird es schon nicht so schlimm sein. Sonst würden sich die Politiker:innen ja darum kümmern, sonst würden Qualitätsmedien wie der *Spiegel* ja keine begeisterten SUV-Fahrtests veröffentlichen und *Zeit Online* keine Kreuzfahrten und Urlaubsreisen via Flugzeug bewerben und empfehlen. Wenn Inlandsflüge nicht nur legal, sondern auch noch günstiger sind als Bahnfahrten – warum genau sollten Einzelne damit aufhören? Rational erscheint dieses Verhalten dann nicht, sondern genau: moralisch.

Auch aus persönlicher Sicht erscheint die Entscheidung aber nur rational, solange man nicht weiß, oder erfolgreich verdrängt, wie akut die Klimakrise und wie nah die planetaren Grenzen eigentlich sind. Und was das mit dem eigenen Leben zu tun hat.

Eine repräsentative Studie der Allianz hat untersucht, wie viel Menschen in unterschiedlichen Ländern über die Klimakrise wissen. Die Climate Literacy Survey,[211] erschienen im Oktober 2021, zeigte, dass nur ein kleiner Teil der Bevölkerung detailliert über die Klimakrise Bescheid weiß. Die meisten Befragten würden offenbar noch immer im Klima-Niemandsland leben, schreiben die Autor:innen, und sowohl das Ausmaß der nötigen Maßnahmen massiv unterschätzen als auch die Geschwindigkeit, mit der diese umgesetzt werden müssen. In Deutschland sind es laut Umfrage 16,4 Prozent, denen klar ist, wie akut die Situation ist, was sich in etwa mit den Stimmen für die Parteien deckt, die ambitionierte Klimaprogramme vorgelegt hatten: die Grünen und die Linken. Wäre mehr Eltern wirklich klar, dass Fliegen und Autos mit hohem Spritverbrauch nicht nur *irgendwie nicht gut* sind, sondern angesichts der aktuellen Konzentration von CO_2 in der Atmosphäre tatsächlich existenzgefährdend für ihre Kinder – ich bin sehr zuversichtlich, dass viele sich bereitwillig anders entscheiden würden. Solange jedoch ein Großteil der Politiker:innen und Journalist:innen den Klimanotfall nicht anerkennt und klar kommuniziert, so lange werden auch viele Menschen den Ernst der Lage nicht sehen oder weiterhin verdrängen.

Bei vielen dürfte außerdem weniger der Egoismus ausschlaggebend sein, wenn sie sich immer wieder für Dinge entscheiden, von denen sie eigentlich wissen, dass sie für Umwelt und Klima nicht gut sind, sondern die Annahme, dass wir noch Zeit haben, das Problem zu lösen. So viel kollektive Verdrängung, wie wir sie gerade erleben, ist einfach nicht vorstellbar. Zumindest nicht, wenn die Konsequenzen auch weiße Menschen aus der Mittel- und Oberschicht betreffen.

Ich halte es für eine Frage des Respekts und der Fairness, eine klare und offenen Debatte darüber zu führen, wie akut die Situation ist, in der wir stecken. Nur dann können Bürger:innen informierte Entscheidungen treffen. Und wenn wir uns dann gesellschaftlich für weitere zehn Jahre Party mit Steaks und SUVs entscheiden, anstatt alles zu tun, um unsere Lebensgrundlagen zu retten, dann müsste ich vielleicht einfach damit leben. Aber im Moment treffen wir die Entscheidung, nicht angemessen zu handeln, jeden Tag, ohne dass den meisten wirklich bewusst ist, was für Konsequenzen das hat, für die Welt und für sie selbst. Damit sind viele Menschen der Chance beraubt, sich ernsthaft dafür einsetzen zu können, ihre Zukunft und die ihrer Kinder doch noch zu retten.

Die Gefahr gesellschaftlicher Spaltung

Ich will nicht behaupten, dass sich alle Menschen vernünftig und rational verhalten werden, wenn ihnen klar ist, wie akut die Krise ist. Die nötigen Transformationen greifen Machtverhältnisse und Interessen an. Sich das Ausmaß der Krise einzugestehen stellt die eigenen Gewissheiten, die eigene Sicherheit infrage. Sich ernsthaft damit auseinanderzusetzen erfordert eine emotionale Arbeit, der sich viele nicht werden stellen wollen, einige können es vielleicht auch gar nicht. Schon die Coronakrise scheint dahingehend viele überfordert zu haben, die sich dann in Verschwörungsmythen andere Erklärungsmuster suchten. Die Gefahr, dass populistische Meinungsführer:innen und Verschwörer:innen in der eskalierenden Klimakrise Zulauf gewinnen, ist real. Damit müssen wir uns als Gesellschaft auseinandersetzen. Dennoch gibt es diverse Belege dafür, dass der Mensch „im Grunde gut" ist, wie der niederländische Historiker und Journalist Rutger Bregman es in seinem gleichnamigen Buch nachzeichnet. Selbst in Krisensituationen ist der Mensch nicht zwangsläufig dem Menschen ein Wolf. In „A Paradise Built in Hell" beschreibt die US-amerikanische Autorin und Kulturhistorikerin Rebecca Solnit, warum akute Krisensituationen im Normalfall keine Unruhen, Gewalt und Konkurrenzkämpfe auslösen. Anhand historischer Beispiele zeigt Solnit, ohne Desaster irgendwie schönzureden, dass sie auch überraschende und wunderbare Gemeinschaften stiften können, Menschen in großer Not mit Ruhe, Fürsorge und Solidarität reagieren und teilen, was da ist. Entscheidend sei, wie die Bevölkerung ihre Mitmenschen im Vorfeld einer Katastrophe wahrnehme. Unter anderem am Beispiel eines Erdbebens legt Solnit dar, wie „die Vorstellung von der Öffentlichkeit als Gefahr die Öffentlichkeit gefährdet". 1906 hatte ein Beben die Nordküste Kaliforniens erschüttert, Teile San Franciscos zerstört und Feuer in der Stadt ausgelöst. Die Machthabenden fürchteten, ihre eigenen Bürger:innen könnten gefährlich werden, und fingen daraufhin an, die Öffentlichkeit zu kontrollieren, anstatt in der Krise Hilfe zu leisten. Katastrophenforscher:innen nennen dieses Phänomen auch „Elitenpanik". Dieses Verhalten ist nicht nur ineffektiv, sondern behindert die Menschen auch darin, selbst resilient und effizient mit den Folgen der Katastrophe umzugehen, weil etwa Informationen nicht an die Öffentlichkeit weitergegeben werden oder die Bewegungsfreiheit von Menschen eingeschränkt wird. Dabei gibt es in der Geschichte zahlreiche Beispiele, wo sich ganz normale Menschen in den schwierigsten Situationen gegenseitig geholfen haben, selbstständig, kreativ und solidarisch: bei Erdbeben, Tsunamis, Schneestürmen und selbst bei den Terroranschlägen von 9/11.

Auch die Katastrophenforscherin Samantha Montano warnt, dass es Leben gefährdet, wenn Regierungen Entscheidungen treffen aufgrund falscher Annahmen zum Verhalten in Katastrophenfällen. Aus Angst vor Panik und Plünderungen würden sie Evakuierungen zu spät anschieben oder die Öffentlichkeit nicht ehrlich über das Ausmaß einer Krise informieren.

50 Jahre Forschung hätten jedoch gezeigt, dass Menschen in Krisen weder in Panik verfallen noch hilflos sind, auch wenn sie Hilfe brauchen. Außerdem würden Kriminalitätsraten in solchen Momenten nur sehr selten ansteigen: „Im Gegenteil. Forscher:innen haben herausgefunden, dass Menschen rational reagieren in solchen Situationen. Wenn wir uns einer möglichen Gefahr bewusst werden, reden wir darüber, teilen Informationen und versuchen, die Situation zu verstehen. Dann treffen wir rationale Entscheidungen darüber, wie wir uns selbst schützen können. Wir fliehen nicht einfach, ohne uns um das Wohlergehen anderer zu sorgen, oder verfallen in Schock und Untätigkeit."[212]

Informierte Menschen wollen Veränderung: das Beispiel Bürger:innenräte

Ganz normale Bürger:innen sind absolut dazu in der Lage, rationale und wenn nötig radikale Entscheidungen zu treffen. Bewiesen wurde das mehrfach in sogenannten Bürger:innenräten. In Frankreich wurde solch ein Rat zur Klimakrise eingesetzt, nachdem klimapolitische Maßnahmen von Präsident Macron 2018 zu landesweiten Ausschreitungen und Protesten der sogenannten Gelbwesten-Bewegung geführt hatten. Viele von ihnen protestierten jedoch nicht gegen die Klimaschutzmaßnahmen an sich, sondern gegen eine ungerechte Verteilung der Lasten.[213] Die Erhöhung der CO_2-Steuer von 44,60 auf 55 Euro kam in einem Moment, in dem die Benzinkosten vergleichsweise hoch waren, innerhalb von sechs Monaten war er zuvor um etwa 20 Cent gestiegen.[214] Für viele Menschen auf dem Land ist es keine Option, bei steigenden Preisen das Auto stehen zu lassen, sie fahren nicht, weil sie wollen, sondern weil sie müssen. Außerdem fiel die Erhöhung mit Wirtschaftsreformen zusammen, die die Tabaksteuer erhöhten, Sozialleistungen kappten und den Arbeitsmarkt flexibler machen sollten. All das traf Menschen mit kleinen Einkommen überproportional stark, mittlere und hohe Einkommen hingegen wurden entlastet.[215] Die Proteste zeigen also vor allem, dass Klimaschutz nicht funktionieren wird, solange er nicht sozial gerecht umgesetzt wird. Das jedoch haben Regierungen in der Hand.

Die Idee der Bürger:innenräte ist einfach. Ganz normale Menschen werden zusammengebracht, um über ein Thema zu beraten und Kompromisse auszuhandeln. Dafür werden sie nach unterschiedlichen Merkmalen repräsentativ für das Land oder die Region ausgewählt, für die sie Lösungen finden sollen. Wissenschaftler:innen und Expert:innen begleiten den Prozess, den Teilnehmenden wird Zeit gegeben, sich in Vorträgen und Diskussionen mit den Problemen auseinanderzusetzen. Sie werden über unterschiedliche Lösungsmöglichkeiten und deren Vor- und Nachteile aufgeklärt und beraten am Ende gemeinsam Vorschläge für die Politik. Die Ergebnisse waren in der Vergangenheit überraschend weitreichend. In Frankreich hat der Bürger:innenrat vorgeschlagen, Inlandsflüge zu verbieten, Fleisch vom Speiseplan öffentlicher Kantinen zu streichen und das Tempolimit auf Autobahnen von 130 auf 110 km/h zu senken. Viele der Vorschläge gingen Macron zu weit, das Tempolimit zu verschärfen und eine Pflicht zur Erhaltung der Umwelt in die Verfassung aufzunehmen, lehnte er definitiv ab.[216]

In Deutschland hat der gemeinnützige Verein BürgerBegehren Klimaschutz e.V. ebenfalls einen Klimabürger:innenrat abgehalten. Schirmherr war der ehemalige Bundespräsident Horst Köhler, begleitet wurde der Prozess von den Scientists For Future. Auch hier sind die Teilnehmenden zu weitreichenden Vorschlägen gekommen: Die Einhaltung des 1,5-Grad-Limits soll demnach oberste Priorität haben. Dafür soll etwa Strom bis 2035 zu 100 Prozent durch erneuerbare Energien gedeckt werden, öffentliche Verkehrsmittel sollen „unverzüglich ausgebaut, optimiert und attraktiver" und der Agrar- und Ernährungssektor sofort klimafreundlich umgestaltet werden.[217]

Wie kann das sein, wenn Bürger:innen angeblich nur egoistisch auf ihr eigenes Wohl bedacht sind und Politiker:innen wegen der Kompromissfindungen in der parlamentarischen Demokratie angeblich keine weitreichenden Beschlüssen fassen können? Eine Antwort darauf könnte die Pressekonferenz des deutschen Bürgerrats Klima liefern, in der die Ergebnisse vorgestellt wurden. Präsentiert wurden sie unter anderem von zwei Teilnehmer:innen. Beide erzählen, dass sie erst überrascht waren, ausgewählt worden zu sein. Sie zweifelten, ob sie die Richtigen seien, um Vorschläge für die Klimapolitik zu formulieren, schließlich hatten sie sich bisher kaum tiefer mit dem Thema befasst. Sie hatten gelesen, gesehen und gehört, was man eben so mitbekommt, wenn man sich durchschnittlich viel medial informiert, neben Arbeit, Kindern, Haushalt und Leben. Beide beschreiben in ihren Statements, dass ihnen erst in den Sitzungen des Bürger:innenrates bewusst wurde, wie akut die Krise ist und was sie mit ihrem eigenen Leben zu tun hat. Und dass eine ihrer wichtigsten Empfehlungen, um die Klimakrise zu lösen, daher Bildung sei.

Übertragen wir diese Aussage mal auf die Coronakrise:

> **Wenn ganz normale, zufällig ausgewählte Bürger:innen sagen würden, dass sie erst nach eingehender persönlicher Beschäftigung mit dem Thema verstanden hätten, dass das Coronavirus viel schlimmer ist als eine Grippe – dann hätten Politik und Medien versagt.**

Es ist ein Unterschied, ob eine vergleichsweise kleine Gruppe sich bewusst über unseriöse Quellen informiert und die Gefahren des Virus leugnet, oder ob ein Großteil der Bevölkerung nicht verstanden hat, wie akut eine globale Krise ist und was sie mit dem eigenen Leben zu tun hat. Da mag die Kommunikation der Politiker:innen noch so schlecht, einzelne journalistische Beiträge noch so gut gewesen sein, die Medien als Kontrollinstanz der Politik hätten ihren Job nicht gemacht.

Journalist:innen können aber auch ein entscheidender Teil der Lösung sein. Wenn sie konsequent Verzögerungstaktiken offenlegen und einordnen, politische Maßnahmen jedes Mal an wissenschaftlichen Fakten und Maßstäben abgleichen und vor allem realistische Lösungen aufzeigen und erklären. Dann tragen sie als zentrale Akteur:innen im demokratischen System dazu bei, einen gesellschaftlichen Konsens für Maßnahmen zu ermöglichen, und helfen so, die Klimakatastrophe idealerweise abzuwenden. Was in Bürger:innenräten im Kleinen möglich ist, ist auch gesellschaftlich im Großen machbar. Die Ergebnisse zeigen, dass neue, kreative demokratische Wege doch zu weitreichenden Ergebnissen führen können, und nicht nur das. Mehr Menschen direkt einzubinden kann zusätzlich die Akzeptanz für die Entscheidungen erhöhen.[218] Aber nur, wenn die informierte inhaltliche Auseinandersetzung parallel zu der Arbeit in den Räten auch in der Öffentlichkeit stattfindet.

Viele soziale und ökologische Kämpfe widersprechen sich nicht – sie hängen zusammen

Grundlegende gesellschaftliche Veränderung ist möglich, sie wird aber nur kommen, wenn Menschen sie einfordern und gestalten. Die gute Nachricht: Viele Menschen arbeiten bereits seit Jahren an vielen unterschiedlichen Schritten, die nötig sind für eine Welt, die Leben wertschätzt und unsere Lebensgrundlagen erhält.

All die etwa, die sich täglich für die Aufwertung von Care-Arbeit und die Anerkennung der Rechte von Kindern stark machen. All die, die sich gegen Rassismus, Diskriminierung und Ausgrenzung und für Solidarität und ein friedliches Miteinander einsetzen. All die, die für die Anerkennung unterschiedlicher Lebens- und Liebesformen kämpfen. All die, die gute Arbeitsbedingungen, faire Löhne und bezahlbare Mieten er- und soziale Spaltung bekämpfen. All jene, die für gute Bildung und Lehre eintreten. All jene, für die Inklusion kein Buzzword ist und nicht bei Barrierefreiheit aufhört – sondern im Kopf anfängt. All jene, die für einen wertschätzenden, offenen Umgang mit Emotionen und Schwächen kämpfen. All jene, denen gute Lebensbedingungen von Tieren nicht nur bei ihrem Haustier wichtig sind. All jene, die konkrete Veränderungen auf die Straße, Dächer, Äcker oder in die Läden bringen.

All das braucht es, wenn wir die Klimakrise abbremsen und unsere Lebensgrundlagen erhalten wollen. Wenn wir das, was viele Menschen bereits erkämpft haben, stärken und nicht an gesellschaftliche Verteilungskämpfe und Katastrophen verlieren, sondern solidarisch in unsicherer werdenden Zeiten miteinander leben wollen. All das braucht es vor allem aber auch, um diese neue Welt überhaupt erst möglich zu machen. Denn die Klimakrise ist sehr viel mehr als eine technische Krise, sie ist eine kulturelle, strukturelle, gesellschaftliche Krise. All diese Probleme hängen miteinander zusammen. Und viele Dinge, die sich Engagierte, Vorkämpferinnen und Unterstützer:innen vielleicht selbst noch als Utopie erträumen, werden wir in zehn Jahren zur Wirklichkeit gemacht haben müssen, wenn wir so viel wie möglich retten und so viele wie möglich schützen wollen.

Mir war lange nicht bewusst, was das alles miteinander zu tun hat und wie eng Rassismus, Sexismus, die Klimakrise und andere Ismen miteinander verwoben sind. In den vergangenen Jahren habe ich etwa die Debatte um Intersektionalität verfolgt. Das Wort beschreibt die Tatsache, dass Menschen mehrfach von Diskriminierung betroffen sein können und das Verständnis, dass unterschiedliche Kämpfe gegen Unterdrückung zusammengehören. Zwei Gedanken darin leuchteten mir schnell ein. Erstens, dass Menschen, die mehrfach diskriminiert werden, es noch schwerer haben als Menschen, denen nur ein Merkmal zugeordnet wird, das in unserer Gesellschaft als diskriminierenswert gilt. Klassisches Beispiel: Eine Schwarze, homosexuelle Frau mit Behinderung hat es schwerer als ein Schwarzer Mann oder eine weiße Frau. Zweitens verstand ich die Forderung, diese Kämpfe zusammenzudenken. Ich sah, dass die legitimierende Idee von Diskriminierung, dass manche Menschen weniger wert sein sollten als andere, einen ähnlichen Ursprung haben. Ich verstand diese Forderung dennoch vor allem als einen solidarischen und vielleicht auch strategischen Gedanken. Denn unterdrückte gesellschaftliche Gruppen können sich nur durchsetzen, wenn sie zusammenhalten.

Was ich länger nicht verstand, war, dass diese gesellschaftlichen Kämpfe auch mit dem Kampf gegen die Klimakrise zu tun haben. Erst als ich mich intensiver mit den Auswirkungen der Klimakrise beschäftigte, wurde mir klar, dass Frauen, PoC, Menschen mit Behinderungen und Menschen mit geringem Einkommen stärker von der Klimakrise betroffen sind. Und erst als ich auf der Suche nach Lösungen „Less is more" des südafrikanischen Wirtschaftsanthropologen Jason Hickel las, wurde mir klarer, dass viele dieser Probleme auch eine ähnliche Ursache haben. Er zeichnet nach, wie Imperialismus und Rassismus die Ausbeutung von Mensch und Erde zum Wohle einiger weniger erst gedanklich legitimieren und so möglich machen. Wie indigene Kulturen als „unzivilisiert" geframt wurden, nur weil sie in einer wertschätzenden Beziehung zu ihrer Umwelt leben. Sie galten als „unterentwickelt", weil sie nur so viel von ihrer Umwelt nehmen, wie sie brauchen, und sich Letztere selbst regenerieren kann. Weil sie Tiere, Pflanzen, Gewässer und Berge als Mitlebewesen achten und sich etwa bei Gebirgen für das Wasser bedanken, das sie ihnen schenken, galten sie als „primitiv". Nur der weiße Mann, der Tiere, Natur und Ressourcen, aber auch andere Menschen nutzt, um seinen eigenen Besitz, seine eigene Macht zu mehren, gilt als rational. Nur wer sich durchsetzt, ist etwas wert.

„Es besteht ein direkter Zusammenhang zwischen der Tatsache, die planetaren Grenzen anzuerkennen, und das Patriarchat und die weiße Dominanz infrage zu stellen. Wenn die Menschen nicht die Erde dominieren, dann haben vielleicht

auch weiße Männer keine Vorherrschaft über alle anderen",
fasst die Systemforscherin Elizabeth Sawin auf Twitter zusammen,
was diese Denk- und Machtstrukturen mit der Klimakrise
und den ökologischen Krisen unserer Zeit zu tun haben. „Wenn
ökologische Grenzen real sind, dann ist die Welt vielleicht keine
Pyramide von Machtbeziehungen, über die einige wenige Autoritäten
bestimmen. Dann ist die Welt vielleicht eher ein Netz
von Verbindungen und selbstorganisierter Komplexität." In
westlichen Industriegesellschaften haben wir gelernt, die Welt
als eine Ressource zu sehen und andere Menschen als Konkurrenz.
Wir nehmen uns nicht nur so viel, wie wir brauchen, sondern
so viel, wie wir wollen und uns leisten können, und praktischerweise
ist das der Logik der unsichtbaren Hand zufolge
auch noch gut für alle, mal abgesehen von den externalisierten
Kosten. Würde man diese nicht als „externalisierte Kosten"
betrachten, die mit unseren Handlungen nichts zu tun haben,
sondern als Schäden, die wir an unserer Mitwelt und unseren
Mitmenschen anrichten, ließe sich der Eigennutz nicht mehr so
einfach legitimieren. Sawin geht daher noch weiter: „Grundlegende
Erkenntnisse der Erdwissenschaften und ökologischen
Fakten anzuerkennen, würde unsere Weltsicht potenziell stark
verändern. Ich denke, das hilft auch zu erklären, warum viele
Machtstrukturen jahrzehntelang nicht in der Lage waren, die
immer offensichtlicher werdenden Anzeichen einer sehr brenzligen
Situation zu erkennen."

Der Wandel ist längst angeschoben

Es gibt viele, viele Menschen, die schon lange daran arbeiten,
genau diesen Wandel möglich zu machen. So viele, dass ich sie
gar nicht alle hier aufzählen kann. Einige sind auch öffentlich
bekannt, die Bedeutung ihrer Arbeit ist aber nicht in ihrer Breite
begriffen.

Die Transformationsforscherin Maja Göpel und der Soziologe Harald Welzer tun seit Jahren alles Mögliche, um immer mehr Menschen einzuladen, unsere Welt und unser Wirtschaften neu zu denken. Die Klimaökonomin Claudia Kemfert versucht mit vielen anderen Forscher:innen am DIW den Wert unserer Lebensgrundlagen in eine Sprache zu übersetzen, die auch Politiker:innen und Wirtschaftswissenschaftler:innen verstehen. Sie zeigen immer wieder auf, warum viele aktuelle Diskurse wissenschaftlich betrachtet Luftschlösser sind und Veränderung dennoch möglich ist. Der Professor für Regenerative Energiesysteme Volker Quaschning hat dafür zusammen mit seiner Frau Cornelia sogar einen eigenen Podcast gestartet, um aktuelle öffentliche Diskussionen tiefgehend zu beleuchten, falsche Versprechen transparent zu machen und Lösungen aufzuzeigen. Der Mediziner Eckart von Hirschhausen zeigt auf, dass gesunde Menschen nur auf einer gesunden Erde zu finden sind.

Soziale Bewegungen wie Ende Gelände, Extinction Rebellion und Fridays for Future lenken zunehmend nicht nur Aufmerksamkeit auf die verdrängten Krisen. Sie verteidigen die 1,5-Grad-Grenze vor Ort, indem sie Kohledörfer wie das nordrhein-westfälische Lützerath davor schützen, abgebaggert zu werden. Sie kämpfen für Bürger:innenräte und erarbeiten in Zusammenarbeit mit Wissenschaftler:innen Lösungspläne, um die sich eigentlich die Regierungen kümmern müssten. Die Bürgerenergie-Bewegung zeigt seit Jahrzehnten, dass die Stromversorgung der Zukunft möglich ist und dass auch Anwohner:innen davon profitieren können. Auch viele kleine und größere Unternehmer:innen und Landwirt:innen übernehmen längst Verantwortung und machen vor, wie wirklich nachhaltiges Wirtschaften möglich ist. Katja Diehl setzt sich leidenschaftlich und offensiv für eine Verkehrswende ein, die alle mitdenkt, und versucht verständlich zu machen, wie alle möglichen Kämpfe zusammenhängen. Milena Glimbovski und Sina Trinkwalder zeigen, was Unternehmer:innentum mit Verantwortung zu tun hat und dass sich beides verbinden lässt. Die Köchin Sophia Hoffmann sensibilisiert mit ihren veganen Zero-Waste-Kochbüchern für eine Ernährungswende, Benedikt Bösel versucht auf seinem Gut für eine regenerative Landwirtschaft zu werben, Raphael Fellmer will mit seiner Firma Sir Plus im größeren Stil Essensverschwendung etwas entgegensetzen.

Aber es sind nicht nur diese Vorreiter:innen des ökologischen Wandels, die die nötigen Transformationen ermöglichen werden. Es sind viele, viele mehr, die schon seit Langem an vielen unterschiedlichen Stellen in unserer Gesellschaft daran arbeiten, Umdenken und damit Umbrüche zu ermöglichen. Einige von ihnen scheinen selbst noch gar nicht so richtig greifen zu können, wie stark ihre Kämpfe mit denen der Klimabewegung verknüpft sind. Nicht nur, weil benachteiligte Gruppen als Erste unter den Auswirkungen der Klimakrise leiden, sondern weil das Denken, das ihre Diskriminierung und Marginalisierung legitimiert, auch die Klimakrise erst ermöglicht hat.

Teresa Bücker und Margarete Stokowski etwa, die es immer wieder schaffen, in einfachen Worten die Dominanz-Muster patriarchalen Denkens für eine größere Gruppe von Menschen sichtbar zu machen – und damit Stück für Stück zu durchbrechen. Alice Hasters, Tupoka Ogette, Mohamed Amjahid, Jasmina Kuhnke und viele andere haben Ähnliches im Bereich Rassismus geschafft. Sie zeigen, dass Rassismus nicht allein von Neonazis und Rechtsextremen ausgeht, rassistische und diskriminierende Denkmuster viel tiefer in unserer Gesellschaft verwurzelt und nur deswegen so wirkmächtig sind. Tonny Nowshin, Imeh Ituen, das Black Earth Collective und andere machen klar, dass auch die Klimabewegung da keine Ausnahme bildet und eine Wende nur gelingen kann, wenn die Verbindungen zwischen Rassismus und Klimakrise gesehen und bekämpft werden. Carola Rackete, die viele dieser Kämpfe miteinander vereint.

Die Journalistin und Autorin Anna Mayr und die Vorsitzende der Grünen Jugend Sarah-Lee Heinrich verdeutlichen, wie Menschen mit geringen Einkommen benachteiligt werden und warum das nicht nur ein individuelles, sondern ein gesellschaftliches Problem ist. Politiker:innen wir Kevin Kühnert und Julia Schramm, die sich für soziale Gerechtigkeit einsetzen und dafür, die Schere zwischen Arm und Reich zu schließen. Aminata Touré, Ricarda Lang, Nike Laurenz, Kathrin Henneberger, Michael Bloss und Erik Marquardt zeigen, dass nicht nur eine andere Politik, sondern eine andere politische Kultur möglich ist. Der Aktivist Raul Krauthausen und die Journalistin Andrea Corinna Schöne, die über Inklusion und Barrierefreiheit in allen möglichen Bereichen aufklären – und über die Verbindungen zur Klimakrise.[219]

Kathrin Weßling, Jasmin Schreiber und viele Influencer:innen auf Instagram haben dazu beigetragen, den gesellschaftlichen Umgang mit Depressionen, Schwäche und chronischen Krankheiten zu enttabuisieren – und damit auch das Dominanz-Paradigma hinterfragt, das Menschen in unserer Gesellschaft nur dann einen Wert zuschreibt, wenn sie im Sinne unseres Wirtschaftssystems Leistung erbringen. Greta Taubert, die uns mit ihrem „Club der Zeitmillionäre" klarmacht, wie wertvoll lohnarbeitsfreie Zeit ist, und Michael Bohmeyer, der für ein bedingungsloses Grundeinkommen kämpft. Şeyda Kurt, die zeigt, warum Liebe politisch ist, und dabei patriarchale, rassistische und kapitalistische Strukturen offenlegt – die auch die Klimakrise anheizen. Rezo, Louisa Dellert, Caroline Kebekus, Igor Levit, Marc-Uwe Kling und Ralph Ruthe, die mit ihrer Arbeit immer wieder Aufmerksamkeit auf diese verdrängte Krise lenken. Natascha Strobl, Mario Sixtus und Marina Weisband, die im öffentlichen Diskurs täglich Narrative aufdecken und hinterfragen und so dazu beitragen, sie zu verändern.

Wenn man sich all diese Entwicklungen bewusst macht, fragt man sich, warum die sozial-ökologische Wende nicht längst da ist. Warum sie nicht zumindest viel offensiver gemeinsam gedacht und kommuniziert wird. Warum sich die Vorkämpfer:innen der sozialen und der ökologischen Wende stattdessen selbst im Wahlkampf 2021 noch gegeneinander ausspielen ließen oder da sogar selbst mitgemacht haben. Es erklärt aber sehr wohl, warum Gegner:innen dieser Entwicklung genau das versuchen.

> **Wenn man sich klarmacht, wie viel Wichtiges schon passiert, um einen umfassenden Wandel zu ermöglichen, dann scheint die nötige Transformation gar nicht mehr so weit weg zu sein.**

Sie ist keine weit entfernte gesellschaftliche Utopie, ein Zustand, von dem ich gehofft hatte, dass wir ihn annähernd erreicht haben, wenn ich im Rentenalter bin. Wenn wir unsere Lebensgrundlagen erhalten und unsere Zukunft sichern wollen, müssen wir all die bitter nötigen gesellschaftlichen Veränderungen in den kommenden zehn Jahren zu einem Großteil geschafft haben. Vielleicht klingt das alles zu gut, um wahr zu sein, aber wir haben, wie die Fridays-for-Future-Aktivistin Franziska Heinisch es formuliert, wohl keine andere Wahl, als es auszuprobieren. Gesellschaftliche Strukturen, die wir aufgebaut haben, können wir umbauen und reparieren. Ökosysteme können wir nur schützen und sich regenerieren lassen, wenn wir sie nicht bis an den Rand des ökologischen Zusammenbruchs und ins Klimachaos befördern.

Veränderung ist möglich, auch große, grundlegende Veränderungen, und auch, noch immer, zum Guten. Aber sie wird nur ermöglicht und gemacht, wenn genug Menschen sie einfordern. Und umsetzen. Gemeinsam.

Kapitel 10
Alles umkrempeln, jetzt!

Um das Nötige zu schaffen, braucht es einen gesellschaftlichen Perspektivenwechsel. Wir stecken tief in der Krise, und wir müssen aufhören, das zu verleugnen und zu ignorieren. Nur wenn wir jetzt alles tun, was in unserer Macht steht, können wir uns da noch rausziehen. Dazu kommt, dass wir ja, wie beschrieben, nicht nur in der Klimakrise stecken, sondern in mehreren planetaren Krisen gleichzeitig: Ozeanversauerung, Überdüngung, Landnutzung, Artensterben, regional auch der Verbrauch von Süßwasser – all diese Entwicklungen müssen gestoppt und der Ressourcenverbrauch auf ein nachhaltiges Maß reduziert werden, um ein stabiles Leben innerhalb der planetaren Grenzen zu ermöglichen. Jetzt. Nicht erst in 10 oder 30 Jahren. Ein wesentlicher Teil der Transformation, die ich hier nur grob skizziere, muss bis 2030, also in acht Jahren, bereits geschafft sein.

Maßnahme 1:
Sofort Emissionen reduzieren

Wir müssen schon heute gesteuert und geplant massiv Emissionen einsparen. Dafür braucht es Sofortmaßnahmen, die in der Lage sind, das innerhalb weniger Monate zu gewährleisten. Dafür könnten wir etwa ein Tempolimit auf Autobahnen einführen, Inlandsflüge verbieten, Lebensmittelverschwendung bekämpfen, Moore wieder vernässen und klima- und umweltschädliche Subventionen[220] komplett abschaffen, um die Klimakrise zumindest nicht mehr mit Steuergeldern weiter anzuheizen. Pop-up-Radwege können, wie in Berlin während der Coronakrise, schnell für Veränderung sorgen und anschließend gegebenenfalls angepasst und in ständige Einrichtungen verwandelt werden. Die Bürgermeisterin von Paris, Anne Hidalgo, hatte dieses Momentum ebenfalls genutzt und im Mai 2021 angekündigt, die Pariser Innenstadt bis 2022 weitgehend autofrei zu machen.

Maßnahme 2:
Eine Verkehrswende, die den Namen verdient

In Kapitel 8 habe ich anhand der Verkehrswende bereits erklärt, wie die Lösung für ein Problem auch viele weitere Probleme lösen kann. Eine ernsthafte Verkehrswende, also weniger Autoverkehr, dafür mehr Wege per Bus, Fahrrad, Bahn und zu Fuß, hilft nicht nur Emissionen einzusparen, sondern erhöht die Lebensqualität in Städten. Die Luft wird sauberer, die Lärmverschmutzung verringert und so die Gesundheit der Bewohner:innen verbessert. Wo der Platz für Autos schrumpft, entsteht Raum für Menschen und Pflanzen, kann Oberflächenversiegelung aufgerissen werden, was dafür sorgt, dass Wasser bei Starkregen besser abläuft und sich die Stadt bei Hitzewellen weniger aufheizt. Es muss nicht nur der Verkehr reduziert werden, sondern auch die Notwendigkeit von Verkehr. Anstatt ausgedehnter Zentrum-Peripherie-Strukturen mit verödeten Vororten und Bettenburgen braucht es belebte lokale Zentren mit Läden, Schulen, Parks, Verwaltungsgebäuden, Arztpraxen und Theatern. All das ist nicht nur gut gegen Emissionen, sondern auch positiv für das Zusammenleben und die Gemeinschaft.

Wir müssen auch sehr viel weniger fliegen. Vielleicht werden wir irgendwann in größerem Stil emissionsfrei fliegen können, aber so leid es mir tut, bis dahin müssen wir das aufs Nötigste reduzieren. Auch wenn Flüge nur etwa zwei Prozent der jährlichen CO_2-Emissionen verursachen, heizen sie die Atmosphäre auch durch andere, zusätzliche Effekte auf, etwa indem sie Stickoxid ausstoßen oder Kondensstreifen und Zirruswolken verursachen.

Sie wirken zwar nur wenige Minuten, Stunden oder Tage, insgesamt hat der Flugverkehr auf diese Weise aber vier Prozent der Erderwärmung verursacht.[221] Der Anteil an der neu verursachten Erwärmung ist sogar noch höher und lag vor der Coronapandemie 2018 bei fast sechs Prozent,[222] in reichen Ländern wie Deutschland sogar bei knapp zehn Prozent.[223] Natürlich werden Menschen weiterhin Flugzeuge benutzen, etwa um Familienangehörige zu besuchen, regelmäßige Urlaubsflüge jedoch können keine Selbstverständlichkeit mehr sein. Das sind sie ohnehin nur für einen kleinen, privilegierten und hypermobilen Teil der Weltbevölkerung. Ein Großteil fliegt überhaupt nicht, selbst in Deutschland hat in den vergangenen Jahren knapp die Hälfte der Bevölkerung gar kein Flugzeug betreten.[224] Es sind die Reichsten, die die meisten Emissionen erzeugen: Vielflieger:innen, die nur ein Prozent der Bevölkerung ausmachen, waren 2018 verantwortlich für die Hälfte des CO_2-Ausstoßes im Flugsektor.[225] Ein:e einzige:r dieser reichen Vielflieger:innen trägt damit allein durchs Fliegen 225 000-mal so stark zur Erderhitzung bei wie die ärmsten Bewohner:innen der Erde, die am stärksten darunter leiden. Würde dieses eine Prozent die Anzahl der Flüge halbieren, würde das die Emissionen des Flugverkehrs um ein Viertel senken. Aber schon ein Hin- und Rückflug von Berlin nach New York hat eine Klimawirkung wie rund 3 800 Kilogramm CO_2[226] und damit mehr, als in 112 Ländern eine durchschnittliche Person innerhalb eines Jahres an CO_2-Emissionen erzeugt.[227]

Maßnahme 3:
Eine echte Agrar- und Ernährungswende

Nach dem Zweiten Weltkrieg hat auch in Deutschland eine Industrialisierung der Landwirtschaft eingesetzt. Durch den Einsatz von Maschinen, Düngemitteln und Pestiziden konnte die Produktivität der Agrarindustrie lange gesteigert werden. Hat ein:e Landwirt:in 1960 im Schnitt 17 Menschen ernährt, hat sich diese Zahl bis heute auf 137 mehr als verachtfacht.[228] Das gelang nicht allein durch innovative Anbaumethoden, sondern auch weil die Zahl der Betriebe stetig abnahm und die Flächen der verbliebenen Betriebe wuchsen, mit ihnen auch Monokulturen. Die Intensivierung der Landwirtschaft hat viele negative Auswirkungen. Auch Großstädter:innen dürften in den vergangenen Jahren mitbekommen haben, dass diese Entwicklung nur auf Kosten der Umwelt und der Landwirt:innen möglich war. Diverse Traktor-Proteste rollten auch durch Berlin. Dass es so wie bisher nicht weitergeht, darüber sind sich eigentlich alle einig, Landwirt:innen, Wissenschaftler:innen, Umweltschützer:innen und Verbände. Die Agrar- und Ernährungspolitik muss sich ändern, und das auf allen Ebenen, in der EU, Deutschland und den Bundesländern. Die Verhandlungen zur gemeinsamen Agrarpolitik der EU 2020/21, in denen festgelegt wurde, wie die Fördergelder in den kommenden sieben Jahren vergeben werden, wären die Chance gewesen, etwas grundlegend zu verändern, doch die Wende lässt auf sich warten. Und das in einer Krise, in der Handeln nicht mehr warten kann. Die Arten sterben, die Höfe auch, Naturschützer:innen verzweifeln ebenso wie Landwirt:innen.

Die Landwirtschaft steht mit unterschiedlichen planetaren Krisen im Zusammenhang, sie befördert sie und leidet gleichzeitig unter ihnen. Veränderte Landnutzung, Rodungen etwa, befeuert die Klimakrise, verursacht Emissionen und vermindert die Fähigkeit der Wälder, sie zu binden. Die häufigeren Extremwetterereignisse, Dürren und Starkregen, aber auch veränderte Anbaubedingungen schädigen die Ernten und erfordern einen anderen Umgang mit dem Boden. Boden wiederum kann helfen, Emissionen zu speichern.

Um den Methanausstoß durch die Tierhaltung und die hohen Nitratwerte aufgrund übermäßiger Düngung im Grundwasser zu senken, müssen der Verbrauch und damit die Massenproduktion von Fleisch und anderen tierischen Produkten eingeschränkt werden. Wenn die Klimakrise die Ernten in den nächsten Jahren und Jahrzehnten immer stärker schädigt und wir sparsamer mit Süßwasser umgehen müssen, helfen Innovationen, die den Methanausstoß reduzieren sollen, aber nur bedingt. Wir können es uns schlicht künftig nicht mehr leisten, Unmengen an Pflanzen an Tiere zu verfüttern, um Lebensmittel zu erzeugen, wenn wir auf der gleichen Fläche Lebensmittel für Menschen anbauen oder natürliche Senken fördern können.

60 Prozent aller Säugetiere an Land sind Nutztiere, der größte Teil davon Kühe und Schweine, 36 Prozent sind Menschen – nur vier Prozent sind Wildtiere. Bei Vögeln sieht es ähnlich aus, 70 Prozent sind gezüchtet, nur 30 Prozent wild lebend.[229] Um Arten effektiv zu schützen und den Kollaps von Ökosystemen abzuwenden, reicht es nicht mehr, kleine Naturschutzgebiete auszuweisen. Die UNO will bis 2030 ein Drittel der Erde unter Naturschutz stellen, um dieser Entwicklung etwas entgegenzusetzen.[230] Selbst das wird nicht reichen, auch die Landwirtschaft muss sich deutlich wandeln: weniger Pestizide, weniger Dünger, weniger Entwässerung, mehr Vielfalt, mehr Bäume, Hecken, Streuobstwiesen, mehr Sorten, breitere Feldränder. Eine regenerative Landwirtschaft mit artgerechter Haltung, die schätzt und erhält, wovon sie selbst lebt. Für die Landwirt:innen bedeutet das weniger Tiere und weniger Erträge; damit sich das finanziell trägt, müssen die Förderrichtlinien entsprechend geändert werden. Alternativ könnten die tatsächlichen ökologischen und sozialen Kosten nach dem Verursacherprinzip eingepreist werden, Milch- und Fleischprodukte würden so um einiges teurer werden.[231]

Und auch unsere Ernährung muss sich entsprechend ändern. Das wissen eigentlich alle, die sich mit dem Problem beschäftigen, öffentlich darüber zu reden trauen sich nur wenige Politiker:innen. Wer sich an die Veggie-Day-Debatte erinnert, ahnt, warum. Aber die aktuelle Ernährung schadet nicht nur dem Klima und der Umwelt, sondern auch vielen Menschen. Zu süße, fette und einseitig Ernährung, hochverarbeitete Lebensmittel und zu viel Fleisch machen krank. Laut Krankenkassen bewegen sich die Kosten für ernährungsbedingte Krankheiten in Milliardenhöhe, auch sie fordern Veränderungen durch die Politik. Das hat nichts mit Nanny-Staat und Bevormundung zu tun, sondern mit dem Zugang zu Informationen und Werbebotschaften und damit, wer sich welche Lebensmittel überhaupt leisten kann.

Mit diesen Problemen hat sich auch ein Team um Johan Rockström beschäftigt, Direktor des Potsdam-Instituts für Klimafolgenforschung und Professor für Erdwissenschaften an der Universität in Potsdam. Die Wissenschaftler:innen untersuchten, wie wir mit einer veränderten Ernährungsweise unterschiedliche Krisen gleichzeitig lösen können, und haben dafür die sogenannte Planetary Health Diet entwickelt.[232] Denn um 2050 etwa 10 Milliarden Menschen gesund und nachhaltig ernähren zu können, müssen wir unsere Essgewohnheiten umstellen, die Anbaubedingungen verändern und Lebensmittelverschwendung reduzieren. Das heißt nicht, dass ab sofort alle vegan leben müssen, es bedeutet eher die Rückkehr des Sonntagsbratens. Fleisch und Milchprodukte werden nicht mehr selbstverständlicher Teil sämtlicher Mahlzeiten sein können, der Anteil pflanzlicher Lebensmittel muss sich erhöhen. Und das ist praktischerweise nicht nur für den Planeten gut, sondern auch für die menschliche Gesundheit.

Maßnahme 4:
Die Bau- und Wärmewende beschleunigen

Wer hätte gedacht, dass Menschen mal für so unattraktive Dinge wie Wärmedämmung streiken und ins Gefängnis gehen würden. Genau dafür kämpft die Kampagne Insulate Britain in Großbritannien. Sie fordern ein nationales Regierungsprogramm, um Gebäude zu dämmen und so den Energiebedarf bis 2030 zu senken. Weil die Aktivist:innen dafür während einer Rushhour im Oktober 2021 unter anderem Autobahnauffahrten in und um

London blockierten, wurden neun von ihnen zu drei bis sechs Monaten Haft verurteilt und mussten zusätzlich 45 000 Pfund der Prozesskosten der staatlichen Autobahngesellschaft übernehmen. Warum tun sich die Protestierenden das an? Um Häuser klimaneutral mit Wärmepumpen und Strom beheizen zu können, müssen wir effizient mit der zur Verfügung stehenden Energie umgehen. Häuser zu dämmen ist dafür ein wichtiger Schritt – der etwas Zeit braucht, Handwerker:innen, Geld und Materialien erfordert. In Deutschland müssen Studien zufolge vier Prozent der Häuser pro Jahr gedämmt werden, um das 1,5-Grad-Limit einzuhalten.[233] Derzeit liegt die Rate bei rund einem Prozent. Zuletzt waren aber nicht nur Dämmstoffe knapp, auch Handwerker:innen fehlen. Das heißt nicht, dass diese Ziele komplett unrealistisch sind, es bedeutet vor allem, dass wir Prioritäten verschieben müssen. Statt etwa neue Autobahnen oder Flughäfen zu bauen, sollten die Ressourcen lieber in Sanierung investiert werden. Wir brauchen nicht unbedingt mehr Geld, Material und Arbeitskraft, wir müssen sie vor allem in die richtige Richtung lenken.[234]

Forscher:innen und die Industrie arbeiten außerdem daran, die energieintensive Zement- und Stahlproduktion klimaneutral zu gestalten und Baustoffe zu recyceln. Der Bauboom der vergangenen Jahrzehnte hat dafür gesorgt, dass sogar Sand knapp wird. Ja, richtig gelesen: Sand. Davor warnte das Umweltprogramm der Vereinten Nationen (UNEP) schon 2019.[235] Im Endeffekt wird aber kein Weg daran vorbeiführen, weniger neu zu bauen, da wir nicht nur den Ressourcenverbrauch, sondern auch den Flächenfraß stoppen müssen. Kein Neubau, ohne dass anderswo mindestens eine gleich große Fläche entsiegelt wird. Wird neu gebaut, dann nur mit nachwachsenden oder gebrauchten Rohstoffen und Rückbaukonzept und schon heute klimaneutral im gesamten Lebenszyklus. Bestand muss saniert, nachhaltig genutzt, umgebaut und gegebenenfalls aufgeteilt und die Energieversorgung umgestellt werden auf erneuerbare Energieträger.

Trotz Dämmung ist der Wärmeenergiebedarf seit den Neunzigern nicht gesunken, weil der Pro-Kopf-Bedarf an Wohnfläche parallel zu den Einsparungen angestiegen ist. Wer das ausspricht, macht sich unbeliebt, aber realistisch betrachtet, werden wir künftig auch die Heizung mal herunterdrehen und Flächen teilen müssen. Und wie schon bei der Landwirtschaft wirkt sich nicht nur das Bauen aufs Klima aus, sondern auch das Klima aufs Bauen. Ab sofort muss überall mitgedacht werden, wie Häuser künftig Stürmen, Hitzewellen, Hochwassern oder Schlammlawinen trotzen können. Komplett verglaste Westseiten etwa könnten sich in den Hitzesommern von 2050 nicht mehr als die allerbeste Investition erweisen, ebenso wie falsch gedämmte oder ungedämmte Dachgeschosswohnungen.

Maßnahme 5:
Die Energiewende vollenden

Warum wir so schnell wie möglich zu einer komplett sauberen und nachhaltigen Energieversorgung kommen müssen, brauche ich hier vermutlich nicht mehr zu erklären. Der Verbrauch von Öl, Kohle und Gas heizt die Erde weiter auf, Atomstrom bringt diverse andere Probleme mit sich (siehe Kapitel 8) und Wasserstoff ist ein Energieträger, keine Energiequelle. Sonne, Wind, Wasser, Biomasse und Geothermie werden nicht nur komplett unseren Strom erzeugen, sondern auch unsere Autos antreiben und unsere Wohnungen heizen. Um all das zu gewährleisten, müssen die Anlagen, Netze und Speicherkapazitäten so schnell wie möglich ausgebaut werden, wir werden gleichzeitig aber auch effizient mit Energie umgehen müssen. Denn auch wenn der Ausbau sehr viel schneller gehen kann und muss, als es gerade der Fall ist, gibt es – zumindest kurz- und mittelfristig – Limitationen. Durch Ressourcen, durch Arbeitskräfte und durch verfügbaren Platz.

Zwischen 1990 und 2018 ist die Energieeffizienz der deutschen Wirtschaft um mehr als 50 Prozent gestiegen, der Endenergieverbrauch in Deutschland ist jedoch nur um rund fünf Prozent gesunken.[236] Das liegt einerseits am Wirtschaftswachstum und andererseits am sogenannten Rebound-Effekt. Wenn es weniger Rohstoffe und damit Geld kostet, ein Produkt herzustellen und zu konsumieren, wird das Eingesparte oft genutzt, um damit weitere oder größere Sachen zu kaufen. Man fliegt häufiger, kauft sich ein größeres Auto, zusätzlich zu Laptop und Handy noch ein Tablet, einen Flachbildfernseher und eine Spielekonsole.

Maßnahme 6:
Wir müssen das Wachstumsparadigma hinterfragen

Die Frage, ob wirtschaftliches Wachstum und Klimaneutralität zusammengehen, führt unter Klimabewegten oft zu ähnlich unangenehmen Momenten, wie beim Geburtstagskaffee mit der erweiterten Familie die Klimakrise anzusprechen. Es gibt im Wesentlichen zwei Ansichten: Die einen sehen Wachstum als wichtige Voraussetzung, um die nötige Transformation hin zu einer klimaneutralen und nachhaltigen Wirtschaft und Gesellschaft zu schaffen. Die anderen sind überzeugt davon, dass Wachstum ein zentraler Treiber der Klimakrise ist und eine nachhaltige Wirtschaft nur gelingen kann, wenn das Wachstumsparadigma in Frage gestellt wird.

Lange wurde vor allem diskutiert, ob eine komplette Entkopplung von Wirtschaftswachstum und Emissionen möglich ist. Die Antwort darauf ist – zumindest theoretisch – einfach: Ja, das ist es. Wenn hundert Prozent des Energiebedarfs durch erneuerbare Energien gedeckt werden. Den Prozess der Entkopplung kann man in Ländern wie Deutschland und Großbritannien bereits beobachten, die entscheidende Frage ist demnach nicht, *ob* eine komplette Entkopplung möglich ist, sondern, *wie schnell.*[237] Um ihren fairen Anteil zu leisten, um das Pariser Klimaabkommen einzuhalten, müssen viele große Industrienationen bereits um 2035 herum klimaneutral sein. Wächst die Wirtschaft nun weiter, steigt auch die Nachfrage nach Strom – diese innerhalb der kurzen, verbleibenden Zeit mit erneuerbaren Energien zu befriedigen, wird schwierig.[238] Bisherige IPCC-Modelle gehen dennoch nach wie vor davon aus, dass die Wirtschaft und der Konsum weiter wachsen werden, und setzten auch deswegen im großem Umfang auf heute noch nicht einsatzbereite Carbon-Removal-Technologien. (Praktisch dürfen global für eine Entkopplung von Wirtschaft und Emissionen auch die Zementproduktion, Landwirtschaft, Schiffs- und Flugverkehr keine weiteren Treibhausgase verursachen – diese mit Negativemissionstechnologien auszugleichen dürfte kompliziert genug werden.)

Eine größer werdende Gruppe von Wissenschaftler:innen schlägt vor, bei der Lösung der Klimakrise nicht nur die Angebotsseite in Betracht zu ziehen, sondern auch die Nachfrage in Hochlohnländern. Die in Deutschland prominentesten Vertreter:innen dieser Richtung sind wohl der Soziologe Harald Welzer und die Transformationsforscherin Maja Göpel, die Ökonom:innen Mariana Mazzucato, Niko Paech, Tim Jackson und der Politikwissenschaftler Ulrich Brand. Die britische Wirtschaftwissenschaftlerin Kate Raworth hat das Modell der Donut-Ökonomie entwickelt, das Wirtschaft als Teil der Stoffkreisläufe der Erde versteht, nicht als Input-Output-System. Veränderungen dieser Kreisläufe und ihre Folgen sind so Teil der Rechnung, nicht externe Faktoren: die ökologische Ökonomik wird Teil der finanziellen Ökonomik. Der Österreicher Christian Felber spricht von Gemeinwohlökonomie, die Wissenschaftler:innen Julia Steinberger und Jason Hickel stehen für den sogenannten Degrowth-Ansatz. Einige gehen davon aus, dass die Wirtschaft und der Konsum schrumpfen müssen, andere davon, dass der Konsum einfach nicht weiter wächst, wieder andere sind diplomatischer und fordern, Wachstum zumindest zu hinterfragen und neu zu definieren. Der Erfolg unserer Wirtschaftssysteme solle nicht im Bruttoinlandsprodukt BIP gemessen werden, da es Umweltzerstörung und die Ungleichverteilung von Reichtum ignoriert. Wichtiger sei es, sich zu fragen: Wenn die Grundbedürfnisse erfüllt sind, was ist dann wirklich wichtig? Was tut uns gut? Was soll wachsen? Und: was nicht?

Ich hatte davon in den vergangenen Jahren schon öfter gelesen, die Diskussion erschien mir abstrakt und utopisch, ehrlich gesagt, war es mir auch zu kompliziert, mir vorzustellen, wie ein anderes Wirtschaftssystem aussehen könnte. Irgendwie schien es ja mit dem derzeitigen System zu funktionieren, würde es wirklich große Probleme geben, würde die vermutlich jemand lösen.

Dass die Probleme riesig sind und man sie bisher ignoriert statt löst, wurde mir erst klar, als ich die Dringlichkeit der planetaren Krisen verstand. Wir müssen ja nicht nur die Emissionen stoppen und unsere Wirtschaften mit erneuerbaren Energien betreiben, sondern auch der Umweltzerstörung ein Ende setzen, um das Artensterben und den Zusammenbruch von Ökosystemen zu verhindern. Ressourcenverbrauch und Wachstum zu entkoppeln erscheint derzeit noch unrealistischer, als ausreichend schnell CO_2-Emissionen vom Wachstum zu entkoppeln.[239, 240] Mir wurde klar: Die Diskussion war gar nicht abstrakt und weit weg, sie war sehr konkret und hatte mit meinem eigenen Leben, meiner Chance auf eine Zukunft zu tun und mit der Frage: Was ist mir wirklich wichtig? Heute und in Zukunft.

Vielen Vordenker:innen alternativer Wirtschaftssysteme ist Wachstum an sich egal. Es geht ihnen nicht darum, Wachstum zu verhindern oder zu verteufeln, sondern dessen negative Auswirkungen auf unsere Lebensgrundlagen zu stoppen. Dafür soll in erster Linie die Verschwendung gestoppt werden, die etwa durch Wegwerfmode und Lebensmittelverschwendung entsteht. Es geht auch darum, weniger notwendige Produktionen zurückzufahren, etwa SUVs, Fleisch und Fast Fashion. Konsumanreize wie Werbung und die sogenannte geplante Obsoleszenz sollen reduziert, Produkte stattdessen hochwertig, langlebig und reparierbar gestaltet werden. Wer in Deutschland weniger als die durchschnittlichen 57 Kilogramm Fleisch[241] und sechzig Kleidungsstücke pro Jahr[242] konsumiert, muss deswegen nicht unglücklich werden. Vor allem nicht, wenn der Staat gleichzeitig die Arbeitszeit reduzieren, existenzsichernde Löhne einführen, den Zugang zu Medizin, Bildung, Naherholung, öffentlichen Verkehrsmitteln und Wohnungen leicht und bezahlbar gestalten und Einkommen und Reichtum gerechter verteilen würde. Das kann die Zufriedenheit und das Wohlbefinden der Bevölkerung sogar steigern. Keiner dieser Ansätze stellt infrage, dass ärmeren Staaten eine nachholende Entwicklung zusteht. Es geht ihnen nicht darum, eine freudlose und genussfeindliche Ökodiktatur durchzusetzen, sondern darum, den exzessiven Konsum wohlhabender Menschen in reichen Ländern zu reduzieren, um unser Leben weiterhin zu ermöglichen. Innerhalb der planetaren Grenzen.

Es gibt zwei Argumente, die immer wieder von den Gegner:innen der beiden Positionen angeführt werden:

1. Die Zeit, die wir noch haben, um zu handeln, ist zu kurz, um erst unser Wirtschaftsmodell umzubauen und dann unsere Lebensgrundlagen zu retten.

2. Wir werden unsere Lebensgrundlagen nicht retten, wenn wir unser Wirtschaftssystem nicht umbauen, da es der zentrale Treiber für die Zerstörung der vergangenen Jahrzehnte ist.

Die Debatte ist relevant, ihre Implikationen enorm. Es wäre großartig, alles durchdenken und vorbereiten und dann nach einem halbwegs funktionalen Plan umsetzen zu können. Praktisch bleibt jedoch so wenig Zeit, dass wir gar nicht die Chance haben werden, das auszudiskutieren. Ich sehe es mittlerweile pragmatisch: Wenn wir unsere Lebensgrundlagen retten wollen, müssen wir jetzt aufhören, Dinge zu tun, die sie zerstören, und anfangen, Dinge zu tun, die sie fördern, schützen und erhalten. Und das in allen möglichen Bereichen. Wir müssen uns fragen, was uns wirklich wichtig ist. Und das, was es nicht ist, müssen wir sein lassen. Schritt für Schritt. Zuerst das, was direkt umsetzbar ist, dann mehr und mehr.

Das wird zwangsläufig zu größeren Änderungen führen, und ich fürchte, das wird nicht völlig reibungslos klappen. Aber ein Wirtschaftssystem, das wir Menschen uns ausgedacht und gebaut haben, können wir ändern, auch wenn wir es bisher noch nie richtig probiert haben. Unsere Umwelt, unsere Lebensgrundlagen jedoch, die werden wir nicht ersetzen können.

Maßnahme 7:
Sharing Economy, Kreislaufwirtschaft und Qualifizierungen fördern

Um den Natur- und Ressourcenverbrauch auf ein für uns und unseren Planeten verträgliches Maß herunterzufahren, müssen wir teilen, statt besitzen. Egal, ob Gebäude, Fahrzeuge, Werkzeuge oder sogar Kleidung – die Sharing Economy ist kein Buzzword, wie ich bisher angenommen hatte. Sie löst ein Problem, dessen Dringlichkeit ich lange nicht verstanden hatte. Ähnliches gilt für die Kreislaufwirtschaft: Wenn wir heute Ressourcen verbrauchen, müssen sie am Ende ihrer Lebensdauer repariert, ihre Einzelteile komplett recycelt oder weiter verwertet werden. Müll kann es auf einem Planeten mit endlichen Ressourcen gar nicht geben, und damit sind wir auch schon beim Verpackungsproblem. Wenn sich die Plastikproduktion entwickelt, wie von der Industrie geplant, könnte sie einer Studie zufolge schon 2030 mehr Emissionen ausstoßen als Kohlekraftwerke.[243] Mikroplastik ist mittlerweile überall, auch auf dem Mount Everest,[244] im arktischen Meereis[245] und in unseren Körpern. Ob es 2050 wirklich mehr Plastik als Fische im Meer geben wird, kann niemand seriös sagen,[246] dass Plastikmüll in Meeren ein riesiges Problem ist, wird jedoch niemand ernsthaft bestreiten.

Das Verbot von Einweg-Plastikprodukten, das 2021 in der EU in Kraft getreten ist, ist mehr ein Feigenblatt, als dass es diesem Problem ernsthaft etwas entgegensetzt. Trinkhalme, Rührstäbchen, Luftballonstäbe und Einweg-Geschirr aus dem Verkehr zu ziehen ist vor allem ein symbolischer Akt, wenn im Supermarkt Käse, Joghurt und Waschmittel weiterhin zum Großteil in Plastikverpackungen verkauft werden.

Was in Bezug auf den Ressourcenverbrauch oft rassistisch und menschenfeindlich als Problem von „Überbevölkerung" diskutiert wird,[247] ist vor allem ein Problem von „Überkonsum". Die reichsten ein Prozent, das sind Personen mit einem Jahreseinkommen von über 100 000 Dollar, sind verantwortlich für mehr als doppelt so viele Emissionen wie die ärmere Hälfte der Weltbevölkerung. Das hat eine Studie von Oxfam ergeben, in der die Emissionen zwischen 1990 und 2015 untersucht wurden. Der Ausstoß von Treibhausgasen ist innerhalb dieser 25 Jahre um sechzig Prozent angestiegen, aber der Anteil der reichsten ein Prozent stieg dabei drei Mal so schnell wie jener der ärmeren Hälfte. Die reichsten zehn Prozent sind verantwortlich für 52 Prozent der Emissionen in dieser Zeit. Zu dieser Gruppe zählen Menschen mit einem Einkommen von über 35 000 Dollar.

Ich will auch gar nicht unterschlagen, dass alle diese Maßnahmen, die notwendig sind, um die Klimakatastrophe abzuwenden, bedeuten, dass an einigen Stellen Arbeitsplätze verloren gehen. An anderen aber sehr viele Arbeitskräfte gebraucht werden. Nicht alle Betroffenen können einfach einen anderen Beruf ergreifen oder umziehen. Dieser Prozess muss also politisch begleitet und abgefedert werden, auch indem man Anreize für Umschulungen schafft. Vor allem aber, indem man der Bevölkerung erklärt, warum all das nötig ist. Man wird wohl leider nie alle mitnehmen können, aber die Bürger:innenräte zeigen, dass Menschen bereit sind, weitreichende Veränderungen mitzutragen, wenn sie sozial gerecht umgesetzt werden und für die Bevölkerung nachvollziehbar sind.

1000 Wege, die Zukunft zu retten – und 5 Tipps dafür

Es ist ein überwältigendes Gefühl, wenn einem klar wird, dass man in seinem Leben entweder eine Art friedliche Revolution erleben wird oder eine schier endlose Kette von Katastrophen.

Noch überwältigender ist es, wenn einem bewusst wird, dass man selbst darüber mit entscheidet, in welche Richtung es geht.

Als ich im Juli 2020 begriff, wie akut die Lage ist, und anfing zu ahnen, was das für mein Leben und das vieler anderer bedeutet, hielt ich es emotional kaum aus. Ich war monatelang völlig verzweifelt. Ich suchte nach *der* Antwort, der einen Lösung, dem Plan, der dafür sorgen würde, dass alles am Ende irgendwie gut ausgehen würde. Dabei stieß ich auf extrem viel Wissen, das in der breiten öffentlichen Diskussion kaum eine Rolle spielt, mich zunächst aber nur wenig beruhigte. Ich fand wissenschaftliche Erkenntnisse darüber, was auf uns zukommt und wie wir uns darauf bis zu einem gewissen Grad vorbereiten können. Indigenes und traditionelles Wissen darüber, wie man mit und von seiner Umwelt leben kann, ohne sie zu zerstören. Wirtschaftliche Analysen dazu, was nicht funktioniert und was wir zumindest dringend bleiben lassen sollten. Erfahrungen, wie man als Gesellschaft Krisen durchsteht und möglichst viele schützt. Ich kam in Kontakt mit Engagierten auf allen Kontinenten und in allen möglichen Branchen. Menschen, die auf Fragen, die sich mir stellten, schon Antworten hatten, die seit Jahrzehnten nicht aufgaben und an immer neuen Ideen arbeiteten, und Menschen, die wie ich gerade erst gestartet waren und völlig neue Wege ausprobierten.

Den einen Plan fand ich nicht, die eine Lösung – die sogenannte Silver Bullet – auch nicht. Aber ich begegnete immer wieder zwei Botschaften, denen ich lange misstraute: Es ist nicht zu spät, Veränderung ist möglich. Und jede und jeder Einzelne, der sich entscheidet, aktiv zu werden, könnte den Anstoß dafür geben, dass diese noch rechtzeitig gelingt.

Eins vorweg: Wir müssen natürlich gar nichts. Wir können auch einfach noch ein paar Jahre so weitermachen, die Probleme verdrängen und so tun als wäre nicht klar, dass kleine Schritte nicht reichen werden, um die planetaren Krisen, in denen wir stecken, zu bremsen. Wir können so tun, als hätte all das nichts mit uns zu tun und beiseiteschieben, was wir in der Coronakrise über nicht-lineare Entwicklungen gelernt haben. Und selbst wenn wir die Krisen wirklich voll anerkennen, könnten wir gesellschaftlich abwägen und uns entscheiden, lieber noch zehn Jahre so weiterzuleben, mit Steaks und SUVs, klimaschädlichen Subventionen und Autobahnneubau, und anstatt etwas zu ändern, die Folgen unseres Nicht-Handelns zu ertragen.

Aber vielleicht wollen das viele ja gar nicht. Die meisten Menschen mögen ihre Kinder und Enkel:innen ganz gern, oder haben zumindest Interesse daran, die eigene Zukunft zu sichern. Vielen ist nur nicht bewusst, wie akut die Situation ist; dass wir es buchstäblich mit jedem Tag, an dem wir einfach so weiterleben wie bisher, unwahrscheinlicher machen, auch in Zukunft ein Leben in relativer Stabilität und Sicherheit zu führen.

Die gute Nachricht ist: Wir haben die Wahl. Menschen haben die planetaren Krisen verursacht. Und auch wenn nicht alle gleich stark dafür verantwortlich sind, so bedeutet das doch, dass wir gegensteuern und unsere Lebensgrundlagen retten können. Nur müssen wir das auch tun. Hier und heute.

Um die nötigen Veränderungen anzuschieben, müssen genügend Menschen aktiv werden. Es klingt absurd, aber jede:r, der oder die anfängt, zählt. Als Greta Thunberg sich am 20. August 2018 zum ersten Mal mit ihrem Protestschild „Skolstrejk för Klimatet" in Stockholm vor das schwedische Parlament setzte, hatte sie wohl auch nicht damit gerechnet, eine internationale Bewegung loszutreten. Fridays For Future hat in den vergangenen drei Jahren viel bewegt. Angemessen auf die planetaren Krisen zu reagieren – davon sind wir aber noch immer weit entfernt. Jeder Mensch, der beschließt, die Krisen nicht weiter zu ignorieren und Teil der Lösung zu werden, ist in der Lage, auch bei anderen einen Nachdenkprozess auszulösen und so eine Entwicklung in die richtige Richtung anzustoßen. Exponentielle Entwicklungen gibt es auch zum Positiven, erste Anzeichen davon sind schon zu sehen. Lasst sie uns weiter anschieben.

1. Sprecht darüber. Und redet Klartext.

Schiebt die Krise nicht länger weg, informiert euch. Und sprecht darüber. Die wichtigste Sache, die jede:r Einzelne tun kann, um die Klimakrise – und die planetaren Krisen – zu bekämpfen, ist, darüber zu reden, sagt die kanadische Klimawissenschaftlerin Katharine Hayhoe. So banal es klingt, so sehr hat sie recht. Als Allererstes müssen wir die gesellschaftliche Verdrängung durchbrechen. Einige haben das Gefühl, die Krisen hätten nichts mit ihnen zu tun, andere haben den Eindruck, man könne ohnehin nichts dagegen tun. Beides ist nicht wahr. Also sprecht mit euren Kolleg:innen, euren Freund:innen und eurer Familie darüber. Sich dafür mit den Fakten vertraut zu machen ist richtig und gut. Noch wichtiger jedoch ist es, die emotionale Distanz zu überwinden, also erzählt von euren persönlichen Kipppunkten und Gefühlen. Wann wurde euch klar, wie akut die Lage ist? Wie geht es euch damit, und was bereitet euch Sorgen? Aber auch und vielleicht sogar noch mehr: Welche Veränderungen wollt ihr sehen? Worauf freut ihr euch, für welche Zukunft wollt ihr kämpfen, jetzt, da euch klar ist, dass wir ohnehin so vieles verändern müssen?

2. Vernetzt euch mit anderen.

Die Klimakrise an sich heranzulassen kann Angst machen. Wenn einem bewusst wird, dass die Welt und damit die eigene Zukunft ganz anders aussieht, als man bisher angenommen hat, kann das zunächst auch isolierend und frustrierend sein. Etwa wenn Freund:innen und Familienmitglieder das vielleicht nicht hören wollen oder emotional keinen Raum, keine Zeit, keine Kraft für eine tiefere Auseinandersetzung damit haben. Sucht euch Menschen, die eure Sorgen verstehen und mit denen ihr sprechen und durch emotional schwierige Phasen gehen könnt. Es hilft, andere kennenzulernen, die sich schon intensiver mit der Klimakrise und ihren Lösungen beschäftigen, in einer der zahlreichen For-Future-Gruppen etwa, in digitalen Netzwerken, in lokalen Organisationen, Parteien oder Arbeitsgruppen im eigenen Betrieb. Dort könnt ihr euch austauschen, Gefühle und Gedanken teilen, euch Tipps holen und gemeinsam aktiv werden. Es gibt schon viel, also schaut, ob da etwas für euch dabei ist, und schließt euch an. Es gibt so viel zu tun, ihr werdet herzlich willkommen sein. Auch wenn ihr etwas Neues starten wollt, lohnt es sich, nach Mitstreiter:innen zu suchen. Es stehen so viele Aufgaben an, und nicht jeder Schritt wird einfach sein. Da ist es wichtig, Menschen zu haben, denen man vertraut, eine Gruppe, in der man aufeinander aufpasst und sich gegenseitig entlasten kann.

3. Werdet aktiv.

Zentral ist es, etwas zu tun, das über den eigenen Haushalt hinausreicht. Bei sich selbst anzufangen ist gut, aber es ist nicht genug. Individuelle Veränderungen sind wichtig und nötig, aber sie wirken zu langsam – too little, too late, wie die Klimapolitik insgesamt. Perfekt umweltschonend und klimaneutral zu leben ist für die meisten derzeit ohnehin nicht möglich.

Nicht jede:r muss dafür zum Klimaaktivisten oder zur Klimaaktivistin werden. Aber jede:r hat irgendetwas, was ihm oder ihr wichtig ist. Egal, ob gesunde Ernährung, Care-Arbeit, Rassismus oder der Wunsch, sicher und entspannt mit dem Fahrrad durch die Stadt fahren zu können. Egal, ob Tierschutz, die Natur vor der eigenen Haustür, Chancengerechtigkeit, Landwirtschaft oder Gesundheit, auch psychische. Egal, ob Grundeinkommen, gute Bildung oder einfach der eigene Job. All diese Themen haben mit der Klimakrise zu tun. Informiert euch, wie sie mit den planetaren Krisen zusammenhängen und wie sie vom Treiber zur Lösung werden können. Jetzt.

Wie kann euer Arbeitgeber klimaneutral und nachhaltig werden und sich für weiteren Wandel einsetzen? Sucht euch gleichgesinnte Kolleg:innen, und nervt eure Chef:innen. Wie muss Wirtschaft funktionieren, wenn sie nachhaltig der Gesellschaft dienen soll? Macht euch klar, dass das keine akademisch-abstrakte Frage ist, sondern euer Leben unmittelbar betrifft, und fördert alternative Ansätze. Bringt euch in lokalen Donut-Economy-Gruppen ein, in Projekten für regenerative Landwirtschaft in der Region, oder mischt euch in öffentliche Debatten ein und helft, den gesellschaftlichen Diskurs zu verbreitern. Wie kann man in eurem Kiez oder Wohnort eine ernsthafte Verkehrswende anschieben, wenn es die Verantwortlichen nicht tun? Schaut im Gemeinde- oder Bezirksstadtrat vorbei, engagiert euch in lokalen Initiativen, oder schaut euch Konzepte ab, und gründet selbst welche. Auf welche Weise können Design und Digitalisierung tatsächlich dazu beitragen, ressourcenschonend zu wirtschaften? Hinterfragt Greenwashing, und arbeitet an ernsthaften Lösungen, die alle planetaren Krisen mitdenken und sozial gerecht sind. Wie kann die Energiewende vor Ort gelingen, und wie kann man Bürger:innen daran auch noch beteiligen? Vernetzt euch mit den Pionier:innen überall im Land, und treibt die Energiewende in eurem Ort voran. Wie kann man Naturflächen erhalten und in der eigenen Umgebung die Artenvielfalt schützen? Hört auf, euren Rasen zu mähen, legt in eurem Garten eine Wildblumenwiese an. Und schaut, ob ihr eure Gemeinde dafür begeistern könnt, das ebenfalls zu tun, Weiher anzulegen oder Moore zu renaturieren.

Warum sind Bildung und Angebote für psychische Gesundheit so zentral, um die Transformation zu schaffen, und wie müssen sie dafür aussehen? Welche Rolle spielt Kunst, um die Dringlichkeit des Handelns klarzumachen, um kollektive Emotionen zu verarbeiten und die Gesellschaft zusammenzuhalten? Welche Verbindungen gibt es zum Sport? Und wie hängen Gesundheit und die planetaren Krisen miteinander zusammen? Wie kann man beides verbessern und darüber hinaus helfen, die Krisen und Lösungen verständlich zu kommunizieren? Auf welche Weise kann eure Kantine zur Ernährungswende beitragen? Und wie können all diese Änderungen sozial gerecht, gleichberechtigt, barriere- und diskriminierungsfrei umgesetzt werden – auch auf dem Land? Warum widersprechen sich soziale und ökologische Probleme nicht, sondern haben oft ähnliche Ursachen – und Lösungen? Wie kann man sinnvolle Kompromisse erzielen? Was hat die Klimakrise mit Sexismus und Rassismus zu tun? Informiert euch, und dann mischt euch konstruktiv ein! Es werden am Ende nicht immer alle glücklich sein, und wir werden nicht alle erreichen. Aber eine Wende, die gar nicht erst versucht, möglichst viele Gruppen mitzunehmen, wird nicht gelingen.

4. Seid solidarisch.

Warum sollte das klappen? Warum sollten Menschen auf einmal solidarisch am kompletten Umbau unserer Gesellschaft mitarbeiten, wenn es viele in der Coronakrise noch nicht mal schaffen, ein Stück Stoff über ihre Nase zu ziehen?

Wenn einem das Ausmaß der Klimakrise bewusst wird und man es emotional an sich heranlässt, ändern sich bei vielen die

Prioritäten. Auch weil sehr schnell klar wird, dass man allein nicht weit kommen wird. Während man in der Pandemie lange darauf hoffen konnte, dass es einen selbst schon nicht so schlimm treffen wird, ist das in der Klimakrise kaum möglich. Hitzewellen, Flutkatastrophen und Ernteausfälle treffen nicht alle gleich hart, aber sie treffen in Zukunft immer mehr. Schon indirekte Auswirkungen wie Preissteigerungen und gestörte Lieferketten werden wir massiv im eigenen Leben spüren. Schaffen wir es nicht, die Klimakatastrophe abzuwenden, wird sie unsere Leben so auf den Kopf stellen, dass wir die Coronakrise als die guten alten Zeiten erinnern werden. Konsequenter Klimaschutz ist angesichts dessen keine Frage von Moral, sondern auch aus egoistischer Sicht komplett rational. Ähnliche Argumente haben einige auch in der vierten Corona-Welle nicht dazu gebracht, sich impfen zu lassen; die Bedrohung durch Mutationen hat westliche Staaten bisher nicht davon überzeugt, Patente frei zu geben und Impfstoff fair zu verteilen. Eine Mehrheit jedoch war immer bereit, Maßnahmen mitzutragen, wenn sie fair und nachvollziehbar waren. Aber selbst gerechte Lösungen allein werden angesichts der Klimakrise nicht reichen.

Wir müssen auch eine Vorstellung davon entwickeln, wie angesichts der kommenden Veränderungen ein gutes Leben für alle aussehen kann und soll.

Viele Maßnahmen in der Coronakrise waren darauf ausgelegt, das Alte zu verteidigen. Sie werden angesehen als temporäre, aber lästige Veränderungen, die nötig sind, um unser bisheriges Leben zu schützen und schnellstmöglich dahin zurückzukehren. Sie wurden zu wenig und zu zögerlich genutzt, um grundlegende Transformationen durchzuführen, die unser Leben und unser Miteinander nachhaltig verbessern können. Nicht, weil es nicht möglich ist, sondern weil wir uns das oft nicht vorstellen können.

Nehmt euch die Zeit zu trauern und wütend zu sein. Und dann nutzt diese Energie, um etwas zum Positiven zu verändern.

5. Seid gut zu euch. Und habt Spaß dabei.

Wir können nicht wissen, ob die nötige Transformation noch rechtzeitig gelingen wird, ob schnell genug eine Mehrheit zusammenkommt, die bereit ist, alles Nötige zu tun und Neues zu probieren, um unsere Lebensgrundlagen zu retten. Umso wichtiger ist es, den Weg dahin so zu gestalten, dass ihr auch Freude daran habt. Etwas zu verändern, sich zu engagieren, ist anstrengend und herausfordernd. Aber es macht auch wahnsinnig viel Freude. Und Mut. In den vergangenen eineinhalb Jahren habe ich verdammt viele spannende, kluge, leidenschaftliche Menschen kennenlernen dürfen. Ganz normale Menschen, die auf ihre eigene Weise in den unterschiedlichsten Feldern extrem viel bewegt haben. Ich habe unendlich viel von ihnen gelernt, und ich will keinen davon missen.

Die Arbeit wird sich lohnen, so oder so. Die nötigen Veränderungen werden uns in jedem Fall helfen, in einer sich verändernden Welt eine resiliente Umgebung zu schaffen und zu erhalten. Auch eine Transformation by Desaster wird sehr viel erträglicher ausfallen, wenn wir solidarische lokale und regionale Strukturen haben, die uns weitgehend unabhängig und widerstandsfähig machen.

Wenn aber alle warten, bis die Nachbar:innen oder Kolleg:innen den ersten Schritt machen oder der richtige Moment gekommen ist, dann wird nie etwas in Gang gesetzt. Doch viele sind längst bereit für Veränderung und warten nur darauf, dass jemand anfängt.

Wer sich traut, den ersten Schritt zu machen, wird vielleicht erstaunt sein, nicht nur auf Gegner:innen und Bremser:innen zu stoßen, sondern auch auf Mitmacher:innen und Unterstützer:innen.

Das Einzige, was sicher ist: Wenn wir gar nicht erst ernsthaft versuchen, unsere Lebensgrundlagen zu retten und innerhalb der planetaren Grenzen zu leben und zu wirtschaften, dann kann – und wird – es nicht gelingen. Es wäre unverzeihlich, es nicht mal richtig probiert zu haben. Denn es gibt so viel, das wir noch retten können. Und es gibt unendlich viel zu gewinnen.

Dank

Danke an Özden Terli und Stefan Rahmstorf für die Starthilfe in einem Moment großer Erschütterung.

Danke allen Journalist:innen, die teils seit Jahrzehnten unermüdlich über die Klima- und Umweltkrisen aufklären – und an all diejenigen, die jetzt damit anfangen. Eure Arbeit ist so unfassbar wichtig. Großen Dank an meine Mitgründer:innen vom Netzwerk Klimajournalismus Deutschland, Jürgen Döschner, Theresa Leisgang, Lorenz Matzat, Torsten Schäfer, Ute Scheub, Leonie Sontheimer und Raphael Thelen, und die Kolleg:innen aus Österreich.

Danke an Toralf Staud, Maren Urner und Tanja Busse für die Unterstützung, an Lea Dohm für deine Meinung und die hilfreichen Gedanken. Danke an Wolfgang Lucht und Gregor Hagedorn, an Manuel Grebenjak, Matthias Schmelzer, Katja Diehl, Peter Jelinek und László Maráz für ihre Zeit und ihre Bereitschaft, ihr Wissen mit mir zu teilen.

Danke an Eric Holthaus, Peter Kalmus und Genevieve Guenther für die Ermutigung. Danke an Julia Steinberger und Elizabeth Sawin, dass sie sich die Zeit genommen haben für meine Fragen. Danke allen Expert:innen, die ihre Hilfe angeboten und sich die Zeit genommen haben, die Fakten noch mal zu checken.

Allerherzlichsten Dank an Annette, Marco, Paul und Dirk, die mit mir immer wieder alle möglichen Zusammenhänge und Fragen diskutiert haben. Danke auch an Volker, Corinna, Judith und Norman für wertvolle Hinweise und spannende Gespräche.

Danke an Vanessa Wormer für ihre ermutigende und unkomplizierte Art.

Bei meiner Familie und Freund:innen reicht es nicht, mich zu bedanken. Ich möchte euch zum Teil auch um Verzeihung bitten, für all die Monate, in denen ich mit dem Kopf mehr in der Zukunft war als in der Gegenwart. Danke für euer Verständnis und eure Unterstützung, mental, emotional und ganz handfest. Lieben und größten Dank an Mama, Papa, Oma, Esther, meine Schwester und meinen Freund, an Anne, Barbara, Steffi und Lena. Einfach für alles. Ich bin dankbar, dass es euch gibt.

Großer Dank geht an Judith E. Innerhofer vom Brandstätter Verlag, die mich überredet hat, dieses Buch zu schreiben, und an meine Lektorin Teresa Profanter für ihre wertvollen Hinweise, ihre sanften, aber entschiedenen Korrekturen. Und beiden für ihre Flexibilität und Nachsicht.

Danke all jenen, deren Namen ich hier und im Buch nicht nennen konnte, es wären so viele mehr, die es verdient hätten. Und all jenen, die meine Arbeit bei Twitter unterstützen und mich immer wieder auf die unterschiedlichsten Themen, Probleme und Lösungsansätze hinweisen. Ohne euch gäbe es dieses Buch nicht. Ihr habt mich nicht nur mit wertvollen und entscheidenden Informationen und Gedankenanstößen versorgt, sondern mir vor allem auch Mut und Hoffnung gegeben. Und Reichweite.

Anmerkungen & Quellen

1   https://www.researchgate.net/publication/259431096_
     Accommodating_Climate_Change_Science_James_Hansen_and_
     the_RhetoricalPolitical_Emergence_of_Global_Warming

2   https://www.bnl.gov/envsci/schwartz/charney_report1979.pdf

3   Tagesschau vom 17. März 1995: https://www.tagesschau.de/
     multimedia/video/video-69475.html

4   https://www.iea.org/reports/global-energy-review-2021/co2-
     emissions

5   https://www.nasa.gov/press-release/2020-tied-for-warmest-
     year-on-record-nasa-analysis-shows

6   https://www.tagesschau.de/inland/innenpolitik/deutschland-
     hochwasser-opfer-staatsakt-101.html

7   https://www.worldweatherattribution.org/heavy-rainfall-which-
     led-to-severe-flooding-in-western-europe-made-more-likely-by-
     climate-change/

8   https://info-de.scientists4future.org/die-flutkatastrophe-im-juli-
     2021-in-deutschland-und-die-klimakrise/

9   https://www.bmel.de/SharedDocs/Downloads/DE/Broschueren/
     waldbericht2021.pdf

10   https://www.berlin.de/ba-neukoelln/aktuelles/presse-
     mitteilungen/2020/pressemitteilung.1019645.php

11   https://www.umweltbundesamt.de/themen/trockenheit-in-
     deutschland-fragen-antworten

12   https://www.ufz.de/index.php?de=37937

13   https://www.agravis.de/de/pflanzenbau/getreide/berichte-zum-ge-
     treideanbau/deutscher-getreidemarkt-2021-22_rueckblick-ernte.html

14   https://www.mdr.de/nachrichten/deutschland/wirtschaft/
     landwirte-ernte-bilanz-wechselhafter-sommer-100.html

15   https://www.rbb24.de/panorama/beitrag/2021/04/2-seen-
     brandenburg-wasser-grundwasser-niedrigwasser-mangel.html

16   https://www.tagesspiegel.de/berlin/klimawandel-und-wirtschafts-
     wachstum-versorger-warnen-vor-trinkwassermangel-in-berlin-und-
     brandenburg/26706880.html

17 https://dserver.bundestag.de/btd/19/280/1928065.pdf

18 https://binnenschifffahrt-online.de/2020/12/haefen-wasser-strassen/17971/niedrigwasser-bereitet-probleme-auf-dem-rhein/

19 https://www.dvz.de/rubriken/land/binnenschifffahrt/detail/news/das-niedrigwasser-problem-der-elbe.html

20 https://www.nationalpark-wattenmeer.de/wissensbeitrag/klima-wandel/

21 https://www.eskp.de/grundlagen/klimawandel/kuestenschutz-massnahmen-in-deutschland-935637/

22 https://www.hrw.org/de/news/2021/07/01/deutschland-untaetigkeit-bei-hitzeplaenen-bedroht-gesundheit

23 https://www.zeit.de/wissen/2020-10/statistisches-bundesamt-todeszahlen-hitzewelle-hochsommer

24 https://www.ipcc.ch/site/assets/uploads/2020/07/SR1.5-SPM_de_barrierefrei.pdf

25 https://www.spektrum.de/news/ipcc-bericht-jedes-zehntel-grad-bringt-zusaetzliche-extreme-mit-sich/1907992

26 https://zoes-bund.de/wp-content/uploads/2020/12/201130_Gruenbuch_2020_digital-BF.pdf

27 https://www.tagesschau.de/ausland/europa/hitzewelle-griechenland-101.html

28 https://www.cnbc.com/2019/07/26/scorching-heatwave-causes-flight-and-railway-delays-in-europe.html

29 https://www.worldweatherattribution.org/rapid-attribution-of-the-extreme-rainfall-in-texas-from-tropical-storm-imelda/

30 https://www.theverge.com/2021/2/26/22302913/2020-hurricane-season-storms-nasa-timelapse-noaa

31 https://climateactiontracker.org/documents/997/CAT_2021-11-09_Briefing_Global-Update_Glasgow2030CredibilityGap.pdf

32 https://www.scinexx.de/news/geowissen/66-millionen-jahre-klimageschichte/

33 https://archive.md/Eq94n

34 https://skepticalscience.com/docs/Widerlegungen-Klimamanifest-WerteUnion.pdf

35   https://www.leopoldina.org/fileadmin/redaktion/Publikationen/
Infomaterial/Factsheet_Klimawandel_1.1_DE_web.pdf

36   https://www.nature.com/articles/s41598-020-67154-8

37   https://wiki.bildungsserver.de/klimawandel/index.php/
Holoz%C3%A4n

38   https://www.leopoldina.org/publikationen/detailansicht/
publication/klimawandel-ursachen-folgen-und-handlungs-
moeglichkeiten-2021/

39   https://www.carbonbrief.org/unep-current-climate-
commitments-are-weak-promises-not-yet-delivered

40   https://essd.copernicus.org/preprints/essd-2021-386/

41   https://www.iea.org/articles/global-energy-review-co2-
emissions-in-2020

42   https://www.nature.com/articles/d41586-021-00090-3

43   https://www.de-ipcc.de/media/content/AR6-WGI-SPM_de.pdf

44   https://www.unep.org/resources/emissions-gap-report-2021

45   https://www.mcc-berlin.net/en/research/co2-budget.html

46   https://www.pik-potsdam.de/de/produkte/infothek/
kippelemente/kippelemente

47   https://www.spiegel.de/wissenschaft/mensch/klimakrise-
warum-der-meeresspiegel-immer-schneller-steigt-a-8f9ba065-
d5e5-4128-a0d6-7533ce2f3584

48   https://www.pik-potsdam.de/de/produkte/infothek/
kippelemente/kippelemente

49   https://www.tagesschau.de/ausland/asien/naher-osten-
klimawandel-konflikte-101.html

50   https://www.klima-warnsignale.uni-hamburg.de/wp-content/
uploads/pdf/de/staedte/warnsignal_klima-die_staedte-
kapitel-3_2.pdf

51   https://www.spiegel.de/wissenschaft/natur/amazonas-groesster-
regenwald-der-erde-wird-zur-kohlendioxid-quelle-a-d507c69c-
ad8a-40cb-af1d-33ffec5010ea

52   https://www.science.org/doi/10.1126/sciadv.aba2949

53   https://www.theguardian.com/environment/2020/oct/05/
amazon-near-tipping-point-of-switching-from-rainforest-to-
savannah-study

54   https://academic.oup.com/bioscience/article/71/9/894/6325731

55   https://climateemergencydeclaration.org/11258-scientists-warning-of-a-climate-emergency/

56   https://www.umweltrat.de/SharedDocs/Downloads/DE/01_Umweltgutachten/2016_2020/2020_Umweltgutachten_Kap_02_Pariser_Klimaziele.pdf

57   https://www.umweltbundesamt.de/themen/klima-energie/klimaschutz-energiepolitik-in-deutschland/treibhausgas-emissionen/die-treibhausgase

58   https://de.statista.com/statistik/daten/studie/179260/umfrage/die-zehn-groessten-c02-emittenten-weltweit/

59   https://www.showyourbudgets.org/de/?country=germany

60   https://www.showyourbudgets.org/de/?country=european_union

61   https://www.zeit.de/politik/deutschland/2020-11/klimapolitik-deutschland-energiewende-ministerium-fridays-for-future

62   https://twitter.com/PatrickStotz/status/1462815274126782471?s=20

63   https://www.stockholmresilience.org/research/planetary-boundaries.html

64   https://www.umweltbundesamt.de/daten/land-forstwirtschaft/beitrag-der-landwirtschaft-zu-den-treibhausgas

65   https://www.bmu.de/themen/nachhaltigkeit-digitalisierung/nachhaltigkeit/integriertes-umweltprogramm-2030/planetare-belastbarkeitsgrenzen

66   https://twitter.com/Lambsdorff/status/1363537142471876616

67   https://uebermedien.de/62847/die-klimakrise-ist-nicht-ein-weiteres-problem-auf-der-buehne-es-bedroht-die-ganze-buehne/

68   https://www.aljazeera.com/news/2021/11/16/flood-damage-cuts-rail-access-to-vancouver-port-canadas-largest

69   https://www.spiegel.de/wirtschaft/omikron-fachleute-erwarten-mil-lionen-arbeitsausfaelle-a-12826a51-140a-4915-a49f-880b7108ebab

70   https://www.nature.com/articles/s43016-021-00400-y

71   https://www.mckinsey.com/business-functions/sustainability/our-insights/will-the-worlds-breadbaskets-become-less-reliable

72   http://www.bu.edu/pardee/files/2017/03/Multiple-Breadbasket-Failures-Pardee-Report.pdf

73   https://ui.adsabs.harvard.edu/abs/2020AGUFMGC0230017A/abstract

74   https://www.nature.com/articles/s41559-019-0862-x

75   https://www.sciencedirect.com/science/article/abs/pii/S0308521X18307674

76   https://www.nature.com/articles/s41558-019-0600-z

77   https://iopscience.iop.org/article/10.1088/1748-9326/ac22c1/meta

78   https://www.theguardian.com/environment/2020/dec/06/a-warning-on-climate-and-the-risk-of-societal-collapse

79   https://media.defense.gov/2021/Oct/21/2002877353/-1/-1/0/DOD-CLIMATE-RISK-ANALYSIS-FINAL.PDF

80   https://zoes-bund.de/wp-content/uploads/2015/10/Gruenbuch_Zukunftsforum.pdf

81   https://www.spiegel.de/wissenschaft/natur/trinkwasser-bundesamt-fuer-bevoelkerungsschutz-warnt-vor-knappheit-in-deutschland-a-243b5197-8bdc-4a1a-bf54-837190b8d04f

82   https://www.klimawandel-gesundheit.de/ueberhitzt-die-folgen-des-klimawandels-fuer-unsere-gesundheit-was-wir-tun-koennen/

83   https://ipbes.net/pandemics

84   https://www.spiegel.de/wissenschaft/mensch/klima-und-bundestagswahl-entscheidende-klimawahl-bizarrer-wahlkampf-a-72b34186-5f41-4f5f-8620-5f882c330ba9

85   http://p376185.mittwaldserver.info/fileadmin/user_upload/Datei-en/Daten/Publikationen/Hintergrund/Studie_DIW_Econ_KoaV_Plausibilit%C3%A4tsanalyse_v1.1.pdf

86   https://www.tagesspiegel.de/themen/gradmesser-podcast-zur-klimakrise/klimapodcast-gradmesser-wir-schaffen-die-klimaziele-nicht-annaehernd/27901786.html

87   https://www.zeit.de/wissen/umwelt/2021-08/klimaschutz-wahl-programme-bundestagswahl-klimapolitik-pariser-klimaabkommen/komplettansicht

88   https://ccpi.org/download/climate-change-performance-index-2022-2/

89   https://fridaysforfuture.de/wp-content/uploads/2020/10/FFF-Bericht_Ambition2035_Endbericht_final_20201011-v.3.pdf

90   https://germanzero.de/erreichen/1-5-grad-massnahmen

91 https://buergerrat-klima.de/content/pdfs/B%C3%BCrgerrat%20
Klima%202021_Das%20B%C3%BCrgergutachten.pdf

92 https://twitter.com/BrigitteKnopf/status/1317840526104842241

93 https://int.nyt.com/data/documenthelper/1654-bernie-sanders-
green-new-deal/761873c26ec4075c609b/optimized/full.pdf

94 https://climateactiontracker.org/countries/eu/

95 https://caneurope.org/factsheet-science-shows-65-emission-
reduction-by-2030-is-feasible-and-pays-off/

96 https://michaelbloss.eu/de/presse/themenhintergrund/
fit-for-2030-das-klimapaket-in-der-analyse

97 https://www.theguardian.com/environment/2021/mar/18/
oil-industry-fossil-fuels-air-pollution-documents

98 https://www.who.int/bulletin/archives/78(7)902.pdf

99 https://lobbypedia.de/wiki/European_Crop_Protection_Associa-
tion

100 https://uebermedien.de/43754/an-der-klimakrise-scheitern-nicht-
nur-die-regierungen-sondern-auch-die-medien/

101 https://www.theguardian.com/environment/2021/nov/18/the-
forgotten-oil-ads-that-told-us-climate-change-was-nothing

102 https://www.climatefiles.com/denial-groups/ice-ad-campaign/

103 https://www.climatefiles.com/exxonmobil/1989-presentation-
exxon-board-directors-greenhouse-gas-effects/

104 https://bylinetimes.com/2021/11/03/how-exxonmobil-captured-
cop26/

105 https://www.channel4.com/news/revealed-science-museum-
signed-gagging-clause-with-exhibition-sponsor-shell

106 http://www.gesetze-im-internet.de/stabg/BJNR005820967.html

107 https://www.ipcc.ch/2018/10/08/summary-for-policymakers-
of-ipcc-special-report-on-global-warming-of-1-5c-approved-by-
governments/

108 https://www.aeaweb.org/articles?id=10.1257/aer.109.6.1991

109 https://www.aeaweb.org/articles?id=10.1257/jel.51.3.860

110 https://webarchive.nationalarchives.gov.uk/uk-
gwa/20100407172811/https://www.hm-treasury.gov.uk/
stern_review_report.htm

111 https://www.lse.ac.uk/granthaminstitute/publication/the-economics-of-climate-change-the-stern-review/

112 https://twitter.com/ckemfert/status/1420298684869263366

113 https://www.tagesschau.de/inland/flutkatastrophe-107.html

114 https://www.nature.com/articles/s41558-020-0833-x

115 Lamb, W., Mattioli, G., Levi, S., Roberts, J., Capstick, S., Creutzig, F., Minx, J.C., Müller-Hansen, F., Culhane, T., Steinberger, J. (2020). Discourses of climate delay. Global Sustainability, 3, E17. doi:10.1017/sus.2020.13

116 https://www.klimafakten.de/behauptungen/behauptung-deutschland-verursacht-nur-rund-zwei-prozent-des-weltweiten-co2-ausstosses

117 https://www.csu.de/common/download/Regierungsprogramm.pdf

118 https://www.thenation.com/article/environment/climate-change-compromise/

119 https://www.zeit.de/politik/ausland/2022-01/eu-taxonomie-gruene-energie-atomenergie

120 https://www.dw.com/de/die-gaspipeline-nord-stream-2-wird-zum-politischen-konflikt-zwischen-usa-russland-und-deutschland/a-56369197

121 https://www.e3g.org/news/nord-stream-2-end-in-sight-for-europe-s-last-pipeline-trouble/

122 https://www.diw.de/de/diw_01.c.793703.de/publikationen/diw_aktuell/2020_0050/neue_gaspipelines_und_fluessiggas-terminals_sind_in_europa_ueberfluessig.html

123 https://www.nationalgeographic.de/umwelt/2018/01/5-tipps-wie-sich-der-oekologische-fussabdruck-verkleinern-laesst

124 https://mashable.com/feature/carbon-footprint-pr-campaign-sham

125 Dohm, L., Peter, F., van Bronswijk, K. (Hg.) (2021): Climate Action – Psychologie der Klimakrise. Handlungshemmnisse und Handlungsmöglichkeiten. Gießen: Psychosozial-Verlag.

126 https://www.spektrum.de/magazin/wie-das-konzept-der-erlernten-hilflosigkeit-wissenschaftlich-karriere-machte/1644864

127 https://www.deutschlandfunknova.de/beitrag/journalismus-wie-nachrichten-unser-gehirn-veraendern

128 https://www.semanticscholar.org/paper/Group-inhibition-of-bystander-intervention-in-Latan%C3%A9-Darley/5248f73d3cf3ce2696ccc241d89c9b2538fd1896?p2df

129 https://twitter.com/Psychologists4F/status/1165735774790258688?s=20

130 https://www.thuenen.de/media/institute/sf/Aktuelles/TI-Kolumne/K22_Q1_2013_Shifting_baselines.pdf

131 https://www.nature.com/articles/s41558-019-0666-7

132 https://ethz.ch/de/news-und-veranstaltungen/eth-news/news/2020/01/klimasignal-im-tageswetter-detektierbar.html

133 Hiss, D. (2021): Hitze, Extremwetter und kognitive Dissonanz. Warum die kognitive Dissonanz in der Klimakrise allgegenwärtig ist und was das für die Klimakommunikation bedeutet, in: Dohm, L., Peter, F., van Bronswijk, K. (Hg.): Climate Action – Psychologie der Klimakrise. Handlungshemmnisse und Handlungsmöglichkeiten. Gießen: Psychosozial-Verlag.

134 https://twitter.com/psychologists4f/status/1343567381533175818

135 https://twitter.com/Psychologists4F/status/1343567400898351104

136 https://www.sciencedirect.com/science/article/pii/S0960982211011912

137 https://jungle.world/artikel/2018/46/apokalypse-fuer-anfaenger

138 Steurer, R. (2021): The Climate Dissonance Theory: Why we have not solves the climate crisis so far. InFER Discussions Paper 1-2021. Vienna: University of Natural Resources and Life Sciences.

139 https://www.zeit.de/2018/17/plastikmuell-umweltverschmutzung-muellhandel-kunststoff-recycling

140 https://climateemergencyeu.org/

141 Von Bronswijk, K, Komm, J.-O., Zobel, I. (2021): Die Evolution der Drachen der Untätigkeit. Aktuelle Erkenntnisse zur Lücke zwischen Wissen und Handeln, in: Dohm, L., Peter, F., van Bronswijk, K. (Hg.): Climate Action – Psychologie der Klimakrise. Handlungshemmnisse und Handlungsmöglichkeiten. Gießen: Psychosozial-Verlag.

142 https://medienvertrauen.uni-mainz.de/forschungsergebnisse-der-welle-2020-3/

143 https://uebermedien.de/62847/die-klimakrise-ist-nicht-ein-weiteres-problem-auf-der-buehne-es-bedroht-die-ganze-buehne/

144 https://www.science.org/content/article/ice-shelf-holding-back-keystone-antarctic-glacier-within-years-failure

145 https://de.scientists4future.org/ueber-uns/stellungnahme/

146 https://www.nytimes.com/2021/11/21/canada-flooding-climate-change.html

147 https://uebermedien.de/43754/an-der-klimakrise-scheitern-nicht-nur-die-regierungen-sondern-auch-die-medien/

148 https://www.klimafakten.de/meldung/wie-medien-der-klimakrise-gerecht-werden-koennen-versuch-einer-konstruktiven-medienkritik

149 https://uebermedien.de/52582/journalistinnen-nehmt-die-klimakrise-endlich-ernst/

150 https://medium.com/@mail_30953/journalists-you-need-to-start-taking-the-climate-crisis-seriously-6658934eeb96

151 https://www.umweltbundesamt.de/themen/abfall-ressourcen/oekonomische-rechtliche-aspekte-der/rebound-effekte

152 https://wald-statt-asphalt.net/wie-kann-die-klimabewegung-ihren-kampf-eskalieren-um-die-machtverhaltnisse-zu-verandern/

153 https://www.spiegel.de/politik/deutschland/tadzio-mueller-wer-klimaschutz-verhindert-schafft-die-gruene-raf-a-5e42de95-eaf2-4bc1-ab23-45dfb0d2db89

154 https://african.business/2021/11/energy-resources/cop26-ugan-das-vanessa-nakate-brings-an-african-voice-to-the-climate-crisis/

155 https://twitter.com/wblau/status/1459610479568039942

156 https://twitter.com/wblau/status/1458775075386236933

157 https://taz.de/Kolonialismus-und-Klimakrise/!5638661/

158 https://werde-magazin.de/blog/2021/07/05/imeh-ituen-ich-wuensche-mir-radikale-demokratische-loesungen/

159 https://www.youtube.com/watch?v=5UKySSUv8QI&t=4s

160 https://www.migrationdataportal.org/de/themes/environmental_migration

161 https://www.nature.com/articles/s41558-020-0898-6

162 https://scientistrebellion.com/we-leaked-the-upcoming-ipcc-report/

163 https://www.bpb.de/system/files/dokument_pdf/schlussbericht_Enquete-Kommission_WWL.pdf

164 https://taz.de/Nach-Rede-beim-UN-Gipfel/!5629965/

165 https://www.umweltrat.de/SharedDocs/Downloads/DE/04_Stell ungnahmen/2020_2024/2021_06_stellungnahme_wasserstoff_im_ klimaschutz.pdf

166 https://www.diw.de/de/diw_01.c.673405.de/publikationen/ wochenberichte/2019_35_3/power-to-x__so_wenig_wie_noetig__ nicht_so_viel_wie_moeglich__kommentar.html

167 https://www.bmu.de/themen/luft-laerm-mobilitaet/verkehr/ elektromobilitaet/effizienz-und-kosten

168 https://www.fr.de/politik/tesla-armin-laschet-elon-musk-politik- elektro-auto-berlin-gruenheide-90920237.html

169 https://www.wiwo.de/unternehmen/auto/iaa2019/iaa-vw- chef-herbert-diess-ueber-wasserstoff-autos-das-ist-einfach- unsinn-/25009062.html

170 https://www.iea.org/reports/multiple-benefits-of-energy- efficiency/emissions-savings

171 https://www.energie.de/et/news-detailansicht/nsctrl/detail/ News/offener-brief-von-energiewissenschaftlern-fordert- konsequente-energieeffizienzpolitik-und-nutzung

172 https://www.lobbycontrol.de/2021/09/e-fuels-for-future-wie-die- benzinlobby-sich-als-teil-der-klimabewegung-inszeniert/

173 https://www.elektroauto-news.net/2020/frank-thelen-wasserstoff- eine-zukunfts-oder-nur-brueckentechnologie

174 https://de.statista.com/statistik/daten/studie/12131/umfrage/ pkw-bestand-in-deutschland/

175 https://de.statista.com/statistik/daten/studie/1142875/umfrage/ importmenge-von-rohem-palmoel-in-deutschland/

176 https://daserste.ndr.de/panorama/archiv/2020/Biodiesel- Urwaldvernichtung-fuers-Klima,palmoel138.html

177 https://www.nature.com/articles/s41560-020-00696-3

178 https://www.umweltbundesamt.de/service/uba-fragen/ist- atomstrom-wirklich-co2-frei

179 https://de.scientists4future.org/kernenergie-keine-technologie- zur-loesung-der-klimakrise/

180 https://correctiv.org/top-stories/2018/09/12/brandgefaehrlich-so- marode-ist-der-brandschutz-in-europas-atomkraftwerken/

181 https://taz.de/Energie-durch-Kernfusion/!5707537/

182 https://www.microsoft.com/de-de/techwiese/oliversreisen/neutral-ist-nicht-genug-200124.aspx

183 https://greenmountain.no/2021/06/22/data-center-heat-reuse/

184 https://ccaf.io/cbeci/index/comparisons

185 https://ewastemonitor.info/

186 https://www.klimareporter.de/gesellschaft/elektroschrott-wird-noch-zu-oft-illegal-entsorgt

187 https://www.klimareporter.de/finanzen-wirtschaft/microsoft-will-reparabel-werden

188 https://www.nytimes.com/2021/08/23/us/wildfires-carbon-offsets.html

189 https://www.nature.com/articles/35041545

190 https://globalecoguy.org/7-reasons-why-artificial-carbon-removal-is-overhyped-887311d079

191 https://www.mdr.de/wissen/entfernung-kohlenstoff-cozwei-luft-atmosphaere-dac-schon-effizient-moeglich-100.html

192 https://www.geoengineeringmonitor.org/technologies/

193 https://agupubs.onlinelibrary.wiley.com/doi/full/10.1029/2020EF001595

194 https://www.mpg.de/13374301/niemeier-climate-change-geoengineering

195 https://www.umweltbundesamt.de/sites/default/files/medien/publikation/long/4125.pdf

196 https://iea.blob.core.windows.net/assets/ae17da3d-e8a5-4163-a3ec-2e6fb0b5677d/Projected-Costs-of-Generating-Electricity-2020.pdf

197 https://data.worldbank.org/indicator/EN.ATM.CO2E.PC

198 https://www.umweltbundesamt.de/daten/klima/treibhausgas-emissionen-in-deutschland#emissionsentwicklung

199 https://www.climate-transparency.org/wp-content/uploads/2021/10/CT2021Germany.pdf

200 https://newclimate.org/wp-content/uploads/2019/12/CCPI-2020-Results_Web_Version.pdf

201 https://www.zeit.de/politik/2020-12/klimaschutz-deutschland-pariser-klimaabkommen-lobbyismus-klimapolitik

202 https://www.bpb.de/veranstaltungen/dokumentation/286474/folgen-der-metoo-bewegung

203 https://www.aljazeera.com/news/2021/5/25/how-many-people-have-police-killed-since-george-floyd

204 https://www.nonviolent-conflict.org/resource/success-nonviolent-civil-resistance/

205 https://www.sciencedaily.com/releases/2011/07/110725190044.htm

206 https://www.science.org/doi/10.1126/science.aas8827

207 https://www.infratest-dimap.de/umfragen-analysen/bundesweit/coronacompass/coronacompass/

208 https://de.statista.com/statistik/daten/studie/1258043/umfrage/impfquote-gegen-das-coronavirus-in-deutschland-nach-alters-gruppe/

209 https://www.umweltbundesamt.de/daten/private-haushalte-konsum/umweltbewusstsein-umweltverhalten#stellenwert-des-umwelt-und-klimaschutzes

210 https://www.bundeswahlleiter.de/info/presse/mitteilungen/bundestagswahl-2021/50_21_vorlaeufiges-ergebnis.html

211 https://www.allianz.com/content/dam/onemarketing/azcom/Allianz_com/economic-research/publications/specials/en/2021/october/2021_10_27_Climate-literacy.pdf

212 https://blogs.scientificamerican.com/observations/there-goes-hurricane-florence-here-come-the-disaster-myths/

213 https://adamtooze.substack.com/p/chartbook-newsletter-27-gilets-jaunes

214 https://www.connexionfrance.com/French-news/Anger-at-fuel-prices-why-the-rise

215 https://static.agora-energiewende.de/fileadmin/Projekte/2018/CO2-Steuer_FR-DE_Paper/Agora-Energiewende_Paper_CO2_Steuer_EN.pdf

216 https://taz.de/Buergerraete-in-Frankreich/!5752022/

217 https://buergerrat-klima.de/ergebnisse-gutachten

218 https://www.bundestag.de/dokumente/textarchiv/2020/kw41-pa-buergerschaftliches-engagement-793926

219 https://twitter.com/SchoeneAndrea/status/1441100940136775682

220 https://www.umweltbundesamt.de/presse/pressemitteilungen/umweltschaedliche-subventionen-fast-die-haelfte

221 https://iopscience.iop.org/article/10.1088/1748-9326/ac286e

222 https://stay-grounded.org/fact-sheet-climate-impact/

223 https://www.ambodenbleiben.de/hintergrund/zahlen-und-fakten/

224 https://de.statista.com/statistik/daten/studie/171112/umfrage/flugreisen-in-den-letzten-12-monaten/

225 https://www.sciencedirect.com/science/article/pii/S0959378020307779

226 https://www.atmosfair.de/de/kompensieren/wunschmengelia

227 https://www.theglobaleconomy.com/rankings/Carbon_dioxide_emissions_per_capita/

228 https://www.landwirtschaft.de/landwirtschaft-verstehen/haetten-sies-gewusst/infografiken/

229 https://www.pnas.org/content/115/25/6506

230 https://www.spiegel.de/wissenschaft/natur/ein-drittel-der-erdoberflaeche-soll-geschuetzt-werden-a-bafda5d1-6c89-4a4e-9f51-6e089265992d

231 https://www.uni-augsburg.de/de/campusleben/neuigkeiten/2020/09/04/2735/

232 https://www.thelancet.com/journals/lancet/article/PIIS0140-6736(18)31788-4/fulltext

233 https://fridaysforfuture.de/studie/schluesselergebnisse

234 https://www.handelsblatt.com/politik/deutschland/interview-lamia-messari-becker-die-weltklimakonferenz-hat-gezeigt-dass-wir-nicht-mehr-schludern-duerfen/27804356.html

235 https://www.spiegel.de/wissenschaft/natur/warnung-der-uno-der-sand-wird-knapp-a-1266104.html

236 https://www.bmwi.de/Redaktion/DE/Publikationen/Energie/energieeffizienz-in-zahlen-2020.pdf

237 https://www.tandfonline.com/doi/abs/10.1080/13563467.2019.1598964

238 https://www.nature.com/articles/s41560-021-00884-9

239 https://iopscience.iop.org/article/10.1088/1748-9326/ab842a

240 https://pubs.acs.org/doi/full/10.1021/acs.est.7b00698

241 https://de.statista.com/statistik/daten/studie/36573/umfrage/
pro-kopf-verbrauch-von-fleisch-in-deutschland-seit-2000/

242 https://greenwire.greenpeace.de/system/files/2019-04/s01951_
greenpeace_report_konsumkollaps_fast_fashion.pdf

243 https://www.beyondplastics.org/plastics-and-climate

244 https://www.spektrum.de/news/mikroplastik-in-der-todeszone-
des-mount-everest/1796909

245 https://www.bmu.de/themen/bildung-beteiligung/bildung/aus-
der-wissenschaft/mikroplastik-im-arktischen-ozean

246 https://www.riffreporter.de/de/umwelt/faktencheck-plastik-fisch

247 https://www.spiegel.de/panorama/ueberbevoelkerung-was-
rassismus-sexismus-und-die-klimakrise-damit-zu-tun-haben-a-
9b911d60-d6ff-4dfc-a807-398e6aab61d7

Alle Weblinks wurden zuletzt am 5. Januar 2022 abgerufen. Die Übersetzungen von englischen Zitaten stammen von Sara Schurmann.

Die Autorin

Sara Schurmann, geboren in Brandenburg, studierte Sozialwissenschaften in Berlin und Paris. Die an der Henri-Nannen-Schule ausgebildete Journalistin arbeitete für den *Tagesspiegel*, *Zeit Online*, war Mitgründerin und Redaktionsleiterin des feministischen Frauenmagazins *F Mag* bei Gruner + Jahr sowie Textchefin und stellvertretende Chefredakteurin der *VICE*-Gesamtredaktion. 2021 hat Schurmann das Netzwerk Klimajournalismus Deutschland mitbegründet.

Das ganze Ausmaß der Klimakrise ist ihr erst im Sommer 2020 bewusst geworden. Seitdem versucht sie zu verstehen, wie das sein konnte – und welche realistischen Optionen wir haben, um unsere Lebensgrundlagen noch zu retten.

Liebe Leser:innen,

hat Ihnen dieses Buch gefallen? Wollen Sie weitere Informationen zum Thema? Möchten Sie mit der Autorin in Kontakt treten?

Wir freuen uns auf Austausch und Anregung!
leserbrief@brandstaetterverlag.com
Brandstätter Verlag
Wickenburggasse 26, 1080 Wien
Telefon: 0043 1 512 15 430

Wir sagen Danke. Bleiben wir in Verbindung!

Lassen Sie sich inspirieren.
Gute Geschichten, schöne Geschenkideen auf
www.brandstaetterverlag.com

Teilen macht Freude
#KlartextKlima #DoLookUp #SaraSchurmann

1. Auflage 2022
Alle Rechte vorbehalten
Copyright © 2022 by Christian Brandstätter Verlag, Wien
ISBN: 978-3-7106-0598-7

Coverdesign & Satz: Johanna Kurz
Lektorat: Teresa Profanter
Projektleitung: Judith E. Innerhofer

Designed in Austria, printed in the EU
Papier Inhalt: EOS Sonderextraweiß 115 gr, 1,5fach Vol.
Material Überzug: Wibalin recycled 120gr

Der Inhalt dieses Buchs wurde auf hochwertigem, FSC©-zertifizierten Naturpapier gedruckt. Dieses Papier trägt darüber hinaus ein Zertifikat auf dem Cradle to Cradle Certified® Silver Level. Das Material für den Einbandüberzug ist 100% recyceltes Papier aus 40% PCW und 60% PIW-Fasern. Das Forest Stewardship Council® ist eine internationale Nichtregierungsorganisation, die weltweit eine umweltfreundliche, sozial gerechte und wirtschaftlich tragfähige Bewirtschaftung der Wälder fördert. Cradle to Cradle® zielt auf ein ökologisch verträgliches Wirtschaften in sich wiederholenden Rohstoff-Produkt-Kreisläufen ab. Für die Druckproduktion und Endfertigung wurde auf umweltfreundliche, ressourcenschonende und schadstofffreie Produktionsweisen und Materialien geachtet. Die Druckerei ist FSC©-zertifiziert und bezieht ihre Energie zu 100% aus umweltfreundlichen, erneuerbaren Quellen; regelmäßige Audits erfolgen im Bereich des Carbon-Footprint-Managements zur Reduktion des CO_2-Ausstoßes. Die CO_2-Emissionen, die bei der Herstellung eines Druckproduktes derzeit noch zwangsläufig anfallen, werden genau berechnet und durch den Erwerb von Emissionszertifikaten ausgeglichen.

FSC
www.fsc.org
MIX
Aus verantwortungs-
vollen Quellen
FSC® C014138